Mori Ôgai, Deutschlandtagebuch

Portefeuilles-Lederwaaren & Album-
Paul Dietz.

Impressum:

Postfach 1621 • D-72006 Tübingen • Tel. 0049 (0) 7071/66551 • Fax +63539
E-Mail: gehrke@konkursbuch.com
www.konkursbuch.de

Für die freundliche Unterstützung der Übersetzung danken wir Canon GmbH, Gießen. Für die freundliche Unterstützung des Druckes der ersten Auflage danken wir dem Verein zur Förderung der kulturellen und wissenschaftlichen Beziehungen zwischen Japan und der Bundesrepublik Deutschland eV., Köln.

Für die Unterstützung bei der Bildbeschaffung danken wir: Frau Schmidt, Frau Cehmer und Herrn Kaufmann, Frau Bach, Frau Angermair, für die Unterstützung bei der Korrektur Beate Wonde …

ISBN 978-3-88769-063-2

Mori Ôgai

Deutschlandtagebuch 1884 –1888

Herausgegeben
und aus dem Japanischen übersetzt
von Heike Schöche

konkursbuch Verlag Claudia Gehrke

Inhaltsverzeichnis

Berlin, Blick in die Schadowstraße

1884

12. Oktober

Es ist der Tag nach meiner Ankunft in Berlin. In aller Herrgottsfrühe kam Satô Sankichi(1) zu mir ins *„Hotel garni zum Deutschen Kaiser“*(2) in der *Schadowstraße* und schlug mir vor, gemeinsam Dr. Hashimoto Tsunatsune(3) zu besuchen, der in *„Töpfers Hotel“* am *Karlsplatz* wohnt. Als wir dann bei diesem vorsprachen, verneigte ich mich ehrfurchtsvoll. Doch Dr. Hashimoto winkte nur ab und belehrte mich erst einmal: „So tief verbeugt man sich hier nicht. Sie stoßen ja fast mit dem Kopf auf die Erde!“ Später erfuhr ich dann, daß in Europa die gebildeteren jungen Leute von einem Tanzlehrer darin unterwiesen werden, wie man sich erhebt oder sich setzt, wie man eine Verbeugung oder einen Kniefall macht und daß selbst Japaner, die schon längere Zeit hier unter Europäern leben, das ungeschliffene Benehmen ihrer Landsleute lächerlich und unerträglich finden. Dr. Hashimoto begleitete mich zu unserer Gesandtschaft in der *Voßstraße* Nr. 7. Er wollte mich dem Gesandten(4) vorstellen, doch war dieser nicht anwesend. So lenkten wir denn unsere Schritte zum „Kaiserhof“, da ich mich auch bei unserem Kriegsminister(5) einmal blicken lassen wollte. Aber auch er war ausgegangen. Schließlich kehrten wir gemeinsam zu meinem Hotel zurück. Dr. Hashimoto lud mich zum Essen ein. Dabei gab er mir folgenden Rat mit auf den Weg: „Unsere Regierung hat Sie mit zwei Aufgaben betraut: Hygiene zu studieren und das Sanitätswesen der deutschen Armee zu untersuchen. Aber Sie werden das ganze System hier nicht begreifen, wenn Sie dabei nicht Ihre Augen offenhalten. Ich habe mit dem Kriegsminister die verschiedensten Länder bereist, und selbst wenn wir nur für kurze Zeit an ein und demselben Ort verweilten, hatte ich dabei stets auch das

Gefühl, wieder etwas hinzugelernt zu haben. Doch mit dem Studium des hiesigen Systems sind andere Landsleute von uns betraut. Sie aber, Mori, sollten sich vor allem auf das Hygiene-Studium konzentrieren. Wenn von japanischer Seite Fragen zum hiesigen System an Sie herangetragen werden, wenden Sie sich bitte an Stabsarzt *Körting*. Ich werde Sie demnächst mit ihm bekanntmachen." So belehrte er mich.

13. Oktober

In Begleitung von Dr. Hashimoto machte ich Kriegsminister Ôyama meine Aufwartung. Die Stimme dieses großen Mannes mit dem dunklen pockennarbigen Gesicht ist überaus sanft, fast wie die eines jungen Mädchens. Heute traf ich auch den Gesandten Aoki an. Er hat sehr ausdrucksstarke Gesichtszüge und einen üppigen Bart. Als ich ihm ein Empfehlungsschreiben von Vicomte Kamei [(6)] gab, erkundigte er sich nach Fukuba[(7)], Yasugi[(8)] und anderen Landsleuten. Ich erzählte ihm, daß Yasugi leider nicht mehr unter den Lebenden weilt, was Aoki zutiefst betrübte. Der Gesandte gab mir folgenden Rat: „Hygiene zu studieren ist eine gute Sache. Aber es dürfte wohl nach Ihrer Rückkehr in Japan sehr schwierig für Sie werden, das Gelernte sogleich in die Praxis umzusetzen. Das japanische Volk, das noch in Holzsandalen mit Riemen zwischen den Zehen herumläuft, braucht keine Abhandlungen über Hygiene. Wissenschaft besteht nicht nur aus Bücherlesen. Wenn Sie aber genau beobachten, wie die Menschen in Europa denken, wie sie leben und miteinander umgehen, dann kann Ihr Aufenthalt hier durchaus von Nutzen sein."

14. Oktober

Ich habe noch einmal Dr. Hashimoto aufgesucht, um ihn zu fragen, wie und in welcher Reihenfolge ich mein

Studium hier angehen soll. Er unterwies mich folgendermaßen: „Zuerst studieren Sie bei *Franz Hofmann*(9) in Leipzig, anschließend bei *Max von Pettenkofer*(10) in *München* und zuletzt bei *Robert Koch* (11) in Berlin." Als ich meinte: „Dann werde ich mich also gleich auf den Weg nach Leipzig machen", wurde ich von ihm zurückgehalten: „Zuvor werden Sie noch unserem Minister bei seiner Abfahrt auf dem Bahnhof das Geleit geben, dann können auch Sie abreisen."

15. Oktober

Heute abend wurde im Lokal *„Klette" in* der Karlstraße für den Hofarzt Iwasa(12), Prof. Kashimura(13) und Dr. Hashimoto eine Abschiedsfeier gegeben. Unter den siebzehn Landsleuten, die sich hier versammelt hatten, befanden sich auch alte Bekannte wie Miura Shin'i(14), Aoyama Tanemichi(15) und Satô Sankichi. Katô Hiroyuki(16) und seinem erwachsenen Sohn Terumarô(17) bin ich heute zum ersten Mal begegnet.

18. Oktober

Ich war auf dem *Anhalter Bahnhof* um Dr. Hashimoto zu verabschieden.

19. Oktober

Ich habe Generalleutnant Miura(18), einen weißhäutigen Mann mit spärlichem Bartwuchs, in seinem Gasthof in der *Zimmerstraße* 96 besucht. Er spricht wie ein konfuzianischer Gelehrter. Ich erzählte ihm von Dr. Hashimotos Worten, daß ich wahrscheinlich nur wenig Gelegenheit finden werde, tiefer in das System hier einzudringen. Da erwiderte er: „Wenn Sie nur Augen im Kopf haben, dann können Sie, wo immer Sie auch sein mögen, durchaus einiges erkennen." Am Nachmittag kam Herr *Müller,* der als Sekretär für Dr. Hashimoto gearbeitet hat, um mir zu sagen, daß er in der *Scharnhorststraße* 7 wohnt. Dann habe ich Stabsarzt Körting in seiner Wohnung in der *Großbeerenstraße* 67 besucht. Er ist Sanitätsoffizier im Hauptquartier des Infanterieregiments in *Thüringen* und hat zur Zeit am Kriegsministerium einige offizielle Angelegenheiten zu erledigen.

20. Oktober

Ich war auf dem *Anhalter Bahnhof* um den Kriegsminister zu verabschieden. Als wir uns trennten, riet er mir noch: „Sehen Sie sich vor, daß Sie bei dem Klima hier nicht krank werden!"

22. Oktober

Am Nachmittag um halb drei fuhr ich mit dem Zug von Berlin ab. Als ich in Leipzig eintraf, war es halb sechs. Hagiwara Sankei[(19)] holte mich vom Bahnhof ab und begleitete mich zum *Hotel Stadt Rom.*

23. Oktober

Ich habe Hofmann besucht. Er ist groß und hager und die Ruhe in Person. Am Nachmittag bezog ich im Nordosten der Stadt, in der *Thalstraße* bei der Witwe *Frau Eduard Wohl* ein Zimmer zur Untermiete. Es befindet sich im zweiten Stock (nach japanischer Zählung). Auf deutsch heißt das Stockwerk zu ebener Erde „Erstes Stockwerk", das darüber „Zweites Stockwerk" usw. Aber hier gebraucht man französische Wörter, und so sagen viele zum ersten Stock „Parterre", zum zweiten Stock „Erste Etage" und zum dritten Stock „Zweite Etage". Je höher man wohnt, desto billiger ist die Miete. In meinem Zimmer stehen ein Schreibtisch, ein Eßtisch und an der Wand ein Bett mit einer Federdecke. Die ist ganz warm und weich. Außerdem habe ich auch ein *Sofa.* Das ist

Leipzig, Hotel Stadt Rom, Foto Hermann Walter

sehr bequem. Wenn ich müde bin, kann ich mich ein wenig ausruhen. Desweiteren finden sich in dem Zimmer noch ein Kachelofen und eine Kommode mit Fächern für Schreibzeug, Kleidung und ähnliches sowie eine Waschschüssel. An der Wand hängt eine Klingel. Zieht man daran, kommt das Zimmermädchen. Im Nachbarzimmer wohnt Iijima Isao[(12)] aus Ghiba. Er studiert Zoologie. Zum Frühstück gibt es nur Kaffee und Brot. Beides ist aber in der Zimmermiete mit inbegriffen. Mittag und Abendbrot kann man in einem Lokal essen, oder aber man bleibt zu Hause und läßt sich gemeinsam mit den anderen beköstigen. Ich habe beschlossen, in die Pension von *Frau Vogel* in der *Liebigstraße 3* essen zu gehen. In der Pension lebt außer der etwa fünfzigjährigen Wirtin noch deren Tochter, die um die zwanzig, aber auch schon Witwe ist. Außerdem wohnen dort die Studenten *Hänel, Wauer* und *Hesse; Tranos,* ein griechischer, und *Deuster,* ein amerikanischer Student. *Traumueller,* ein Engländer, und *Mai,* ein dicker Deutscher, sind Handelsleute. Desweiteren begegnet man in der Pension noch einem *Fräulein Lucius,* einer etwa fünfundzwanzigjährigen jungen Frau, die immer ganz in Schwarz gekleidet ist und über deren Gesicht stets ein Hauch von Schwermut schwebt. Auch Iijima Isao nimmt hier seine Mahlzeiten ein. Bei meiner Ankunft in Berlin trug ich Uniform. Doch als der Kriegsminister mich darin sah, belehrte er mich: Ich fiele damit auf, und das ginge nicht an. Ich solle mir daher möglichst rasch normale Kleidung nähen lassen. Die Zimmermiete kostet vierzig Mark im Monat, mit Mittag und Abendessen fünfzig und mit Heizungs- und Wäschereikosten zusammen etwa einhundert Mark.

24. Oktober

Ich war im Hygiene-Institut der Universität in der *Liebigstraße.* Von nun an werde ich täglich hier arbeiten.

Mori Ôgai in Berlin

Als ich heute morgen aufstand, schlugen die Glocken der *Johannes-Kirche* gerade siebenmal. Draußen vor dem Fenster sah ich Arbeiter mit ihren Stullenpaketen unterwegs zur Arbeit und Kinder mit ihren zusammengeschnürten Büchern und Heften auf dem Schulweg. Kurz vor neun ging ich dann zur Universität. Unter allen Großstädten Deutschlands gibt es wohl keine zweite, die so viele Fabriken hat wie Leipzig. Ruß und Rauch verhüllen den Himmel wie mit einem Schleier. Die weißen Wände der Häuser scheinen sich von Tag zu Tag dunkler zu färben. Auf dem Weg zur Universität kam ich durch das *Johannesthal.* Hier beherrschen zahlreiche von Hecken umgebene Gärtchen mit kleinen Gartenhäusern das Bild. Sie gehören vor allem reicheren Leuten, die im Frühjahr und im Sommer hierher kommen, um sich zu erholen. Als ich von der Universität nach Hause kam, wartete in meinem Zimmer bereits der Englisch-Lehrer *Ferdinand Ilgner.* Da Sprachlehrer meist arme Schlucker sind, müssen sie zu ihren Schülern gehen, statt daß diese zu ihnen kommen. Ich habe beschlossen, mich an den Abenden in die Werke deutscher Dichter zu vertiefen.

26. Oktober

Heute ist Sonntag. In den Kapellen läuten von morgens bis abends die Glocken. Bis auf die Lokale und die Tabakläden sind alle Geschäfte geschlossen.

31. Oktober

Heute ist der Rektor der Universität gewählt worden. Die Studenten haben Fackeln angezündet und ihm gratuliert.

1. November

Aus Halle ist Nagai Shinkichi, der jüngere Bruder von Nagayoshi(21) gekommen.

3. November

Ich war auf dem Polizeirevier, um mir eine Aufenthaltsgenehmigung zu besorgen.

9. November

Ich habe Prof. Hofmann besucht. Weiße Handschuhe hatte ich mir schon gekauft, aber den schwarzen Anzug mußte ich mir von Iijima borgen.

12. November

Heute kam ein Brief von Miyazaki Michizaburô[22], der in *Heidelberg* lebt. Im Umschlag steckte „Die Karawane" von mir (Minawashu[23], S. 609), von Inoue Tetsujirô[24] verbessert und mit Hinweisen versehen. Zu gern würde ich Inoue einmal persönlich kennenlernen.

16. November

Es hat zum ersten Mal geschneit. Ich war im *„Alten Theater"* und habe mir die Komödie *„Raub der Sabinerinnen"* angesehen. Sie begann um sieben Uhr abends und war um zehn zu Ende.

27. November

Prof. Hofmann hatte mich eingeladen. Auch seine Gattin habe ich kennengelernt.

15. Dezember

Prof. *Erwin Bälz*[25] hat mich in meinem Arbeitszimmer im Institut besucht. Zum Abend hatte Prof. Hofmann Prof. Bälz und *Botho Scheube*[26] eingeladen. Auch ich durfte an dieser Feier teilnehmen.

17. Dezember

Ich habe mit Prof. Bälz in einem Lokal Abendbrot gegessen. Er hatte mich eingeladen.

25. Dezember

Heute ist Feiertag, und die Menschen beschenken sich gegenseitig.

28. Dezember

Ich habe Kuri Ryûsaku(27) besucht. Er ist Doktor der Naturwissenschaften und hat, wie ich erfuhr, lange in London gelebt und dort Werkstoffkunde studiert. Von Satô Genchô(28) ist Post gekommen. Im Umschlag steckte ein versiegeltes Schreiben mit der Aufschrift „Seltsamer Gesang". Als ich es öffnete, flatterte mir ein herbstliches Ahornblatt auf den Tisch. Darauf stand in Versen:

„In Deinen Briefen
Deine Liebe zur Heimat ich spür
Ein Stück Herbst
aus dem Land der Götter
wird zu Tränen Dich rühren"

1885

1. Januar

Nach hiesigem Brauch wird das Neue Jahr um null Uhr Mitternacht gefeiert. Ich war zu diesem Zeitpunkt im Ballsaal des *Krystallpalastes.* Alle, die sich hier versammelt hatten, riefen, als das Neue Jahr anbrach: *„Prosit Neujahr!"* und reichten sich die Hand, ganz gleich, ob sie sich kannten oder nicht.

4. Januar

Aus Berlin sind Tanba Keizô(1) und Iimori Teizô(2) gekommen. Wir haben bei Hagiwara japanisch gekocht und gespeist.

7. Januar

Ich habe mit einer Analyse des japanischen Tees begonnen.

8. Januar

Ich war mit Iijima auf einem Maskenball im *Krystallpalast.* Wir trugen Türkenhüte und schwarze Masken.

18. Januar

In Begleitung von Stabsarzt *Würzler* vom 8. Infanterieregiment des Sächsischen Königreiches wollte ich Generalleutnant *Monbey,* Oberst *Leusmann* und Obermilitärarzt *Meißner* besuchen. Der Generalleutnant war gerade nicht zu Hause, doch die anderen beiden Herren empfingen mich sehr freundlich.

19. Januar

Ich war im *Militär-Casino* des Regiments. Das Casino

erinnert an das Offizierscasino in unserer Armee. Man kann sich dort mit Armeeangehörigen treffen.

23. Januar

Ich habe bei Prof. Hofmann zu Abend gegessen.

26. Januar

Von zu Hause ist Post gekommen.

27. Januar

Aus *Chemnitz* ist Hauptmann Kikoshi[(3)] gekommen. Er nahm als Leutnant an den Süd-West-Kriegen[(4)] teil. Von ihm wird erzählt, daß eine Kugel, die ihm in den Magen gedrungen, auf dem Rücken wieder herausgekommen sei.

29. Januar

Ich war auf dem Bahnhof, um Kikoshi wieder zu verabschieden. Dann habe ich beim *Schlittschuhfahren* zugesehen. In dieser Gegend hier gibt es den *Schwanenteich* und den *Schimmelteich.* Die Leipziger können es kaum erwarten, daß das Eis fest wird und trägt. Am Ufer spielte eine Kapelle. Auf der Eisfläche tummelten sich Hand in Hand Männer und Frauen auf Schlittschuhen.

7. Februar

Heute früh ist Post von zu Hause gekommen: ein Lied von meiner Schwester:

> Wie magst du wohl
> fern von der Heimat
> den hereinbrechenden Frühling erleben?
> Welche Vögel hörst
> du wohl singen?

Würzler hatte mich eingeladen, mit ihm zum *Napoleon-Stein* zu fahren. Das ist ein quadratischer Stein mit einem eingravierten Vers aus der Bibel. Auch auf seiner Rückseite stehen ein paar Zeilen. Diesen zufolge soll einst Napoleon auf diesem Hügel gestanden und von hier aus die Gefechtslage überblickt haben. Auf dem Rückweg besichtigten wir das Wasserreservoir für die Leipziger Kanalisation, das sich in der Nähe jenes Gedenksteines befindet.

11. Februar

Kretschmann, Dr. der Chemie, hat mich in den Gesangsverein *St. Pauli*[5] eingeladen.

13. Februar

Ich war gerade in der Pension Vogel beim Abendessen, da kam Fräulein Lucius angerannt und rief, sie hätte eine interessante Neuigkeit für mich. Sie holte eine Zeitung aus der Tasche und zeigte sie mir. Darin stand etwas über den Gesangsverein und daß auf seiner jüngsten Zusammenkunft ein Mecklenburger Graf und der japanische Militärarzt Mori zu den Ehrengästen gehörten.

17. Februar

Ich habe *Scheube* besucht und mir Bücher von ihm geborgt. In der nächsten Zeit werde ich Abhandlungen über die Ernährung in der japanischen Armee und über japanische Wohnhäuser[6] schreiben. Daher hatte ich Scheube um entsprechende Nachschlagewerke gebeten. Heute habe ich auch drei Bände von *Gegenbauer*[7], darunter seine Schriften zur Anatomie, gekauft und an meinen Bruder[8] geschickt.

23. – 25. Februar

Ich habe Ernährungsexperimente an meinem eigenen

Körper durchgeführt. *(Selbstversuch)*. Weil die Ergebnisse aber nur unvollkommen sind, werde ich sie nicht veröffentlichen.

27. Februar

Scheube hat mich heute zu sich nach Hause eingeladen. Prof. Bälz und Hagiwara Sankei waren auch da.

3. März

Das Wintersemester an der Universität ist zu Ende, und die Hörsäle wurden geschlossen. Die Arbeitsräume aber bleiben geöffnet.

7. März

Ich war mit auf der Beerdigung von Frau *Wunderlich*(9), der Schwiegermutter von Prof. Hofmann.

9. März

Von zu Hause ist Post gekommen.

17. März

Nagai Shinkichi ist als Begleiter von Anegakôji(10) nach Leipzig gekommen. Letzterer hat lange Zeit in *Straßburg* gelebt und Politologie studiert. Er ist von hagerer Statur und trägt einen schönen Schnurrbart. Demnächst will er sich nach *München* wenden.

18. März

Murai Junnosuke ist gekommen. Er ist Beamter, arbeitet im Laboratorium des Innenministeriums und kennt sich in den Naturwissenschaften hervorragend aus. Als ich als Lehrer an der Tôkyôter Ostasiatischen Schule(11) unterrichtete, war er dort als Lehrer für Botanik tätig. Vor kurzem wurde er Vorstandsmitglied der Londoner Ausstellung. Aus diesem

Grunde ist er nach Europa und von Berlin aus dann hierher gekommen.

21. März

Ich war auf dem Dresdener Bahnhof, um Murai zu verabschieden. Auf dem Rückweg schlug mir aufwirbelnder Schnee ins Gesicht. Die Kälte drang mir bis auf die Knochen.

28. März

Kikuchi Dairoku[(12)] ist gekommen. Ich habe ihn im *„Panorama"* getroffen. Heute abend ist wieder Post von zu Hause gekommen.

30. März

Aus *Würzburg* ist Sakata Senzô[(13)] gekommen. Er ist mit dem japanischen Gesandten in England verwandt[(14)]. Ursprünglich war Sakata Student im ersten Studienjahr. Als der japanische Gesandte seinen Dienst in England antrat, unterbrach Sakata sein Studium und kam nach Deutschland. Er hat mir erzählt, daß er Hygiene studieren will. Da wird er wohl wie auch ich ein Schüler von Prof. Hofmann werden. Er machte auf mich den Eindruck eines aufrichtigen und zuverlässigen jungen Mannes.

31. März

Ich war auf dem Bahnhof, um Kikuchi zu verabschieden. Er wird, wie er mir sagte, zunächst nach Wien in Österreich fahren und dann in die Heimat zurückkehren.

1. April

Fürst Bismarck hat Geburtstag. Das wird in den Familien gefeiert.

12. April

Furushô Tô[15] und Katô Terumaro sind nach Leipzig gekommen. Tô ist der Sohn von Kamon und Terumaro der von Hiroyuki. Ersterer ist Schüler an einer Privatschule in *Jena,* letzterer Student an der Berliner Universität. Katô hat mir folgendes erzählt: „Unterwegs auf dem Weg aus Berlin, als ich durch *Würzburg* kam, habe ich Dr. Itô getroffen. Er hat eine Leidenschaft für *Chloralhydrat* entwickelt. Daher hat er in der letzten Zeit stark abgenommen, und sein Geist ist umnachtet.“

15. April

Von zu Hause sowie auch von den beiden Generalstabsärzten Ishiguro[16] und Ogata[17] ist Post gekommen. So habe ich erfahren, daß Osanai Ken[18] und Shimizu Ikutarô[19] einer Krankheit erlegen sind und daß Ogata Shûjiro[20] geheiratet hat.

18. April

Iijima Isao ist abgereist. Ich habe ihn zum Bahnhof begleitet. Am Abend hat mich Frau *Niedermüller* zu einem Besuch bei *Albert Tottmann,* einem Musiklehrer, mitgenommen.

23. April

Der Kaiser hat Geburtstag. Daher ist heute vor jeder Tür geflaggt.

25. April

Von zu Hause ist Post gekommen.

26. April

Von Kako Tsurudo[21] ist Post gekommen.

Leipzig, Panorama mit Roßplatz, Foto Hermann Walter

Aula der Universität, Leipzig, Foto Hermann Walter

27. April

Heute gehen die Osterfeiertage zu Ende. Damit beginnen auch die Vorlesungen an der Universität wieder.

29. April

Dr. *Wilhelm Roth,*[22] Generalstabsarzt und oberster Militärarzt des Sächsischen Armeecorps, ist heute aus Dresden gekommen. Er hat sich im Restaurant *Baumann* in der *Katharinenstraße* mit einigen Professoren der Universität und Militärärzten getroffen. Auch ich bin mit dort gewesen. Dr. Roths Bart und seine Augenbrauen sind ganz weiß. Aber wenn er im Gespräch aus sich herausgeht und sich ein Lächeln auf seinem Gesicht zeigt, wirkt er wie ein junger Mann. Er ist zur Zeit die führende Persönlichkeit auf dem Gebiet der Militärmedizin in Deutschland. Als er mich erblickte, wartete er nicht erst ab, bis man uns einander vorstellte, sondern sprach mich gleich direkt an: „Sind Sie nicht Stabsarzt Mori?" Er erkundigte sich nach dem Befinden von Generaloberstabsarzt Matsumoto[23] und Generalstabsarzt Hashimoto und fügte dann noch hinzu: „Am 13. Mai werden in Dresden Verwundetentransportübungen durchgeführt. Kommen Sie doch bitte und schauen Sie sich das an!" Hocherfreut nahm ich die Einladung an. Heute habe ich *Coccius*[24], einen Professor für Augenheilkunde, und *Birch-Hirschfeld*[25], einen Professor für Pathologische Anatomie, kennengelernt.

2. Mai

Ich war in der *Aula* der Universität und habe mir die Eröffnungsvorlesung von Birch-Hirschfeld angehört. Thema war die Geschichte der Bakteriologie und ihr Verhältnis zur Pathologischen Anatomie.

3. Mai

Zum Abendessen war ich heute von Tottmann eingeladen. Dort habe ich auch *Frau Dr. Schleiden*[26], eine Witwe, und *Fräulein Schwabe* kennengelernt. Der Mann von Frau Dr. Schleiden war ein berühmter Naturforscher. Seine naturkundlichen Schriften wurden mit Erfolg veröffentlicht. Die Witwe mag wundersame und gespensterhafte Begebenheiten, sie glaubt an den sogenannten *Spiritualismus*. Etwas versteht sie auch von Musik. Fräulein Schwabe ist eine hübsche junge Frau. Wenn sie spricht, macht sie einen ganz herzerfrischenden Eindruck.

7. Mai

Die Witwe hatte mich für heute eingeladen. Ich habe mir eine Droschke gemietet und bin zu ihr nach *Gohlis* gefahren. Das Leipziger Gohlis ähnelt ein wenig unserem Mukôjima und Negishi[27] in Tôkyô. Die Häuser sind von blühenden Kirsch- und Pfirsichbäumen umgeben. Ein feiner Frühlingsregen ging hernieder. Da erklang plötzlich Vogelgezwitscher. Außer mir waren auch Herr und Frau Tottmann und eine geborene *Triest*erin zu Gast. Höflich und zuvorkommend wurden wir von Fräulein Schwabe empfangen. Heute erst habe ich erfahren, daß sie zur Zeit bei der Witwe wohnt.

12. Mai

Gemeinsam mit Würzler bestieg ich den Zug um 8 Uhr 30 ab Leipzig. Unterwegs kamen wir durch ein Dorf, in dem der Raps in voller Blüte stand und sich wie ein goldener Teppich ausbreitete. Ein Stück weiter wiederum war ringsumher alles schneeweiß. Vermutlich Buchweizenblüten. Würzler erzählte mir, daß die gelben Rapsblüten ein seltener Anblick geworden sind, seit der Gebrauch von Erdöl zugenommen hat. Neben der Eisenbahnlinie liefen schmale Gräben entlang.

Das Wasser darin war stark eisenhaltig. Bevor wir in *Meckern* ankamen, erblickten wir dunkelbraune Kohlenflöze. Wieder durchquerten wir ein Dorf. Hier standen die Apfelbäume in voller Blüte, während die Kirsch- und Birnbäume schon verblüht waren. Dann überquerten wir die *Mulde,* deren Quelle im *Erzgebirge* entspringt, wie ich erfuhr. Die Bauernhäuser tragen hier fast ausnahmslos Ziegeldächer. Mit Stroh gedeckte Häuser findet man ausgesprochen selten. Angeblich ist es zwar erlaubt, Häuser mit Strohdächern zu reparieren und auszubessern, aber nicht, neue zu errichten. Wir sahen auch einen Schafhirten mit seiner Herde. Ein Anblick wie im Bilderbuch! Dann fuhren wir durch *Oschatz,* wo wir ein *Ulanen*lager erblickten. Außerdem gab es hier jede Menge Gebüsch, das an Kehrbesen erinnerte. Es wird wohl oft abgebrochen und wächst dann immer wieder nach. Man erzählte uns, daß es als Brennholz für ein entlegenes Dorf diene. Vielleicht ist es eine Art *Spatius.* Um 10 Uhr 50 kamen wir in *Riesa* an. Der Zug hatte hier zehn Minuten Aufenthalt. Anschließend passierten wir eine Stahlbrücke, die über die Elbe führte. Über den Getreidefeldern tummelten sich viele Lerchen. Kurze Zeit später erblickte ich das *Meßen*er Schloß und eine Fabrik. Wie es hieß, wird dort in größeren Mengen Holz mit Teer durchtränkt und gelagert. Es dient zum Bau von Eisenbahnlinien. Um halb zwölf kamen wir durch *Lößnitz.* Allmählich veränderte sich das Antlitz der Landschaft. Ringsumher tauchten Hügel auf. Würzler erzählte: „In dieser Gegend hier gibt es Weinberge. Bei einer durchschnittlichen Jahreslufttemperatur von etwas über neun Grad Celsius ist es offensichtlich schwer, erfolgreich Wein zu kultivieren. Es ist wie bei den Bakterien, die sich auch erst bei einer bestimmten Temperatur entwickeln. Dresdens höchste Werte liegen bei 9,1 Grad Celsius. Damit ist die Gegend von Dresden das nördlichste Weinanbaugebiet des europäischen Kontinents.“ Bald darauf erblickten wir das Lager der Dresdener berittenen Kavallerietrains. Um zwölf Uhr kamen wir in Dresden an. Nachdem ich mein Gepäck im *„Hôtel zu den vier Jahreszeiten*“ abgestellt und meine Uniform angelegt hatte, suchten wir Dr. Roth in seiner Dienstwohnung auf. Er führte uns in sein Zimmer, und ich konnte sehen, wie sich auf seinem Schreibtisch die Bücher nur so stapelten. Er ließ uns auf einem mit einem Tigerfell bedeckten Sofa Platz nehmen. Nach einem kurzen Gespräch begleitete er uns dann zum Amt des Kriegsministers, Graf *Georg Friedrich Alfred Fabrice*(28), von dem wir in Audienz empfangen wurden. Der Minister spielte bei der Vereinigung von Preußen und Sachsen eine gewichtige Rolle. Jetzt ist er achtundsechzig und mit seinem gesunden roten Gesicht und seinem weißen Haar ein Mann von beeindruckender Erscheinung. Anschließend waren wir im Amt des Oberbefehlshabers *Prinz Georg, Herzog von Sachsen*(29), und des *Stadtcommandanten,* Generalmajor *Finke,* und trugen uns in die Anwesenheitsliste ein. Wir begegneten auch General *Schurich.* Nachdem wir im Hotel Mittag gegessen hatten, besuchten wir Würzlers Schwiegermutter. Sie ist eine etwa fünfzigjährige Frau von einem behenden Wesen. Man kann sich sehr gut mit ihr unterhalten. Würzlers Schwägerin ist ein liebreizendes Mädchen von etwa fünfzehn Jahren mit hübschen Augenbrauen und rosigen Wangen. Nachdem Würzler sein Gepäck abgestellt und wir Kaffee getrunken hatten, verließen wir dieses Haus. Wir bogen von der Lennestraße nach links in eine *Allee* ein. In der Ferne erblickten wir den *Lilienstein,* der sich weit in den Himmel reckte. Langsam schlenderten wir weiter. Unter den dichtverzweigten hohen Bäumen wuchs üppig das Gras. Wir gelangten in einen Blumengarten voll blühender Blumen und Gräser. Überall standen Marmorstatuen. Den hinteren Teil des Gartens bildete ein Kastanienhain. Die Bäume waren über und über mit roten und weißen Blüten bedeckt. Unzählige wilde Tauben mit einem weißen Ring am Hals flogen umher. Sie waren etwas größer als die Tauben in Japan. Ich sah auch *Drosseln, Amseln, Rotschwänzchen* und andere Vögel. Nach einer Weile kamen wir an einen Teich, den sogenannten *Carolasee.* Als wir den See, auf dem sich ein paar Schwäne tummelten, umrundeten, veränderte sich bei jedem Schritt der Anblick. So wirkte alles seltsam grenzenlos. Dann gingen wir in den Zoo, wo wir unter anderem Elefanten, Nashörner, Giraffen und *Lamas* sahen. Letztere haben einen recht bösartigen Charakter: Es geschieht nicht selten, daß sie den Leuten ins Gesicht spucken. Am interessantesten war eine Löwin mit ihren Jungen. Abendbrot aßen wir dann wieder bei Würzlers Schwiegermutter. Anschließend kehrten wir noch in der *„Schuhmann'schen Weinstube"* ein, wo wir einen Krug *St. Emilion* leerten. Die Kellnerin dort verwechselte mich mit Ijichi[(30)], worüber wir alle herzlich lachen mußten. Heute Vormittag hat es ein wenig geschneit.

13. Mai

Der Himmel ist bewölkt. Früh um sieben legte ich meine Uniform an und mietete mir mit Würzler eine Droschke. Wir fuhren zum Exerzierplatz, um dort bei den Übungen des Verwundetentransports zuzuschauen. Es regnete leicht. Um 11 Uhr 30 waren die Übungen zu Ende, und wir besuchten das Museum für Skulpturen und die Gemäldegalerie mit ihren weltberühmten Gemälden. Besonders von der „Sixtinischen Madonna" von *Raffaelo* hatte ich schon seit langem geträumt. Doch jetzt war ich nun wirklich selbst da, und ein Traum ging für mich in Erfüllung. Mittag aßen wir im Hotel. Um fünf Uhr nachmittags legte ich meine Gala-Uniform an und ging zu einem Empfang für Militärärzte in den Pavillon *„Belvédère"* auf den *Brühl'schen Terrassen.* Der Pavillon ist ein ehemaliges Fort am südlichen Ufer der Elbe. Zahlreiche Militärärzte des Sächsischen Medizinischen Corps waren dort bereits versammelt. Zu den Ehrengästen zählten unter anderen der Kriegsminister, der Vorsitzende des Berliner Verbandes für Hygiene, der Militärarzt *Dyck* und der Dresdener Chefchirurg. Als der Empfang sich seinem Höhepunkt näherte, hielt Dr. Roth eine Rede. Darin hieß es unter anderem: „Ich darf mich glücklich schätzen, auf dem heutigen Bankett einen Gast begrüßen zu können, der aus dem Fernen Osten zu uns gekommen ist. Wenn er um Aufnahme in unser Corps bittet, sollten wir ihn jederzeit ohne zu zögern und herzlich in unserer Mitte willkommen heißen." Daraufhin erhoben alle ihr Sektglas, um mit einem dreifachen *„Hoch!"* auf das Wohlergehen des Corps anzustoßen. Während des Empfangs spielte Musik. Unter den Militärärzten war auch einer, der früher in Berlin zusammen mit Sakai Naotsune[(31)] studiert hat. Um zwölf Uhr Mitternacht war der Empfang zu Ende.

14. Mai

Bei bewölktem Himmel verließ ich heute um 10 Uhr vormittags das Hotel und inspizierte zusammen mit Dr. Roth Kasernen und Krankenhäuser. Die Inspektion war um 13 Uhr zu Ende. Im Casino aßen wir dann zu Mittag. Um 19 Uhr verabschiedete ich mich von Dr. Roth, um mit dem Zug um 20 Uhr nach Leipzig zurückzukehren, wo ich um 22 Uhr 15 eintraf.

24. Mai

Von zu Hause ist Post gekommen.

Berlin, Königsplatz mit Siegessäule

26. Mai

Ich bin nach Berlin gefahren, um mich hier mit dem bevollmächtigten Gesandten über mein weiteres Vorgehen im Studium zu beraten. Ich verließ Leipzig um 11 Uhr 30 und kam um 15 Uhr 30 in Berlin an.

27. Mai

Am Vormittag war ich in der Gesandtschaft und erfuhr dort, daß der Gesandte Aoki zur Zeit in Haag weilt. Ich habe Miura und Aoyama besucht, Furushô getroffen und bei Kumakawa Abendbrot gegessen.

28. Mai

Miura zeigte mir im Pathologischen Laboratorium der *Charité* Präparate von Magenkrebs, Gallenblase u.a., die er selbst angefertigt hatte. Mit einigen Freunden ging ich dann an der *Siegessäule* vorbei zu den *Zelten,* wo wir etwas zum Abend aßen. Anschließend besuchten wir den *Ausstellungspark,* der sich zwischen der *Invalidenstraße* und *Alt-Moabit* erstreckt. Hier war auch einmal eine Hygiene-Ausstellung. Deshalb erwähne ich das. Zwischen den Bäumen leuchteten unzählige elektrische Lichter, und überall sprudelten Springbrunnen. Hier kann man die abendliche Kühle so richtig genießen. Unter anderen waren Aoyama, Kumakawa[(32)], Sakaki[(33)], Tanaka[(34)], Hozumi[(35)], Katayama[(36)] und Katô mit mir dort.

29. Mai

Den heutigen Tag habe ich bei Miura verbracht. Am Abend waren wir im *Café Bauer,* wo ich zusah, wie Miura und Katô Billard spielten.

30. Mai

Ich war in der Gesandtschaft. Der Gesandte ist noch immer nicht zurückgekehrt. Daher habe ich Tanahashi Gunji meine Angelegenheiten anvertraut. Dann ging ich noch in die *Artilleriestraße,* um mich von Miura, Furushô und *Frau von Lagerström* zu verabschieden. Um 14 Uhr 30 fuhr ich zum *Anhalter-Bahnhof* und bestieg den Zug nach Leipzig. Im Abteil herrschte eine drückende, fast unerträgliche Hitze. Plötzlich ging ein Regenschauer nieder und angenehme Kühle umfing uns. Das tat unsagbar gut. Um 17 Uhr 30 war ich wieder in Leipzig.

5. Juni

Ich habe einen Kursus über Methoden der Kultivierung von Bakterien begonnen.

10. Juni

Am Abend war ich gemeinsam mit Frau Vogel und *Fräulein Gretschmann* im *Bayer'schen Bahnhof* zum *Concert.*

11. Juni

Dr. Roth ist wieder aus Dresden gekommen. Wir haben uns im Lokal *Barmann* getroffen. *Wagner*[37], Birch-Hirschfeld, *Schmidt* und einige Militärärzte waren auch da.

15. Juni

Von zu Hause ist Post gekommen. Im Umschlag steckte ein Brief von meinem Lehrer Yonehara[38].

24.Juni

Heute ist der sogenannte Johannistag, ein Feiertag schon seit der Zeit vor Christi. Am längsten Tag des Jahres wurde ein Feuer angezündet, verbunden mit dem Wunsch, daß dieser Tag recht lang werden möge. Das war das *Johannisfeuer.* Auch von Taira Kiyomori[(39)] wird berichtet, daß er sich an diesem Tag der untergehenden Sonne zuwandte und sie beschwor zurückzukehren. Der Brauch des Feuers lebt in *München* bis heute fort. Hier ist der Johannistag jetzt ein Feiertag, an dem die Ahnen geehrt werden. Er ähnelt ein wenig dem buddhistischen Allerseelenfest. Die Damen und Herren der ganzen Stadt versammeln sich auf dem Friedhof und legen aus Blumen gebundene Kränze auf die Gräber. Das sieht sehr schön aus. Auch die Zeitungen schreiben über den Johannistag. In vielen anderen Städten Deutschlands wird ebenfalls dieses Fest begangen, aber wo gibt es schon noch ein *Johannisthal* und ein *Johannismännchen?* Das Tal ist, wie ich bereits erwähnt habe, ein Stadtteil in der Nähe meiner derzeitigen Unterkunft. Als die Altstadt erschlossen wurde, stieß man bei Ausgrabungen auf Spuren davon, daß hier 1832 erstmals eine Stadtgrenze gezogen und dieses Gebiet als Weideland genutzt wurde. Die Bevölkerung der Stadt nahm seitdem stark zu. Das Tal jedoch hatte nur eine sehr kleine und beengte Fläche etwa von der Größe des Tôkyôter Shinobuga-Teichs. Heute spielte im Tal Musik, und zahlreiche Ausflügler kamen. Da der Stadtpark an Sommertagen vor allem zur Erholung genutzt wird, ist zu dieser Zeit das Johannisthal ein Schauplatz von Prunk und Eleganz. Das Johannismännchen lebt im Garten des *Johannishospitals* in der Nähe des Tals und ist der Schutzgott des Feuers, der sich nach althergebrachtem Brauch an diesem Tag den Menschen zeigt.

27. Juni

Am Abend war ich im *Blücher-Garten* in Gohlis zu einer Abschiedsfeier für *Heidlen* und die beiden Universitätsassistenten *Arnold Schmidt* und *Heinrich Schmidt,* die in

Kürze Leipzig verlassen. Ihre Kommilitonen hatten ein Scherzlied verfaßt, es gedruckt, an die Anwesenden verteilt, und wir mußten es dann singen.

Denn Dr. Schmidt ergriff es,
Das Scepter der Percussion;
Er schwang es kühnen Muthes
Und lehrte uns den Ton.

und weiter:

Ich mein' Dr. Heidlen, den wackren,
Den Alles so ehrt und so liebt,
Die Wärterin und die Patienten
Und was es noch sonst etwa gibt.

So etwa ging es. In scherzhafter Weise erzählt es, daß *Schmidt* Diagnostik gelehrt hat und *Heidlen* ein schöner Mann ist. Zu unserem Gesang spielte eine Militärkapelle, die man eigens gemietet hatte. Die Kommilitonen tranken Bier in erstaunlichen Mengen. Deutsche Biergläser fassen in der Regel einen halben Liter. Es ist durchaus keine Seltenheit, daß jemand mehr als 25 Gläser trinkt. Das sind dann 12,5 Liter. Ich habe kaum drei Gläser geschafft. Das ist wohl auch mein Maximum. Dem Spott der Kommilitonen konnte ich nicht entgehen.

1. Juli

Von zu Hause ist Post gekommen. In dem Brief stand, daß Dr. Hashimoto Tsunatsune zum Generaloberstabsarzt ernannt worden ist.

12. Juli

Von zu Hause ist Post gekommen.

15. Juli

Der Ernennungsbefehl zum Stabsarzt ist eingetroffen.

Gedanken
Ein Brief des Himmels
kam über das Meer
nicht aufzuwiegen durch
tausend Goldstücke

Zu meiner Schande
bin ich ohne Verdienste
Entschlossen feg ich den
Staub von den Büchern

19. Juli

Zusammen mit Hagiwara und Sakata war ich im Park des Krystallpalastes und lud die beiden ein, mit mir auf der *Weinterrasse* Platz zu nehmen. Diese Terrasse erinnert an eine *Weinstube.* Sie ist wohl eher für vornehme Gäste. Nachdem wir zu Abend gegessen und auch einen Krug Wein geleert hatten, erklärte ich den beiden, daß dies ein kleines Fest anläßlich meiner Amtsbeförderung sei, bestellte Sekt und stieß erneut mit ihnen an. Anschließend gingen wir noch im Park spazieren. Heute abend gab es hier wieder ein *Concert.* Daher war der Garten voller Spaziergänger.

25. Juli

Prof. Bälz ist wieder einmal in Leipzig. Er hat mich im Labor aufgesucht und mir erzählt, daß er bald nach Japan fährt. Heute abend ist wieder Post von zu Hause gekommen. Im Umschlag steckte ein Brief von Generalstabsarzt Ishiguro. In der letzten Zeit war es extrem heiß. Nur wenn es einmal geregnet hatte, fühlte man sich kurz danach etwas

Leipzig, Park des Krystallpalastes, Foto H. Walter, ca. 1885

erfrischt. Ich war zum ersten Mal bei nächtlichem Mondschein auf der *Promenade* (das ist eine Allee, die um den ehemaligen Stadtwall herumführt). Überall standen Bänke, doch die meisten waren bereits von jungen Männern und Mädchen besetzt. Es war ausgesprochen schwierig, ein freies Plätzchen zu finden. Die jungen Leute saßen einfach eng aneinandergeschmiegt da, ohne sich das geringste dabei zu denken. Ich habe mich an diesen Anblick bereits gewöhnt und wunderte mich nicht weiter. Im Hochsommer gibt es für meine Kommilitonen kein größeres Vergnügen, als mit einem kleinen Boot die *Pleiße* entlang zu rudern. Ich nehme jedoch an diesen Fahrten nie teil.Vor ein paar Tagen ist das Wetter völlig umgeschlagen. Eiskalter Regen prasselt gegen die Fenster, und nachts möchte man am liebsten noch eine Decke mehr auflegen. Seit kurzem sieht man des öfteren an den Kreuzungen ältere Frauen mit kleinen Karren stehen. Sie verkaufen Kirschen. Mit einem Maß wiegen sie die Kirschen ab und schütten sie dann in eine aus Zeitungspapier gedrehte Tüte. *„Dute"* sagen sie dazu. Eine Tüte kostet fünf bis zehn *Pfennig(e).* Selbst vornehmere Damen pflegen mit einer Tüte in der Hand Kirschen essend auf- und abzuspazieren, ganz gelassen und ohne dabei zu erröten. Die Kirschen sind so groß wie Daumenkuppen und schmecken ganz vorzüglich. Die kleinen Karren der Kirschverkäuferinnen werden von riesengroßen Hunden gezogen. Das wirkt ungemein komisch.

27. Juli

Ich hatte gehört, daß im Garten des *„Hôtels zur Stadt Dresden"* ein Blumen- und Lampionfest stattfinden sollte, und ging dorthin, um mir die Lampions anzuschauen. Sie erinnerten mich an unsere Blumenlampions in Japan. Die länglichen sahen fast genauso aus wie unsere japanischen,

Leipzig,Spießbrücke, Brandweg, um 1885, Foto: Hermann Walter

aber die rundlicheren ähnelten kleinen Bällen. Sie waren nicht besonders gut gelungen und wirkten irgendwie lächerlich. Möglicherweise läßt in einem Land, wo der Gebrauch von Maschinen bereits einen hohen Stand erreicht hat, die Fähigkeit, etwas mit der bloßen Hand herzustellen, allmählich nach. Gleicht die Schönheit unserer Lampions zu Hause nicht den wundervollen Schalen, die selbst die Ainu ohne Töpferscheibe drehen können?

30. Juli

Heute abend schleppten mich meine Freunde mit Macht an die *Pleiße.* Sie erklärten, daß ich auch nicht zu rudern bräuchte, sie würden das schon übernehmen. Abends um acht Uhr verließen wir das Haus. Durch den *Petersteinweg* die *Zeitzerstraße* und die *Südstraße* gelangten wir schließlich zur *Spießbrücke.* Am Flußufer standen hier und da kleine Holzhäuschen, ähnlich denen an der Imado-Bootsanlegestelle[40]. Hier konnte man sich Boote ausleihen, die an jene erinnerten, die in Japan zur Regatta fahren. Es gab Einmann-, Zweimann- und Dreimannboote. Am Bug wurde eine gelbe und am Heck eine rote Laterne angezündet. Auf diese Weise kann man zwischen Vor- und Rückwärtsbewegungen unterscheiden. Auch wir mieteten uns Boote und fuhren den Fluß entlang, der so schmal war, daß höchstens zwei Boote nebeneinander paßten. Unzählige Menschen vergnügten sich hier, und in nicht wenigen Booten saßen schöne Frauen. Manche spielten Harmonium, andere wiederum sangen Lieder. Wir hatten bereits zwei Brücken unterquert, als der Fluß ein wenig breiter wurde. Da erblickten wir auf einmal ein etwa fünfzehnjähriges Mädchen, eine ausgesprochen vornehme Erscheinung. Sie führte selbst das Ruder. Meine Freunde schauten auf mich und lästerten: „Schämst du dich denn gar nicht vor dem jungen Mädchen?“

Aus Spaß griff ich nun zum Ruder. Doch es wollte mir nicht so recht gelingen, beide Arme gleichzeitig durchzuziehen. Sobald ich den rechten Arm unter Kontrolle hatte, verlor ich sie über den linken. Verdutzt mußten alle lachen. Aber nach etwa zwanzig, dreißig Minuten hatte ich es geschafft: Ich konnte rudern! Nun wollte ich die Ruder gar nicht wieder aus der Hand geben. Kurze Zeit später sahen wir, wie sich einige Lichter im Wasser spiegelten. Es war ein Restaurant direkt am Wasser *(Restaurant von Frau Bastanier).* Wir legten unser Boot hier an und bestellten Pökelfleisch und Bier. Doch kurze Zeit später lösten wir die Taue schon wieder, um in südlicher Richtung weiterzufahren. An beiden Ufern standen dicht an dicht Bäume. Das Mondlicht, das zwischen den Wipfeln hindurchdrang, warf Strahlenbündel auf die Wellenoberfläche. Eine frische Brise kam sanft daher und machte uns glauben, uns wüchsen Flügel. In der Nähe von *Connewitz* wendeten wir, und um zwölf Uhr Mitternacht langten wir wieder zu Hause an. Mit von der Partie waren unter anderen *Gustav Wagner* und *Hösel.*

2. August

Mit dem Amerikaner *Thomas* zusammen war ich auf der *Promenade* spazieren. Anschließend haben wir uns noch in seiner Wohnung unterhalten und *„Oppenheimer"* getrunken. *Thomas* hat ein sehr ruhiges und ausgeglichenes Wesen. Wenn er redet, ist er nicht ein bißchen affektiert. Ich bin sehr froh darüber, daß ich ihn kennengelernt habe. Zufällig kamen wir auf das Thema Heiraten zu sprechen. Ganz traurig und niedergeschlagen meinte da *Thomas* zu mir, daß er die Hoffnung schon aufgegeben habe, jemals in seinem Leben zu heiraten. Als ich ihn nach dem Grund dafür fragte, antwortete er mir: „In meiner Familie sind schon seit vielen Generationen nicht wenige an Beriberi gestorben. Ich könnte es nicht ertragen, wenn ich diese Krankheit auch meinen Nachkommen vererben würde. In meinem Heimatort jedoch lebt ein junges Mädchen, das all seine Hoffnungen auf mich gesetzt hat. Bisher haben wir uns immer geschrieben. Manchmal wollte ich schon aufgeben und nicht mehr antworten. Aber ich bringe es einfach nicht über's Herz." Dann holte er ein kleines Bild von ihr hervor und zeigte es mir. Er tat mir sehr leid, und ich machte ihm Mut: *„Robert Koch* hat doch jetzt den Tuberkulose-Bazillus entdeckt und damit den Unsinn von der Vererbbarkeit dieser Krankheit widerlegt. Du bist gesund. Wenn du eine gesunde und kräftige junge Frau heiratest, kannst du auch gesunde und kräftige Kinder großziehen." Thomas studiert angewandte Sprachwissenschaft und will später am *Pädagogium* arbeiten. Zur Zeit legt er die Sommerprüfungen ab, danach wird er in seine Heimat zurückkehren.

3. August

Von Taniguchi Ken(41) ist Post gekommen. Er berichtet über Veränderungen in der Struktur der Regierungsbehörden. Über die Universitätsabsolventen schreibt er folgendes: Eguchi(42) läßt sich nach wie vor wie ein Windrad treiben, Kako ist gleichgültig und rücksichtslos, Koike(43) nach Japan zurückgekehrt und immer noch so arrogant usw. usf. Da ist ja offensichtlich alles noch beim alten, dachte ich so bei mir und mußte unwillkürlich lachen.

8. August

Von zu Hause ist Post gekommen. Heute schließt die Universität ihre Pforten.

9. August

Mit Thomas und einem Freund von ihm (den Namen

habe ich vergessen, an seiner rechten Hand fehlen ihm zwei Finger) war ich zum Tanz im *Schloßkeller* in *Reudnitz.* Thomas hatte mir erzählt, daß er noch nie tanzen war. Das findet man bei jungen Leuten aus Europa oder Amerika nur selten. Aber als ich ihm dann beim Tanzen zusah, konnte er es doch ganz gut. Der Ballsaal in Reudnitz ist kein Ort eigens für die gehobenen Schichten. Die Frauen, die hierher kommen, sind meist *Kellnerinnen* oder etwas ähnliches. Thomas hatte seinen Freund mitgebracht, der gerade erst aus Amerika gekommen war, um ihm auch diese Welt zu zeigen. Heute wollte ich Prof. Hofmann besuchen. Doch so oft ich auch an der Klingel zog, es meldete sich niemand. Vielleicht ist die ganze Familie verreist.

10. August

Aus Berlin ist Post von Tanaka Shôhei gekommen. Er ist Mitglied des „Klubs für lateinische Schrift". Unter anderem schreibt er: „Vor kurzem führte unser Klub neue Umschriftregeln ein und gab diese öffentlich bekannt. Um dir die Grundregeln mitzuteilen, griff ich heute zur Feder. Wenn ich mir allerdings Deine Briefe ansehe, komme ich zu der Überzeugung, daß Du es ganz schnell lernen wirst." Da ich auch in den Briefen, die ich an Tanaka schrieb, lateinische Buchstaben verwendete, konnte er das beurteilen. Im Grunde genommen kenne ich die Regeln des „Klubs für lateinische Schrift" ja gar nicht. Er stützt sich wohl hauptsächlich auf das *Hepburn*-System[(44)]. Ich habe einfach eine Art *phonetische Transcription* probiert, und siehe da, sie stimmte zufällig damit überein.

13. August

Ich wollte Prof. Hofmann und Militärarzt Würzler zu Hause besuchen, traf aber beide nicht an. Sakata erzählte mir folgendes: „Gestern habe ich zufällig unterwegs Würzler gesehen. Er hat mich aus seiner Droschke heraus freundlich gegrüßt und seinen Hut gezogen. Ob noch jemand in der Droschke gesessen hat, weiß ich nicht. Vermutlich wollte er verreisen."

Es ist doch erstaunlich, wie das Verreisen in die Sommerfrische in der letzten Zeit an Beliebtheit gewonnen hat. Unter den Urlaubern gibt es dabei auch solche, die ganz entgegen ihrem eigenen Willen, einfach nur, weil sie nicht anders können, Urlaub nehmen und verreisen. Jemand hat folgendes zu mir gesagt: „Ich würde mich in der heißen Zeit viel lieber in ein Wirtshaus setzen, ein schönes Glas Bier trinken und mich dabei prächtig erholen. Aber, ich weiß nicht warum, meine Frau will eben unbedingt verreisen." Als ich ihn fragte, ob denn seine Frau so gern verreise, meinte er, daß dem eigentlich auch nicht so sei. Wenn aber die Frauen in der Nachbarschaft alle auf Reisen gehen und nur die eigene Familie zu Hause bleibt, denkt sie, die Leute könnten von ihnen glauben, sie seien arme Leute. Darum verlange sie von ihm, ihrem Mann, daß auch sie verreisen. Wenn die Frauen aus ihrem Bekanntenkreis in ein nahegelegenes Bad fahren, wolle sie selbst in die *Alpen,* um dann damit so richtig angeben zu können. *Otto Roquette*[(45)] lachte immer darüber, daß die Maler doch so ohne jeden Sinn weite Reisen unternehmen und sich nicht einfach nach allen vier Seiten umsehen. Oh, wieso gerade die Maler? Nein, das betrifft durchaus nicht nur die Maler! Nachdem Iijima abgereist ist, bin ich in sein Zimmer umgezogen. Inzwischen füllen nun schon über 170 europäische Bücher mein Regal. Wenn ich zuweilen ein Buch zur Hand nehme und darin lese, ergreift mich ein unbeschreibliches Glücksgefühl. Die ernsten und feierlichen Dramen der großen Griechen *Sophokles, Euripides* und *Aeskylos* sind mein. Wunderschön sind die Liebesgeschichten der franzosischen Meister *Ohnet, Halévy* und *Gréville. Dantes* tiefsinnige „Göttliche Komödie *(Comedia)*“ hat mich ganz und gar in Entzücken versetzt. Großartig und erhaben dünken mich *Goethes* „Sämtliche Werke“. Wer kommt und teilt mit mir das Vergnügen? Auch in der Pension von *Frau Vogel,* wo ich immer Mittag esse, wechseln, seit in den Ämtern und Schulen die Urlaubszeit angebrochen ist, häufig die Gäste. Von denen, die zur Zeit gerade da sind, habe ich folgendes erfahren: *Weigand* ist Lehrer an einer Grundschule und hört an der nahegelegenen Universität Vorlesungen. Man kann sich zwar ganz gut mit ihm unterhalten, irgendwie aber ist er leicht beschränkt. Er war auch damals bei unserem Bootsausflug mit von der Partie. Hösel, der ihn damals mitgebracht hatte, ist für die Ferienzeit in seinen Heimatort zurückgekehrt. Dann hat mir jemand erzählt, daß einmal ein Beamter des Leipziger Meteorolgischen Observatoriums zu Gast gewesen sei. Den hätten sie geneckt und den *„Sternwärter“* genannt. Das sei ein Heidenspaß gewesen. Dann erfuhr ich noch, daß jetzt auch zwei Polen hier essen. Der eine sei von kleiner Statur und sehr wortkarg, der andere hübsch und außerordentlich gesprächig. Die Namen von den beiden kenne ich nicht. Im allgemeinen haben diejenigen, die kein Polnisch können, Schwierigkeiten beim Aussprechen der polnischen Namen. In einer Reisebeschreibung von *Maron* über Japan und China steht: „Die Japaner ähneln in ihrem Charakter den Polen: Sie könnten vor langer Zeit einmal gemeinsame Traditionen gehabt haben.“ Auch wenn dies lächerlich klingt, so glaube ich doch, daß die Polen in Punkten der Höflichkeit, der Vertrautheit gleich bei der ersten Begegnung, in ihrer Wendigkeit und in dem Punkt, daß es für sie wichtig ist, ihr Gesicht zu wahren, den Japanern außerordentlich ähnlich sind. Wenn ich jedoch von denen ausgehe, die ich kenne, scheint es mir allerdings mehr so, als ob sie mit ihrer Ehrerbietung doch zu stark übertreiben, denn ihre Höflichkeiten klingen sehr nach Süßholzraspeln. Besonders ihre Komplimente Frauen gegenüber erinnern nicht selten an Schmeicheleien. Außerdem soll es dann noch ein Mädchen in einem roten Kleid geben. Ihren Namen hatte Frau Vogel vergessen. Sie habe hellblaue Augen, blondes Haar und ein ganz sanftes Wesen. Sie sei schon vor einigen Wochen hierher gekommen, um feine Umgangsformen zu lernen. Dann hörte ich noch von *Walther.* Er sei der Sohn eines reichen Kaufmanns, dreizehn Jahre alt, unschuldig und liebenswert. Die anderen Leute, über die ich früher in diesem Tagebuch geschrieben habe, sind entweder in die Sommerfrische gefahren oder ganz umgezogen und kommen überhaupt nicht wieder in diese Pension zurück.

15. August

Aus Berlin sind Hozumi, Hiyama und Satô gekommen. Hozumi fuhr mit mir im selben Schiff nach Europa.Hiyama war früher Richter, jetzt studiert er in Berlin Rechtswesen. Satô macht ein Auslandstudium in Amerika und studiert als Hauptfach Ackerbauwissenschaften.

16. August

Mit den drei Gästen zusammen fuhr ich zum Napoleon-Stein. Zurück nahmen wir den Weg über *Connewitz.*

17. August

Am Morgen war Hozumi bei mir und hat sich von mir verabschiedet.

18. August

Fräulein *Lucius* ist aus der Sommerfrische zurückgekehrt.

19. August

Am Abend war ich mit den beiden Polen im *Krystallpalast* zum Konzert. Heute erfuhr ich die Namen der beiden. Der eine heißt *Cupernik* und der andere *Lazninsky* Ich habe mich auch mit *Elie Barnathan* und *Marion* unterhalten. Elie ist Türkin und hat mir erzählt, daß sie in Paris die Schule besucht hat. Sie ist ein sehr hübsches und intelligentes Mädchen und studiert am *Conservatorium der Musik in Leipzig*. Marion betreibt ein Geschäft in Lyon und ist ebenfalls Musikerin.

20. August

Nieselregen. Am Nachmittag habe ich Cupernik in seiner Unterkunft besucht. Ich wollte auch zu Prof. Hofmann, habe aber nur seine Gattin angetroffen. Er selbst ist zwar schon aus der Sommerfrische zurückgekehrt, war aber zufällig nicht zu Hause. Heute gesellte sich die Engländerin *Miss Stainforth* zu den Mittagsgästen bei Frau Vogel. Sie ist etwa siebzehn Jahre alt, hat bezaubernde Augen, lebhafte Augenbrauen und tiefschwarzes Haar. Auch sie studiert am Conservatorium für Musik.

22. August

Am Abend war ich mit Frau Vogel und Miss Stainforth im *„Bayer'schen Bahnhof"*. Da es jedoch zu kalt war, fiel das Konzert aus. Als ich um Mitternacht zurückkehrte, erzählte mir das Zimmermädchen: „Mein Geliebter ist da. Er hat gesagt, daß er Sie sprechen möchte." In diesem Augenblick sah ich einen Mann in einem weißen Yukata hinter dem Mädchen hervortreten. Es war Sakaki Hajime, der hier in Deutschland Psychiatrie studiert. Von Berlin war er nach *Würzburg* gefahren und ist nun auf dem Rückweg bei mir vorbeigekommen.

23. August

Heute vor genau einem Jahr fuhr ich von zu Hause los. Mit Hagiwara habe ich mich über jene Tage unterhalten und dann einen Brief an Thomas geschrieben, der zur Zeit in dem Badeort *Saßnitz auf Rügen* Urlaub macht. Seit einiger Zeit verspüre auch ich Lust, in die Sommerfrische zu fahren. Dafür, daß ich es dennoch nicht tue, gibt es zwei Gründe: Vor kurzem habe ich mir ein Mikroskop gekauft. Das Gerät weist eine vorzügliche Qualität auf, so daß man wundervoll damit angeben kann. Aber es war auch nicht ganz billig, es kostete etwa 500 Mark (125 Yen). Da will ich nicht noch kostspielige Ausflüge unternehmen. Der andere Grund: Die Herbstmanöver des 12. Armeecorps (das ist das sächsische) beginnen jetzt am 27. und gehen bis Mitte September. Ich war schon in Berlin, um den Gesandten um die Erlaubnis zu bitten, daran teilnehmen zu dürfen. Ob ich sie erhalten werde, ist zwar noch nicht ganz klar, aber ich sollte lieber nicht so auf das Geratewohl verreisen. Am Abend war ich mit Sakaki, Frau Vogel und Fräulein Lucius im *Panorama* und im Restaurant *„Kitzing und Helbig.“*

24. August

Am Abend habe ich mit Sakaki und anderen amerikanisch gekocht und gespeist.

25. August

Sakaki ist nach Berlin zurückgekehrt. Im Labor habe ich Prof. Hofmann und Würzler getroffen. Dieser ist nämlich heute nachmittag aus der Sommerfrische zurückgekommen. Am Abend war ich mit Sakata im *„Hôtel zur Stadt Dresden“*. Neben uns saß ein Deutscher. Er sprach uns von sich aus an: „Ich heiße *Johannes Bänsch-Drugulin* und arbeite in einer Druckerei. Vor kurzem haben wir für eine Apotheke einen

Text in chinesischer Sprache gedruckt." Ich fragte ihn, um was für ein Medikament es denn gegangen sei. „Santonin", lautete die Antwort. Ich mußte lachen und erzählte ihm dann, daß ich derjenige bin, der den Text übersetzt hat. Bänsch fragte nun: „Ach, Sie sind wohl Chinese?". Nein, ich bin ein japanischer Militärarzt. Aber ich kann Chinesisch lesen und schreiben. Die japanische und die chinesische Sprache sind jedoch überhaupt nicht miteinander verwandt. Die Japaner haben nur die chinesischen Zeichen übernommen, und in jüngster Zeit ist sogar ein Klub für lateinische Schrift gegründet worden. Sein Ziel ist es, die Schrift aus Europa zu übernehmen. Allerdings beherrschen nicht alle Japaner die chinesische Schrift. Der Apotheker hat Glück gehabt, daß er zufällig auf mich gestoßen ist."

26. August

Am Abend erhielt ich den Befehl, mit Erlaubnis des Sächsischen Königs an den bevorstehenden Manövern teilzunehmen. Daraufhin habe ich meine Sachen gepackt und Reisevorkehrungen getroffen.

27. August

Bei heiterem Himmel fuhr ich um 11 Uhr 25 vormittags vom *Dresdner Bahnhof* ab. Gestern, am 26. war um 17 Uhr ein Brief vom Kriegsministerium gekommen. Darin stand, daß die Abfahrt heute früh um 6 Uhr sein sollte. Da ich es nicht mehr geschafft hatte, mein Gepäck rechtzeitig zum Regiment zu bringen, bestieg ich nun heute um 11 Uhr 25 den Zug nach *Machern,* wo ich mit dem Bataillon zusammentreffen wollte. Um 12 Uhr kam ich in Machern an. Da ich bis dahin noch kein einziges deutsches Dorf kennengelernt hatte, war mir ganz seltsam zumute. Würzlers Soldaten holten mich vom Bahnhof ab. Sie nahmen mir mein Gepäck ab und brachten mich zu meinem *Quartier.* Dieses befindet sich im Schloß von *Paul Snetger.* Durch ein zerfallenes Steintor gelangten wir in einen Garten, in dem weiß die Malven blühen. Das Gebäude ist weiß getüncht und trägt ein Ziegeldach. In der Mitte erhebt sich ein hoher Turm. Links und rechts der Steintreppe stehen steinerne Löwen. Das Haus ist in seinem Innern reich geschmückt, es schwebt ein Hauch kriegerischer Atmosphäre in ihm. An das Deckengewölbe und die vier Wände sind Dämonen, Drachen und Schlangen gemalt und in die Pfeiler Waffen und Tierköpfe geschnitzt. Wir nahmen an einer Tafel im Obergeschoß Platz. Der klare reine Wein mundete vorzüglich. Dazu ließen wir uns Feigen schmecken. Außer dem Hausherrn und seiner Gattin saßen noch *Elise Snetger, Helene Walther* und *Fräulein Basel* mit an der Tafel. Elise Snetger ist klein, schlank und von erstaunlicher Schlagfertigkeit und Scharfsinnigkeit. Frau Walther hat ein rosiges Gesicht und volle Wangen. Auch sie kann gut reden. Ausgesprochen hübsch kann man sie allerdings nicht nennen. Fräulein Basel ist sehr wortkarg, stets in sich versunken und von einer rührenden Anmut und Zartheit. Am Nachmittag spielten wir Krocket. Danach schlenderten wir im Garten umher. In seiner Weite steht er dem in *Rosenthal* um nichts nach. Es gibt dort eine Nachbildung einer Pyramide und einen sehr hohen Turm. Herr Snetger öffnete die Tür und führte uns hinauf. In allen Himmelsrichtungen erstreckten sich weite Felder, Getreidefelder unterbrochen von Kiefernhainen. Alle sagten, daß man die Turmspitze auch von der Eisenbahn aus sehen könne. In einem Raum des Turmes lag ein Buch aus, in welches sich alle Gäste mit Vor-und Familiennamen eintragen. Ich schrieb meinen Namen in der Schrift meines Landes. Die jungen Damen wollten noch auf dem See Kahn fahren. Doch dazu war es schon zu spät, und ihr Wunsch konnte ihnen nicht erfüllt werden. Beim Abendessen stand der Hausherr auf und hielt eine Rede. Dann erhob er sein Glas Sekt und sprach einen Toast auf die Gesundheit der Offiziere aus. Auch wir ergriffen nun unsere Gläser und stießen auf den Erfolg und den Ruhm seiner Familie an. Um halb elf Uhr abends ging ich zu Bett. Ich schlafe in einem sogenannten *Himmelbett* mit einem roten Vorhang. Der Bataillonskommandeur Major *Wagner,* Hauptmann *von Öhr,* Stabsarzt Würzler und Leutnant *Baron von Biedermann* haben ebenfalls im Schloß Quartier bezogen.

28. August

Es ist heiter. Um 6 Uhr in aller Frühe inspizierte der Bataillonskommandeur vor unserem Quartier seine Truppen, die dann unter seinem Kommando losmarschierten. Um 7 Uhr mietete ich zusammen mit Würzler und dem Rechnungsführer *Falkner* eine Droschke. Unterwegs kamen wir durch Kiefern- und Eichenwälder, dann wieder durch freies Feld voll roter Blüten, soweit das Auge reichte. Das war bestimmt *Heidekraut.* Um 9 Uhr trafen wir in *Trebsen* mit dem 1. Bataillon zusammen und legten eine Rast ein. Ich begegnete hier auch dem Regimentskommandeur Oberst *Leusmann,* Oberstleutnant *Baron von Bülow* und Major *von Löben.* Den Oberst kannte ich schon, da ich ihn früher einmal bei sich zu Hause aufgesucht hatte. Um 10 Uhr 30 kamen wir in *Nerchau* an. Im *„Gasthof zur Sonne“ (R.Lorentz)* schlugen wir unser Quartier auf. Dieses Haus nennt sich zwar Gasthof, ist aber in Wirklichkeit nur ein einfaches Bauernhaus. An dem sich um die Fenster rankenden Wein hingen Trauben smaragdener Kugeln. Von Zeit zu Zeit kamen Vögel und pickten daran. Das Mittagessen nahm ich gemeinsam mit Major Wagner ein. Danach saßen wir noch mit ein paar Offizieren auf Stühlen im Garten unseres Quartiers und plauderten ein wenig. Gerade da kam der Postbote und brachte mir zwei Briefe.

Der eine war von zu Hause, der andere von Iijima Isao. Die Offiziere rissen sich um die japanischen Briefmarken. Ich teilte sie gerecht unter ihnen auf. Am Abend waren wir im Dorftheater. Es befindet sich im Obergeschoß unseres Quartiers und ähnelt unserem Tôkyôter Varieté. Wir sahen das Stück *„Feldprediger von Berlin"*. Die Titelrolle spielte ein Schauspieler namens *Metzer.* Die Damen, die auftraten, waren alle ziemlich glanzlos. Es war schon 10 Uhr 30, als das Stück zu Ende ging. Danach wollte ich mich eigentlich gleich in mein Schlafzimmer zurückziehen. Doch da sprach mich ein Mann an: „Wollen Sie nicht *Kreuzbruder* werden?" Ich wußte gar nicht, was das sein könnte, und stimmte aus Neugier zu. Er zog mich an einen Tisch, in dessen Mitte ein Kreuz aufgezeichnet war. Schlug man in der Nähe dieses Kreuzes einen Nagel ein, wurde man Mitglied. Je nach Stellung des Nagels kostete ein Schlag mit dem Hammer 10 bis 25 Pfennig. Wenn man sich ungeschickt anstellte, mußte man dutzende Male mit dem Hammer zuschlagen, bis der Nagel saß. Ich schlug meinen mit vier Schlägen ein und mußte eine Mark bezahlen. Nun wurde mir zum Zeichen meiner Mitgliedschaft ein Blechkreuz überreicht, auf welches „Nerchau 1885" geprägt war. Dieses Spiel hat bestimmte Regeln. Eine davon lautet: Die Person, die Mitglied geworden ist, muß den anderen Mitgliedern drei große Fehler beichten, die sie in ihrem bisherigen Leben begangen hat. Verlobte oder gar Verheiratete allerdings brauchen nur zwei Fehler zu gestehen. Das bedeutet ja wohl, daß man mit der Heirat einen großen Fehler begeht. Es gibt noch viele andere solcher Scherzspiele. Vermutlich wird das Geld, das auf diese Weise eingenommen wird, für die Unterstützung ärmerer Leute verwendet. Diese Spiele sollen in ganz Deutschland verbreitet sein. Um zwölf bin ich dann schlafen gegangen.

29. August

Es ist heiter. Gemeinsam mit dem Bataillon verließ ich um 7 Uhr 15 Nerchau, und um 9 Uhr erreichten wir *Brösen,* wo wir uns mit der ganzen Brigade versammelten. Hier lernte ich auch Oberstleutnant *von Rudorff* und Major *von Cerrini di Monte Varchi* kennen. Cerrini verwechselte mich mit Hauptmann Ijichi, worüber alle lachten. Die Schießübungen dauerten von 10 bis 11 Uhr. Um 12 Uhr 30 kehrte ich in unser Quartier zurück. Mit *Wagner* aß ich dann um 13 Uhr Mittag. Vom Gesandten kam heute ein Schreiben, das einen Brief enthielt, in welchem der sächsische Kriegsminister mir die Teilnahme an den Herbstmanövern gestattet. Um 18 Uhr aßen wir Abendbrot. Neben mir saß *Helsig,* Hauptmann der Reserve. Er verwaltet zur Zeit die Bibliothek der Leipziger Universität und kennt Iijima Isao. Am Abend spielte ich mit den Offizieren Karten. Heute erkundigte ich mich auch bei einem Offizier nach *Assessor Nikolai,* Leutnant der Reserve und Tischgast bei Frau Vogel. Ich hatte ihm versprochen, ihn während der Manöver in seinem Quartier zu besuchen. Jener Offizier jedoch erzählte mir, daß Nikolai, als die Truppen Leipzig verließen, plötzlich nicht mitkommen konnte, weil er an Beriberi erkrankt war. Außerdem erfuhr ich, daß Hauptmann Kikoshi sich bei einem Manöver das Schlüsselbein gebrochen und daher Genesungsurlaub genommen hat.

30. August

Strahlender Sonnenschein. Heute ist Sonntag. Daher finden keine Manöver statt. Gemeinsam mit Oberstleutnant *von Bülow,* Oberst *Leusmann* und einer Reihe anderer Offiziere aß ich zu Mittag. Am Nachmittag schlenderte ich mit Würzler am Ufer der *Mulde* entlang. Anschließend fuhr ich mit Hauptmann *Messow* in das Dorf *Würschwitz.* Als ich in mein Quartier zurückkehrte, brannte überall schon Licht. Heute am Sonntag trugen die Kinder alle neue Kleider. Wahrscheinlich ist das in kleineren Orten so üblich.

31. August

Bei heiterem Wetter verließ ich früh um 7 Uhr 15 mein Quartier und fuhr zur *Galgenburg* in der Nähe von *Deditz,* denn ich wollte von der Stellung des provisorischen Feindes aus den Manövern zusehen. Dieser stand unter dem Kommando von Major *von Löben* und Hauptmann *Messow.*

Ein älterer Herr kam gemeinsam mit einer jungen Frau dahergeritten, um zuzuschauen. Letztere trug ein dunkelgrünes Kostüm und ritt einen Schimmel. In dem Jagdwagen, der ihnen folgte, saßen mehrere junge Mädchen. Ein Offizier erzählte mir: „Das ist die Familie *von Bülow* aus *Döben.* Sie hat sieben Töchter, von denen eine bereits mit einem Major verheiratet ist. Im vergangenen Jahr wohnten wir während der Manöver in ihrem Haus. Der Hausherr veranstaltete für uns alle einen Ball. Auch ich gehörte zu den Glücklichen, die mit dieser Dame tanzen durften." Um elf kehrte ich in mein Quartier zurück. Gemeinsam mit Hauptmann *von Öhr,* Oberleutnant *Meerheimb* und Leutnant *Müller* aß ich im Garten zu Mittag. Das Abendbrot nahm ich um sechs Uhr abends zusammen mit einigen Offizieren ein.

1. September

Es ist heiter. Der Organisator des *Sedanfestes* in der Stadt Nerchau hat mir einen Brief geschickt, in welchem es heißt: „Morgen abend um 8 Uhr wird im ‚Gasthof zur Sonne' ein Fest gegeben. Dürfen wir mit Ihrer werten Anwesenheit rechnen?" Da wir morgen in einem Biwak übernachten wollen, habe ich dankend abgesagt. Heute wurden keine Manöver durchgeführt.

2. September

Bei heiterem Himmel verließ ich früh um 7 Uhr mein Quartier und war um 7 Uhr 15 schon in *Brösen,* wo die Manöver stattfinden sollten. Der Landeskönig[(46)] erschien, um den Manövern zuzuschauen. Heute fanden die Manöver der berittenen Artillerie statt. Um 13 Uhr fuhren wir zu den Feldern vor dem Dorf *Haubitz.* Nur kurze Zeit später kam der Offizier für Versorgung mit ein paar Wagen, beladen mit Bauholz, Stroh und dem Gepäck der Offiziere. Es dauerte nicht lange, und alle Wachen waren abkommandiert, die Mannschaften aufgestellt und die Zelte aufgebaut. Die Soldaten hoben Feuergruben aus, kochten in den mitgebrachten Blechgefäßen Kartoffeln und gepökeltes Fleisch und aßen dies dann mit Brot. Der Offizier für Versorgung hatte von einer Gastwirtschaft in Haubitz Tische und Bänke ausgeliehen, herantransportieren und für die Offiziere Tafeln decken lassen. Das Geschirr war zusammen mit dem Gepäck hergebracht worden. Die Koffer waren zwar nicht groß, doch hatte man durch geschicktes Packen eine ganze Reihe zusätzlicher Teller und Schüsseln mit unterbringen können. Auf den ersten Blick wirkten sie wie Porzellan, aber in Wirklichkeit waren sie aus Emaille. Am Abend legten wir uns in den Zelten schlafen.

3. September

Es ist heiter. Um 9 Uhr 30 vormittags begann der Angriff auf den provisorischen Feind in *Ragewitz.* In der Nähe dieses Dorfes legten wir dann um elf eine Rastpause ein. Über *Grottewitz* und *Schmorditz* ging es anschließend zurück in unsere Unterkünfte, wo wir Punkt 12 Uhr 30 anlangten.

4. September

Der Himmel ist bewölkt. Früh um 6 Uhr 45 verließ

ich gemeinsam mit dem Bataillon Nerchau. In *Cannewitz* schlossen wir uns mit einem anderen Bataillon zusammen, und in der Nähe von *Sarka* stießen wir auf unseren Feind. Um zwölf trafen wir in *Gastewitz* ein. Hier stellten wir unser Gepäck ab. Um 16 Uhr 30 begaben wir uns nach *Mutzen*[(47)], wohl weil wir uns dort mit den Offizieren des Regiments Nr. 107 zum Abendbrot verabredet hatten. Um 21 Uhr 30 kehrten wir dann nach Gastewitz zurück. Heute habe ich Nikolai getroffen, er war schon wieder völlig gesund.

5. September

Bei bewölktem Himmel und Westwind verließ ich gemeinsam mit dem Bataillon Gastewitz. Südlich von Ragewitz schlugen wir unser Lager auf. Unsere Seite war wieder der provisorische Feind. Die südlichen Truppen griffen uns von Richtung *Zschoppach* her an. Nach dem Manöver ging es über *Brösen* und *Greschwitz* nach *Döben.* Unterwegs wurden wir vom Regen überrascht. Unser Döbener Quartier ist ein altes Schloß am östlichen Ufer der *Mulde.* In seiner Architektur ähnelt es jenem in *Machern.* Rechterhand erhebt sich eine Wassermühle, ein Ziegelsteinbau. Auf der gegenüberliegenden Uferseite erstreckt sich verwildertes Feld, und in Ufernähe ragen hunderte Eichen auf. Direkt vor dem Schloß führt eine Eisenbahnlinie entlang. Der Schloßherr *von Bülow* ist ein älterer Herr im Alter von sechzig Jahren. Er bat uns darum, unsere Namen in sein Gästebuch einzutragen. Dann ließ er seine sechs Töchter holen und die Gäste begrüßen. *Maria (Mimi)* ist von außergewöhnlicher Schönheit. *Ida* hat bildhübsche Augen. Ein Mädchen ist dabei, über dessen Stirn schwebt stets ein Hauch von Traurigkeit. Ihren Namen habe ich vergessen. *Toni* ist sehr schlank und hat große Augen. *Anna* hat eine kleine Nase und eine hervorspringende Stirn und *Helene* einen krummen

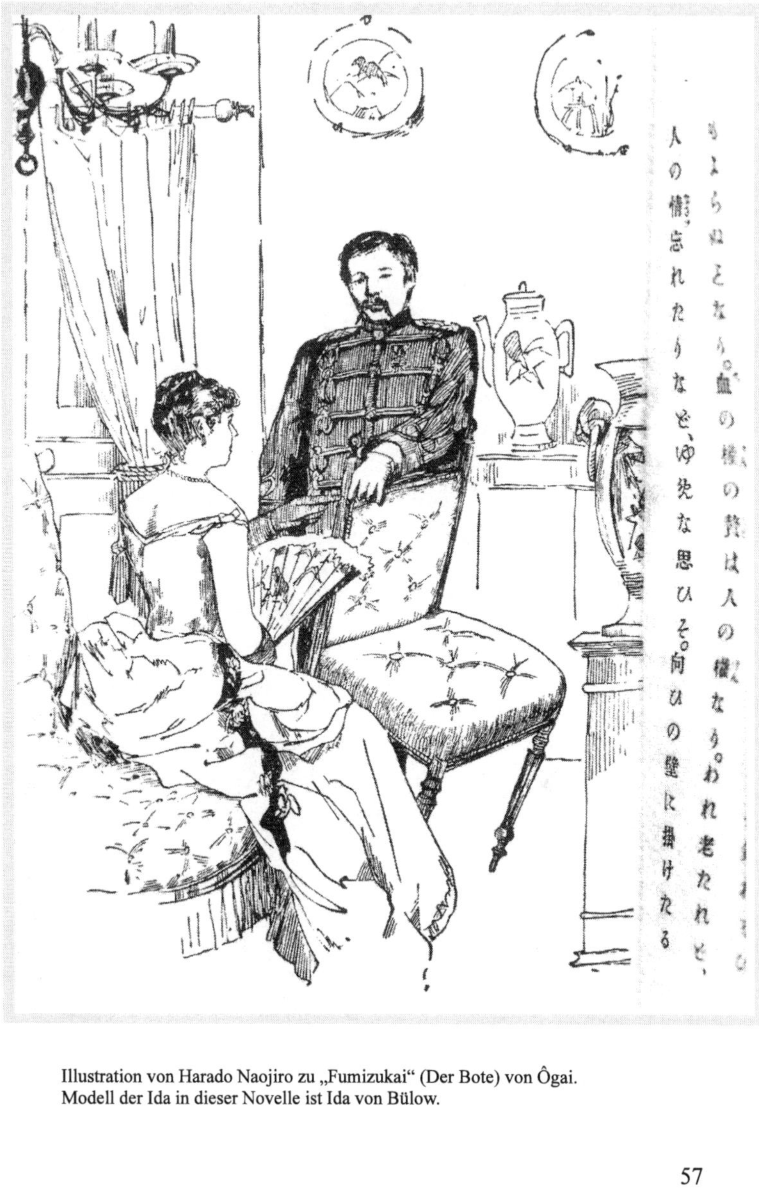

Illustration von Harado Naojiro zu „Fumizukai“ (Der Bote) von Ôgai.
Modell der Ida in dieser Novelle ist Ida von Bülow.

Rücken. Nach dem Abendessen spielten wir *Billard.* Außer mir haben noch Major *Wagner,* Leutnant *von Biedermann,* Hauptmann *Helsig* und Würzler hier ihr Quartier. Heute kam von der Gesandtschaft in Berlin ein Brief. Darin stand, daß die Erlaubnis des sächsischen Königs für meine Teilnahme am Winterkursus für Militärärzte in Dresden eingetroffen sei. Dies war die zweite Angelegenheit, um die ich damals in der Gesandtschaft gebeten hatte.

6. September

Es ist Sonntag und der Himmel blau und klar. Die Strahlen der Morgensonne warfen ihr Licht auf die Bäume, und ein sanfter Wind zeichnete ein feines Muster auf die Wasseroberfläche der Mulde. Auf dem Feld am gegenüberliegenden Ufer erblickte ich einen Hirten mit seiner Schafherde. Heute konnte man weit in der Ferne, rechts von der Wassermühle eine Ortschaft erkennen. Es war Nerchau, unser alter Standort. Um zwei Uhr nachmittags fuhr ich mit Major *Wagner* in einer Droschke zum *Schützenhaus* von *Grimma.* Damit folgten wir einer Einladung des Landeskönigs. Das Einladungsschreiben hatten wir bei unserer Ankunft in *Gastewitz* erhalten. Das Schützenhaus ist ein ausgesprochen prächtiger Bau. Bei dem Geschirr, das vom Königsschloß hierher transportiert worden war, handelte es sich um *Meißen*er Porzellan, eine Nachahmung des chinesischen. Auf weißem Untergrund waren in rot und grün Blumen und Gräser gemalt. Serviert wurde auf silbernen Tellern und Schüsseln. Etwa 130 Personen waren hier versammelt, alles Generäle oder Stabsoffiziere. Als ausländischer Offizier durfte auch ich an diesem Bankett teilnehmen. Zu den Gästen zählten Generalstabsarzt *Wilhelm Roth,* die Obermilitärärzte *Döhler* und *Zimmer* und sieben andere Militärärzte, deren Namen ich vergessen habe. Nach dem

Essen trat der Landeskönig auf mich zu, worauf ich ihm die Ehrenbezeigung erwies. Auf seine Frage, was für Gefühle mich bewegten, seit ich in Deutschland bin, und was das Ziel meines Aufenthaltes sei, antwortete ich ihm mit einigen wenigen Worten. Dr. *Roth* führte mich dann zu *Prinz Georg,* mit dem ich ebenfalls ein paar Worte wechselte. Auch fand ich Gelegenheit zu einem Gespräch mit dem Kriegsminister *von Fabrice,* dem ich bereits in Dresden einmal begegnet war, und mit einem ebenfalls anwesenden schwedischen Hauptmann, der die deutsche Sprache nicht besonders gut zu beherrschen schien.

Ich hatte ihn schon bei den Verwundetentransportübun gen in Dresden gesehen, wußte aber damals nicht, daß er Schwede ist. Wir verließen dann das Schützenhaus, und gemeinsam mit Oberst Leusmann und Major Wagner ging ich in den *„Gasthof zum goldnen Löwen"*, Unterwegs folgten uns ganze Kinderscharen, wahrscheinlich weil man in Grimma nur selten Japaner sieht. Oberst *Leusmann* belegte sie in einem fort mit allerlei Schimpfnamen wie Esel und Ziegen, bis sich die Ansammlung der Kinder endlich auflöste. Am Abend kehrte ich mit Wagner zum Schloß zurück.

7. September

Bei heiterem Himmel verließen wir im Morgengrauen *Döben.* Die Manöver fanden heute in der Nähe des Dorfes *Wagelwitz* statt. Der Überfall der Kavallerie auf unsere Truppen erregte großes Aufsehen. Heute sah ich dem Manöver gemeinsam mit Obermilitärarzt *Rühlemann* von einer Droschke aus zu. Als das Manöver seinem Ende zuging, verabschiedete ich mich von Rühlemann und lief nach Wagelwitz in der Annahme, Würzler dort zu treffen. Vor einer Gastwirtschaft blieb ich stehen. Da schlug mir jemand mit einer Reitgerte leicht auf die Schulter. Als ich mich umwandte, erblickte ich auf einem Kutschwagen ein etwa fünfzehnjähriges Mädchen mit roten Wangen und blauen Augen. Anmutig lächelnd sagte es: „Sie haben einen sehr hübschen Hut. Bitte zeigen Sie ihn den Kindern." Lachend willigte ich ein. Offenbar haben die Mädchen auf dem Lande keine Scheu vor Fremden. Ich lief dann noch weiter bis *Mutzen*[(47)], wo sich mein neues Quartier befindet. Ich wohne hier im Hause eines Kaufmanns namens *E. Thierack.* Er ist so etwas wie ein Kleinwarenhändler bei uns in Japan. Der Empfang war überaus herzlich. Der Kaufmann hat zwei Töchter: *Emmy* und *Mathilde. Olga,* eine Verwandte aus *Birna,* ist ebenfalls zur Zeit in diesem Hause zu Gast. Sie erzählte mir folgendes: „Vor einiger Zeit war ich mit *Helene* (der Freundin des Arztes Soundso) in Leipzig. Wir gingen dort zum *Pauliner Ball,* und meine Freundin hat dort auch mit einem Japaner getanzt." Ich wußte, daß das Iijima war und erzählte ihr nun meinerseits, daß auch ich auf diesem Ball war. Was für ein merkwürdiger Zufall! Olga ist ein sehr hübsches und schlankes Mädchen. Bedauerlicherweise leidet sie seit acht Jahren an einer schweren Ohrenkrankheit.

8. September

Früh um sieben verließen wir bei bewölktem Himmel unser Quartier. In der Nähe von *Göttwitz* legten wir zusammen mit dem Bataillon eine kurze Rast ein. Von dort aus gelangten wir über *Rotteritz* in die Umgebung von *Ieesewitz* und führten dort ein Manöver durch. Um eins kehrten wir nach Mutzschen zurück und tranken im Lokal *„Berger"* ein Gläschen.

9. September

Sonne und Regen wechseln sich ab, das Wetter ist recht unbeständig. Um 7 Uhr verließ ich zusammen mit dem Bataillon Mutzschen. Nördlich von *Köllmichen* und *Merschwitz* schlugen wir unser Quartier auf. Dann zogen wir bis in die nähere Umgebung von *Gastewitz.* Um 11 Uhr war das Manöver zu Ende, und wir kehrten in ein Lokal in Gastewitz ein. Um eins ging es dann nach Mutzschen zurück. Heute brachte mir Hauptmann Yamane(48) Post von Ishizaka Korehiro(49) mit. Am Abend kam Olga mit ihrer Tante (diese wohnt gegenüber dem Kleinwarenladen) und brachte ein *Stereoscop* mit. Wir betrachteten die Muster und plauderten vergnügt.

10. September

Der Himmel ist bewölkt. Heute finden keine Manöver statt. Am Vormittag, so gegen 10 Uhr, gab es ein Gewitter. Doch bald darauf heiterte sich der Himmel wieder auf. Um 14 Uhr aß ich mit Oberst Leusmann und vielen anderen zusammen Mittag.

11. September

Früh um 7 Uhr verließen wir bei bewölktem Himmel Mutzschen. Heute abend wollen wir ein Feldlager aufschlagen, im Freien übernachten und dann morgen in Richtung Grimma weiterziehen. Um 8 Uhr 30 langten wir in der Nähe von *Ragewitz* an. Um zwölf war das Manöver zu Ende, und wir begannen mit den Vorbereitungen für das Feldlager. Als wir gerade dabei waren, die Zelte aufzustellen, begann es plötzlich zu regnen. Sofort wurde der Befehl erteilt, das Lager wieder abzubrechen; wir sollten wieder nach Mutzschen zurückkehren. Beladen mit den Zelten machten wir uns auf den Weg. Von Zeit zu Zeit kam Wind auf, und die Wolken zogen schneller. Zusammen mit Würzler folgte ich den Truppen. Wir gingen etwas langsamer und ließen uns Zeit. Als wir an einem Kiefernwäldchen in der Nähe Mutzschens anlangten, war der Himmel von schwarzen Wolken bedeckt, ein Gewittergrollen ließ die Erde erdröhnen, es stürmte und regnete. Da hörten wir eine Stimme, die um Hilfe rief. Als ich mich genauer umsah, stand da ein etwa sechsjähriges Dorfkind. Es war auf die Felder hinausgelaufen, um dem Manöver zuzuschauen, und dabei von dem Gewitter überrascht worden. Und weil es derart finster war, daß man kaum die Hand vor Augen sah, hatte es ganz und gar verängstigt um Hilfe gerufen. Ich versprach ihm, es nach Hause zu bringen. Wie glücklich und erleichtert war da das Kind! Kaum hatten wir das Dorf erreicht, zeigte das Kind schon auf ein Bauernhaus auf der linken Seite und erklärte, daß es dort wohne. Da verabschiedete ich mich wieder von ihm und kehrte in das Haus von Thierack zurück. Am Abend habe ich zusammen mit dem Bataillonskommandant und vielen anderen im *„Gasthof zum Schützenhaus"* in Mutzschen etwas getrunken.

12. September

Es regnet und stürmt. Früh um 6 Uhr verabschiedete ich mich von Herrn Thierack, mietete mir eine Droschke und fuhr nach *Ragewitz.* Dort fand heute das letzte Manöver statt. Anschließend fuhr ich mit der Droschke, so schnell es ging, nach Grimma. Gemeinsam mit hunderten Offizieren aß ich dort im Schützenhaus Mittag. Um 16 Uhr verließ ich Grimma wieder und kehrte nach Leipzig zurück, wo ich um 18 Uhr ankam. Auf dem Rückweg hatte Würzler mir erzählt: „Heute hat meine Frau Geburtstag. Wenn ich nach Hause komme, wollen wir meine Heimkehr und ihren Geburtstag feiern." Kaum war ich in Leipzig eingetroffen, eilte ich sofort in einen Blumenladen, kaufte einen Blumentopf und schickte einen Boten damit zu Würzlers. Dann machte ich mich auf den Weg zu Frau Vogel. Sie hatte schon das Abendbrot vorbereitet und mich erwartet. Sie erzählte mir, daß sie heute sehr viele Mittagsgäste hatte, darunter auch einen Franzosen und vier Engländerinnen, und daß *Lieschen* schon lange auf meine Rückkehr warte. Ich wunderte mich sehr und fragte, wer das denn sei. Es war das Mädchen in dem roten Kleid.

13. September

Heute früh ist wieder Post von zu Hause gekommen. Im Brief von Satô Genchô heißt es: „Wie mag es Dir so weit in der Feme wohl ergehen? So wanderten meine Gedanken zu Dir und ich griff zum Pinsel. Das Wichtigste ist sicher, daß wir alle bei bester Gesundheit sind. Übrigens am Ersten dieses Monats hat ein Hochwasser die Senjû- und die Azuma-Brücke, die doch beide so stabil gebaut waren, fortgeschwemmt, und auch in anderen Gebieten gab es entsetzliche Verwüstungen durch Feuer und Überschwemmungen. Doch davon wirst Du sicher schon aus der Zeitung erfahren haben. Daher schreibe ich hier nicht weiter darüber. Wie von selbst formen sich mir folgende Verse auf den Lippen: ‚Fern von der Heimat, wo unaufhörlicher Regen die Herzen der Menschen verdrießt, wirst Du wohl frei von Sorgen den hellen klaren Mond schauen.‘ Vollende Du sie! Deine Schwester hat große Fortschritte im Gesang gemacht. Es geht zu Herzen, wenn sie singt. Über Weiteres werde ich im nächsten Brief berichten. Halt Dich tapfer und bleib gesund! Damit schließe ich. 11. Juli. Mit den besten Grüßen, Dir, lieber Kenshû[(50)]. Dein Genchô.“ Heute aß ich bei Frau Vogel Mittag und traf dort die Schwestern *Miss Clench,* ihre Mutter und ihre Tante. Fräulein *Lucius* bat mich in ihr Zimmer und zeigte mir die Blumen, die sie am 11. zu ihrem Geburtstag bekommen hatte. Am Abend kam *Thomas* aus der Sommerfrische zurück. Heute habe ich auch Generalmajor *von Tschirsky,* Oberst Leusmann, Major Wagner, Obermilitärarzt *Zimmer* und Obermilitärarzt Rühlemann aufgesucht und ihnen für ihre Freundlichkeit während der Manöver gedankt.

14. September

Es ist heiter. Am Vormittag habe ich Prof. Hofmann besucht und mich zwei Stunden lang mit ihm unterhalten. Um 8 Uhr abends ging ich ins „Casino“, wo ich Obermilitärarzt Rühlemann, Zimmer und Würzler traf. Letzterer erzählte mir, daß er morgen früh Leipzig verlassen und nach Dresden fahren wird.

23. September

Von zu Hause ist Post gekommen, außerdem auch von Takano Ken'ichirô(51), einem überaus klugen Mann von der mir altvertrauten ostasiatischen Medizinschule.

27. September

Aus Berlin ist Katayama Kuniyoshi gekommen. Bei Hagiwara haben wir zusammengesessen und uns Reis, Karpfen und sauer eingelegtes Gemüse schmecken lassen. Nach dem Essen wurde eine *Bowle* angesetzt. *Bowle* – das sind zerkleinerte Früchte mit verschiedenen Spirituosen vermischt und in einen Krug gefüllt. Während wir die Bowle tranken und uns köstlich amüsierten, erzählte Katayama uns von einem *Fräulein von Lehmann:* „In Berlin gibt es eine Jungfrau, Fräulein von Lehmann. Sie ist die Tochter eines Grafen. Ich glaube, sie hat sich früher einmal geschworen, unbedingt einen Japaner zu heiraten. Für einen solchen Wunsch mag es mehrere Gründe geben. Doch die Hauptgründe dürften wohl darin liegen, daß die japanischen Auslandstudenten in Berlin sowohl eine hohe Bildung als auch viel Geld zu besitzen scheinen, es auch schon Beispiele von in Deutschland residierenden japanischen Beamten gibt und es für einen vornehmen Grafen, der unter finanziellen Schwierigkeiten leidet, doch recht schwer ist, seine Tochter mit einem wohlhabenden Europäer zu verheiraten. So ist nun ihre Wahl auf Aoyama Tanemichi gefallen. Ich erfuhr, daß die beiden sich eines Tages bei einer Geselligkeit kennengelernt hatten, zusammen spazieren und im Theater waren und, daß der Tag ihrer Verlobung nahe bevorstand. Eines Abends war Aoyama mit der jungen Dame im *Ausstellungspark* spazieren. Er kaufte eine Rose, um sie ihr zu schenken und plauderte mit ihr. Da stellte er plötzlich fest, daß er etwas vergessen hatte und kehrte um. Zufällig war auch ein Student von derselben Universität im Park. Und außerdem auch ein japanischer Student namens Sakaki Hajime, ein großer und stattlicher Mann mit weißer Hautfarbe, also ein Typ, wie ihn die Europäer mögen. Sich nicht weiter darum bekümmernd, daß er zu Hause eine Frau hat, flirtete er geschickt mit dieser jungen Dame. Diese mag sich wohl irgend etwas dabei gedacht haben, als sie die Blume, die Aoyama ihr geschenkt hatte, ausgerechnet diesem Manne gab. Ein paar Tage später erhielt Katô Terumaro von ihr einen Brief, in dem stand:

„Ich habe mit Sakaki, den ich vor kurzem im Park kennengelernt habe, etwas unter vier Augen zu besprechen. Daher würde ich mich gern im Zoologischen Garten mit ihm treffen. Könnten Sie ihm bitte Bescheid sagen?‘ Da Katô sehr unter Aoyamas Arroganz zu leiden hat, dachte er sich einen Plan aus, besuchte Aoyama und sagte zu ihm: ‚Würden Sie bitte an dem und dem Tag um so und soviel Uhr in den Zoologischen Garten kommen? Ich möchte Ihnen ein seltenes Schauspiel bieten.‘ Diese Intrige war Kumakawa Muneo zufällig zu Ohren gekommen. Er mag wohl Mitleid mit Aoyama empfunden haben und sagte ihm die Wahrheit. Aoyama war außerordentlich wütend darüber, daß die junge Dame ihm untreu geworden war und schrieb ihr in einem Brief, daß er alle seine Beziehungen zu ihr abbreche. Da Sakaki aber schon verheiratet ist, konnte auch er nicht dem Angebot der jungen Dame folgen. Diese bereute nun ihre Handlungsweise und bat

Aoyama um Verzeihung. Dieser reagierte jedoch nicht darauf Damit waren alle Hoffnungen zerschlagen, die die junge Dame gehegt hatte.“

28. September

Ein feiner Regendunst hängt in der Luft, und herbstliche Kühle dringt einem bis auf die Haut. Um 3 Uhr nachmittags ging ich zur 13. Generalversammlung des *Allgemeinen Deutschen Frauenvereins.* Dieser Verein wurde 1865 von *Frau Louise Otto-Peters*[(52)] gegründet, einer Verwandten von Frau Vogel. Die 13. Generalversammlung findet in der *Kramerstraße* Nr. 5 hier in Leipzig statt. Sie geht vom 27. bis zum 29. September. Männlichen Gästen ist die Teilnahme nur am heutigen Tag und am morgigen Nachmittag gestattet. Unter Hunderten von Teilnehmern konnte ich nur zehn Männer entdecken. Die Worte der Rednerin, *Fräulein Marie Calm* aus *Cassel,* haben das Publikum tiefbewegt. Sie hat erklärt, daß das Hauptanliegen des Vereins darin bestehe, Krankenpflege und Unterstützung in Notfällen zu leisten. Um 6 Uhr abends ging ich zum *Bayerischen Bahnhof* um Frau Vogel abzuholen, die aus *Plauen* zurückkehrte. Sie hatte dort ihr Patenkind besucht.

29. September

Um 3 Uhr nachmittags ging ich mit *Frau Dr. Niedermüller* (der Tochter von Frau Vogel) wieder zum Frauenverein. Hörenswert waren vor allem die Vorträge von *Fräulein Augusta Schmid*[(53)] und *Frau Henriette Goldschmid*[(54)]. Letztere ist, so glaube ich, eine ehemalige Lehrerin von Frau Dr. Niedermüller. Auch *Frau Schleiden* war heute auf der Versammlung.

30. September

Um 4 Uhr nachmittags traf ich mich mit Würzler in einem Lokal in der *Reichsstraße.* Wir tranken dort *„Münchener Hofbräu“.*

1. Oktober

Aus *Heidelberg* kamen Miyazaki Shinjô (Michizaburô) und Inoue Sonken. Sie wohnen bei Frau Vogel. Ich hatte ihnen dazu geraten. Shinjô ist mit mir auf demselben Schiff nach Europa gekommen. Er ist ein sanftmütiger junger Mann. Sonken bin ich heute zum ersten Mal begegnet. Mit seinem pockennarbigen Gesicht sieht er etwas ungewöhnlich aus. Doch als Redner und Gesellschafter findet er nicht seinesgleichen. Er zeigte mir seine Manuskripte für einen Gedichtband und für eine Geschichte der Philosophie Asiens. Seit ich nach Deutschland gekommen bin, war das heute das erste Gespräch über eine Abhandlung zu Asien. Ich bin richtig froh darüber.

2. Oktober

Aus Berlin kam Araki Takuji. Ich traf ihn bei Sonken.

3. Oktober

Aus Wien kam Kashimura Kiyonori. Er wird bei mir wohnen.

4. Oktober

Mit Kashimura, Inoue, Hagiwara und Sakata zusammen war ich im Krystallpalast. Wir sahen uns dort Schattenspiele an. Heute ist Post von zu Hause gekommen.

5. Oktober

Ich habe Kashimura zum Bahnhof begleitet. Am Abend

war ich im „Casino“ des Regiments Nr. 7, wo ich einen Vortrag von *Karg* hörte.

6. Oktober

Ich habe mich von *Ilgner,* meinem Englisch-Lehrer, verabschiedet. Im allgemeinen sind Lehrer für europäische Sprachen japanischen Lehrern für asiatische Musik ausgesprochen ähnlich. Gibt man ihnen Geld, nehmen sie es dankend an. Das tun selbst die Leute, die sich *Professor* nennen. Das ist schon recht seltsam. Was meinen Ilgner angeht, so bin ich ein ganzes Jahr lang von ihm unterrichtet worden, wofür ich ihm sehr dankbar bin. Daher habe ich ihm die Kaution geschenkt und mich bei ihm bedankt.

10. Oktober

Ich habe die wesentlichen Punkte meiner Abhandlung über die Kost in der japanischen Armee formuliert und sie an Generalstabsarzt Ishiguro geschickt.

11. Oktober

Mit dem Zug um 18 Uhr 15 verließ ich Leipzig. Zuvor war ich noch bei Prof Hofmann, um mich von ihm zu verabschieden. Aber er war verreist und ich traf ihn daher nicht an. Auch von Stabsarzt Würzler konnte ich nicht persönlich Abschied nehmen. In der Pension von Frau Vogel waren alle ganz betrübt und bedauerten meinen Abschied. Fräulein Lucius war extra gekommen und wollte ein Bild von mir. Hagiwara Sankei, Sakata Senzô, der Schotte Fairwaser und der Mexikaner *Thomas* begleiteten mich zum Bahnhof. Um 20 Uhr 30 kam ich in Dresden an und mietete mir im *„Hôtel zu den vier Jahreszeiten* “ein Zimmer. Der Hoteldirektor konnte sich noch an mein Gesicht erinnern. Da heute Sonntag ist, war das Hotelrestaurant gut besucht.

12. Oktober

Das Wetter ist heiter und freundlich. Gegen 10 Uhr vormittags suchte ich Generalstabsarzt Dr. Roth auf und trug meinen Namen in die Anwesenheitsliste des Großen Generalstabs des Kriegsministeriums ein. Um 12 Uhr begann im Garnisonskrankenhaus die Eröffnungsveranstaltung, auf der ich die Lehrer des Kurses und die teilnehmenden Militärärzte kennenlernen konnte. Von meinem Hotelfenster aus sah ich heute, wie die Pflastersteine auf den Straßen der Stadt befestigt werden. Es mutet recht seltsam an, wie die Steine mit einem Eisenhammer eingeschlagen werden. Am Abend war ich zum ersten Mal im *Hoftheater* in der *Altstadt.* Die Schauspielerin *Ulrich* spielte die Rolle der *Adrienne*(55).

13. Oktober

Der Kursus hat begonnen. Prof *Neelsen*(56) unterrichtet in Anatomie. Er ist ungewöhnlich klein, hat ein hervorstehendes Kinn und sieht nicht besonders attraktiv aus. Ich war heute auch in der Gemäldegalerie und in einer Ausstellung mit italienischen Gemälden verschiedenster Epochen. In der letzteren gab es jedoch nur Reproduktionen. Um 16 Uhr zog ich um, und zwar in die Wohnung der Witwe *Frau Dr. Balthner* in der *IL Etage* der *Großen Klostergasse 12.* Das Haus befindet sich in der Nähe der *Augustusbrücke* am südlichen Ufer der Elbe. Ich habe ein großes Wohnzimmer und ein kleines Schlafzimmer. Im Wohnzimmer hängt ein Kupferstich mit Faust und Margaretha. Diese Wohnung ist viel besser als die in Leipzig.

14. Oktober

Ich habe eine Vorlesung bei Obermilitärarzt *Stecher* besucht. Er ist von kleiner Statur, hat bereits leicht ergrautes Haar und einen prächtigen Vollbart. Stabsarzt *Schill* hat einen

Vortrag über Bakteriologie gehalten. Er ist von stattlicher Erscheinung und trägt einen hellblonden langen Bart. Am Abend habe ich mich mit Dr. Roth im *„Restaurant Renner“* in der *Großen Brüdergasse* getroffen. Wir tranken etwas, und er erzählte mir, daß er vor ein paar Tagen Briefe von Hashimoto und Matsumoto gelesen habe und diese ihn völlig verwirrt hätten. Als ich ihn nach dem Grund dafür fragte, antwortete er: „Matsumotos Briefe werden immer von einem Sekretär verfaßt. Vermutlich stammt nur die Unterschrift von Matsumoto selbst. Hashimotos Briefe dagegen sind im schönsten Berliner Dialekt abgefaßt. Ein Deutscher, das heißt einer, der in Berlin geboren ist oder schon lange in Berlin lebt, könnte es nicht besser machen. Außerdem, Matsumoto ist doch Generaloberstabsarzt? Und Hashimoto ist nur Generalstabsarzt und ändert trotzdem völlig eigenmächtig dessen Befehle. Das ist das Seltsamste an der Sache.“ Ich darauf: „Ihre Zweifel sind nicht ganz unberechtigt. Hashimoto hätte eigentlich Matsumoto fragen müssen, ehe er etwas veränderte. Aber da er keine Möglichkeit dazu hatte, machte er es eben so, wie er es für richtig hielt. In einem asiatischen Sprichwort heißt es: ‚Wenn der Shôgun außer Landes ist, braucht er seinem Herrscher nicht zu gehorchen.‘ Außerdem legte Matsumoto, als Hashimoto zurückkehrte, sein Amt nieder, und Hashimoto übernahm es.“ Roth erwiderte: „Ach, so ist das also. Beamter im Gefolge des Kriegsministers zu sein, ist wohl ein begehrenswerter Posten.“ Hashimotos Briefe sind in der Tat von einem waschechten Berliner, *E. Müller,* verfaßt worden. Roth hatte da mit seiner Vermutung ganz recht.

15. Oktober

Obermilitärarzt *Beckers* Vorlesung hat begonnen. Becker ist weißhäuptig und von beherzter Natur. Stabsarzt *Seile* hat ein rundes, an einen seltsamen Wels erinnerndes Gesicht.

Links Ôgai, in der Mitte Roth.

Stabsarzt *Fischer* bewirkte mit seinem Vortrag, daß die Zuhörer einschliefen. Obermilitärarzt *Helbig* ist ein schlechter Redner. Man kann ihm einfach nicht zuhören. Heute begann auch Roths Vorlesung über Hygiene im Feldlager. In der Diskussion erwies er sich als äußerst gewandt.

16. Oktober

Vorlesungen wie gehabt. Von nun an notiere ich nicht mehr alles. Am Abend hörte ich im *„Hôtel de Saxe"* eine Rezitation von *Anna Haverland.* Voller Gefühl und mit kunstvollen Pausen trug sie *„Die wilde Jagd"* vor. Es war wirklich hervorragend.

17. Oktober

Wir besichtigten das Dresdener Waffenarsenal, die Kleiderkammer und Wagenschuppen. Alles war höchst erstaunlich.

20. Oktober

Unsere heutige Inspektion galt dem Dresdener Zeughaus, insbesondere der Abteilung, in welcher die Feuerwaffen gelagert werden. Es befand sich auch ein Gewehr darunter, das noch aus der Zeit vor der Meiji-Restauration stammte und das Symbol eines Falkenflügels trug.

21. Oktober

Von zu Hause ist Post gekommen.

23. Oktober

Heute wurde zum ersten Mal geheizt.

24. Oktober

Wir besichtigten eine Waschanstalt und eine Brotbäckerei.

oben: Das Belvedere in Dresden, Stahlstich von J. Poppel nach Foto von H. Krone – unten: Hôtel dc Saxe in Dresden. Lithografie eines unbekannten Künstlers.

Wir sahen Brot, das nicht verdirbt. Dünne Scheiben werden in ein Eisen eingelegt und dann die Luftzufuhr unterbrochen. So wird das Brot gebacken. Diese Eisen sollen zerlegt auch als Krankenschienen verwendbar sein.

25. Oktober

Ich habe mit *Wilke* zusammen bei Roth Mittag gegessen. Wilke ist Assistenzarzt und in der *Sanitäts-Direction* angestellt. Er sieht gut aus, ist begabt und beherrscht zwei Fremdsprachen: Französisch und Spanisch. Seit kurzem lernt er auch noch Englisch. Dabei ist er nicht im mindesten überheblich, was mir ausgenommen gut an ihm gefällt. Nachdem wir Roth verlassen hatten, kehrten wir auf dem Heimweg noch in der *Academischen Bierhalle* ein. Hier lernte ich den Rechtsanwalt *Wilke,* einen Freund des Militärarztes Wilke, kennen. Er ist etwas rundlich und von einer einfachen Natürlichkeit, ganz anders als die Lehrer für Rechtswesen in Japan. Ich fragte ihn, woher der Name Wilke komme, worauf er antwortete, daß Wilke *„Wolf"* heiße. Wir schauten uns an und mußten plötzlich laut lachen.

28. Oktober

Am Abend war ich im *Victoria-Salon.* Er ähnelt dem Leipziger Krystallpalast, ist aber nicht ganz so prächtig. Ich sah mir dort die Anlagen für elektrisches Licht an.

29. Oktober

Aus Berlin ist Hayakawa[(57)], Hauptmann der Infanterie, gekommen. Er gehört zum hiesigen Jägerbataillon.

30. Oktober

Ich war im *Verein für Erdkunde.* Dr. Roth hielt einen Vortrag über die Malaria-Gebiete.

Oben: Hoftheater in Dresden, Federzeichnung eines unbekannten Künstlers
Unten: Freitreppe der Brühl'schen Terrassen, Holzschnitt nach einer Zeichnung von August Reinhard

1. November

Ich habe auf den *Brühl'schen Terrassen* ein Konzert gehört.

6. November

Wir besichtigten ein Gefängnis, ein dreistöckiges Gebäude, in welchem man ungehindert vom untersten bis zum obersten Stockwerk blicken kann. Sowohl die Treppen als auch die Geländer sind alle mit Luftspalten gearbeitet. Dadurch wird ein guter Überblick über alle Räume möglich, und die Gefangenen können problemlos überwacht werden. Vom Standpunkt der Hygiene aus betrachtet, wird damit zugleich bestens für eine gute Belüftung gesorgt. In den Arbeitsräumen befinden sich auf zwei einander gegenüberliegenden Seitenwänden Belüftungsklappen und neben dem Ofenrohr Abzugsventile. Mit Hilfe von Hitze wird die Luft angesaugt. Im Heizungsraum findet die Heißwassermethode Anwendung. Die Rohre hier sind klein. Die Toilettenbecken in den Zimmerecken sind mit einem großen Rohr verbunden und außerordentlich sauber. Im Zimmer für die Geisteskranken sind alle vier Wände vollständig mit Stoff bespannt. Die Toiletten ähneln den üblichen, nur sind ihre Deckel stabiler und mit dem Beckenrand verbunden.

7. November

Ich war zum ersten Mal im *Residenz-Theater*. Es ist ganz ungewöhnlich klein. Wilke hatte mich eingeladen.

8. November

Roth lud mich zum Abendbrot ein. Er hat keine Familie, aber einen Hund, an dem er sehr hängt. Als dieser zu uns an den Tisch kam und um Essen bettelte, gab ich ihm etwas Fleisch. Roth schaute auf meine Uniform und meinte:

Residenztheater in Dresden. Holzschnitt von Hugo Bürkner

„In *Braunschweig* trug man früher ähnliche Uniformen im englischen Stil dekoriert mit französischen oder anderen Rangorden. Ich habe ihren Anblick immer sehr gemocht." Dann zeigte er mir zwei japanische Bilder. Sie waren beide von Künstlern, die offensichtlich nicht besonders begabt waren. Das habe ich ihm auch gesagt. In einem Zimmer stand etwas, das sehr an einen buddhistischen Altar erinnerte. Roth erhob sich, öffnete die Türen und ließ mich einen Blick hineinwerfen. An der Rückwand hingen hunderte Fotos. Roth erklärte mir, daß dies all die Ärzte seien, die ihm während des sächsisch-französischen Krieges unterstellt waren, und daß viele von ihnen schon nicht mehr unter den Lebenden weilen.

10. November

Stecher lud mich in das *Casino* des 2. *Grenadierregiments* ein, wo wir ein fürstliches Mahl zu uns nahmen und auch der Champagner köstlich mundete.

13. November

Von zu Hause ist Post gekommen. Heute besichtigten wir das Stadtkrankenhaus. Im Versammlungsraum hing ein chinesisches Gemälde an der Wand, und in die Decke waren unter anderem die chinesischen Zeichen für Osten, Westen, Süden, Norden und Frühling, Sommer, Herbst und Winter eingraviert. Da es niemanden gab, der das lesen konnte, habe ich es ihnen übersetzt. Wir erfuhren, daß in diesem Zimmer früher einmal Napoleon übernachtet hat. Der Desinfektionsraum ist eine große Stahlkammer, in die heißer Dampf eingeleitet wird, wodurch die Giftstoffe vernichtet werden. Die Eisenträger an den Innenwänden sind alle mit Stoff umwickelt, damit sie nicht rosten. Die Kleidung wird an Haken aufgehangen und so desinfiziert. Würde sie an einen Strick gebunden in die Kammer geworfen werden, entstünden an den Stellen, wo sie vom Strick gehalten werden, Falten, und diese Stellen würden dann nicht desinfiziert werden. Bunte Stoffe verlieren in der Kammer nichts von ihrer Schönheit. Nur Lederwaren vertragen die Hitze nicht. Dafür wurde eine Schwefeldioxid-Desinfektionskammer eingerichtet. Im Keller wird das schmutzige Abwasser mit *Süvern*-Pulver gereinigt und dann erst in die Abwasserkanalisation des Stadtviertels abgeführt. Es fällt mir schwer, diese Methode, bei der die Krankheitskeime nicht vernichtet werden, gutzuheißen. Im Garten stand eine riesige Statue von *Poseidon,* dem Gott des Meeres. Ein großartiger Anblick!

14. November

Am Abend habe ich mir ein wenig Zeit genommen und zum ersten Mal das Theater in *Neustadt* besucht.

18. November

Zum Abendbrot war ich heute bei Roth zu Gast.

19. November

Im Dresdener Garnisonskrankenhaus wurde die 159. Versammlung der *Dresdner Sanitäts-Offiziers-Gesellschaft* eröffnet. Den Vorsitz hatten Roth und *C. Friedrich.* Stabsarzt *Balmer* hielt einen Vortrag zu dem Thema *„Die Tätigkeit des Sanitätsoffiziers bei den Generalstabsübungsreisen“.* Als Gast sprach ich zu dem Thema *„Die Organisation des japanischen Sanitätscorps.“* (58)

20. November

Heute ist *Bußtag.* Daher bleiben auch die Pforten des Krankenhauses geschlossen.

22. November

Am Vormittag traf ich mich mit Stabsarzt *Müller* und Assistenzarzt Wilke im Lokal *„Schumann"*. Am Nachmittag mietete ich mir mit Wilke eine Droschke und wir fuhren im Großen Garten spazieren. Trotz schneidender Kälte herrschte ein reges Treiben dort.

23. November

Am Abend war ich mit Wilke in der *Bierhalle. Bertha,* die Geliebte des Juristen Wilke, arbeitet als Kellnerin in diesem Lokal. Sie ist ein ausgesprochen treues und sittsames Wesen und wirkt eigentlich gar nicht wie jemand aus dieser Gesellschaft. Wilke versprach ihr, ein Zimmer für sie zu mieten und ihr jeden Monat Geld zu schicken, worauf das Mädchen ihm erklärte: „Für deine Güte muß ich dir vielmals danken. Wenn du mich heiraten würdest, könnte ich wohl meinen Beruf aufgeben. Aber auch wenn du das nicht tust, ist es ein hundertfaches Glück für ein Mädchen aus solch einem Lokal, bei dir wohnen und mit dir essen zu dürfen und von dir geliebt zu werden. Das mußte ich dir einfach einmal sagen."

24. November

Es hat zum ersten Mal geschneit. Ab heute werde ich bei dem Arzt *Wilke* Spanisch lernen.

25. November

Ich habe mich mit Generalstabsarzt Roth und *Weiß,* dem stellvertretenden Sanitätsoffizier der Preußischen Marine, im *„Restaurant Außendorf"* getroffen. Weiß erzählte mir, daß er früher einmal den Stillen Ozean befahren und dabei auch mehrmals in Nagasaki übernachtet habe. Er zeigte uns ein Bild von einer Prostituierten aus Nagasaki. Alle bewunderten ihre Schönheit. Ich fand sie zwar ganz hübsch, aber zugleich auch recht gewöhnlich und niedrig, irgendwie unangenehm. Aus Spaß habe ich Weiß gefragt: „Was hat es denn gekostet?“ Er: „30 Dollar.“

26. November

Wieder einmal war ich im *Ethnologischen Museum.* Heute habe ich den Museumsdirektor Dr. med. *Meyer* kennengelernt. Außer mit Medizin beschäftigt er sich hauptsächlich mit Naturkunde und Ethnologie. Früher war er einmal in Indien. Unter den Exponaten befinden sich viele Stücke, die er von dort mitgebracht hat. Allerdings legt er sehr viel Wert auf sein Äußeres. Das gefällt mir nicht an ihm.

27. November

Am Abend war ich im Verein für Erdkunde, wo ich einen Vortrag von Weiß hörte. Unter anderem sprach er von dem Schmutz in den Städten Koreas und Chinas. Da schauten alle zu mir herüber und grinsten höhnisch. Als er an der Stelle seines Vortrags anlangte, da er erzählte, wie sie in Nagasaki vor Anker gingen, machte er nicht eine einzige kritische Bemerkung. Wenn ich nicht dabei gewesen wäre, hätte er vermutlich irgendeinen Schimpf losgelassen.

28. November

Auf Einladung von Generalstabsarzt Roth war ich heute abend im Casino. Mit dem preußischen Obermilitärarzt *Heilmann* und Wilke bin ich auf dem Heimweg dann noch im *„Café Central“* eingekehrt.

29. November

Aus *Chemnitz* ist Hauptmann Kikoshi gekommen. Bei Hauptmann Hayakawa haben wir japanisch gekocht.

30. November

Von zu Hause ist Post gekommen. Kikoshi ist wieder nach Chemnitz zurückgekehrt.

1. Dezember

Wir haben das Gaswerk *(Lößnitzstraße* 6) besichtigt.

2. Dezember

Am Abend bin ich einer Einladung von Obermilitärarzt *Klien* gefolgt und habe seine Gattin und seinen Sohn *Rudolph* kennengelernt.

3. Dezember

Um 13 Uhr verließ ich das Krankenhaus und aß im *„Waldschlößchen"* am rechten Ufer der Elbe Mittag. Anschließend traf ich mich mit Generalstabsarzt Roth im *„Saloppe"* und besichtigte gemeinsam mit ihm das Dresdener Wasserwerk. Nicht weit von der Elbe befindet sich das Maschinengebäude. Das unterirdische Wasser wird angesaugt, schießt in die Höhe, und wenn es oben angelangt ist, fließt es in zwei stählerne Vorratskammern. In einer von beiden war gerade kein Wasser, und ich konnte sie in ihrer vollen Länge und Breite sehen. Ein Angestellter zündete *Lithium* an und strahlte damit das Becken an. Rotes Licht erfüllte die Kammer.

5. Dezember

In den letzten Tagen sanken die Temperaturen bis auf –15 Grad Celsius. Es schneite mehrere Tage hintereinander, und auf der Elbe trieben von stromaufwärts her Schnee-und Eisschollen heran, so daß sich auf der Wasseroberfläche schwarzweiße Muster bildeten. Weiß waren die Schnee- und Eisschollen und schwarz das Wasser. Heute abend ging ich

Königlich chirurgisch-medizinische Akademie in Dresden, Zeughausplatz, Lithografie eines unbekannten Künstlers

zur *Dresdner medicinischen Gesellschaft (Zeughausplatz 3),* um mir dort den Vortrag eines Arztes anzuhören. Es ging um nichts anderes, als daß es bei Bauchfellentzündungen von Kleinkindern *idiopathische* Fälle gibt. Der Arzt hatte selbst Versuche dazu durchgeführt, die diese These bewiesen. *Neelsen, Sußdorf* und *Stecher* waren auch da.

6. Dezember (Sonntag)

Zusammen mit *Trenkler,* einem freiwilligen Arzt für ein Jahr, aß ich im *„Linke'schen Bad"(Bautznerstraße)* zu Mittag. In diesem Lokal finden jede Woche zwei Tanzveranstaltungen statt. Unter den Gästen befinden sich viele Soldaten, Verkäuferinnen, Kellnerinnen u.a. Manchmal kommen auch Offiziere. Da sie sich genieren würden, den wirklichen Namen des Lokals laut zu nennen, erfand jemand ein Pseudonym. Man spricht hier vom Ball des sogenannten *Herrn Commercienrath.* Nach dem Essen mieteten wir uns eine Droschke und fuhren nach *Loschwitz,* einem Ort ganz in der Nähe von Dresden. Hier besichtigten wir das *Schillerhäuschen.* An der Wand hängt eine kleine Tafel, auf der steht: *„Hier schrieb Schiller bei seinem Freunde Körner am Don Carlos".* In Loschwitz habe ich auch *Lenard* besucht. Der Hausherr, seine Gattin, der Stammhalter Oberleutnant *Max* und noch ein Sohn erschienen, um mich zu begrüßen. Wir tranken Kaffee und unterhielten uns. Später ließ sich *Frieda,* die Tochter des Hauses, blicken und stellte sich vor. Kokett wie sie war, wirkte sie wie eine Schönheit aus Kyôto. Auch *Emil Voigt,* ein Knabe aus der Verwandtschaft, kam zu Besuch. Er ist Mittelstufenschüler und fragte mich nach japanischen Sitten und Bräuchen. Frau Lenard erzählte mir: „Schauen Sie nur, wie groß unsere Frieda schon geworden ist. Sie spielt auch jetzt noch gern mit Puppen. Hier ist eine, die wir erst vor kurzem gekauft haben.“ Sie holte eine Puppe hervor und zeigte sie mir. Sie hatte die Größe eines drei- bis vierjährigen Kindes und trug ein wunderschönes Kleid. Die Mutter fuhr in ihrer Erklärung fort: „Die Puppe trägt ein Hochzeitskleid – ganz in Weiß – und auf dem Kopf einen grünen Kranz. Es ist der Wunsch ihrer alten Mutter, für unsere Tochter auch bald solch ein Kleid nähen zu lassen.“ Das Mädchen war sehr verlegen und versuchte, den Redefluß der Mutter zu bremsen, was ihm aber nicht gelang. Wir mußten herzlich lachen. Kurze Zeit später nahmen wir am Abendbrottisch Platz. Auch das Dienstmädchen *Anna* ist sehr hübsch. Nach dem Essen traten wir auf die Terrasse hinaus und ließen unsere Blicke über die Elbe schweifen. Im Westen sahen wir Zehntausende kleine Lichter. Das war Dresden. Um Mitternacht verabschiedete ich mich und kehrte in meine Unterkunft zurück.

7. Dezember

Nach den Vorlesungen gingen wir in die *„Fabrik Gehe und Comp.* „Die Mörser zur Herstellung von Medizinpulver werden dort alle mit Dampfmaschinen angetrieben. Das ist höchst erstaunlich. Am Abend war ich im *Polytechnicum* und hörte einen Vortrag von *Hagen.* Das Polytechnicum wurde in den Jahren von 1872 bis 1875 unter dem Architekten *Heyn* errichtet. Durch den Vorsaal gelangt man an eine steinerne Treppe, die nach oben führt. Von der Grandiosität des Ganzen war ich ungemein beeindruckt. Auch die *Aula* ist von einer Pracht, wie man sie nur selten findet. Das Thema des Vortrags von Hagen lautete: „Der neueste Stand auf dem Gebiete des elektrischen Lichts“.

8. Dezember

Heute aß ich im Casino der Garnison der Pioniere zu Abend. Damit folgte ich einer Einladung von Oberleutnant *Schönbrot.*

9. Dezember

Zwei japanische Studenten, die in *Tharandt* Forstwirtschaft studieren, haben mich besucht. Am Abend war ich mit dem Arzt Wilke im *„Circus Herzog"*.

10. Dezember

Am Abend hörte ich im Casino einen Vortrag von Heibig. Zum ersten Mal sah ich eine sogenannte *Poudrette.* Das ist eine Platte mit getrockneten Fäkalien.

11. Dezember

Am Nachmittag fuhr ich nach *Plauen* und besichtigte dort eine Dampfmühle. Nach Plauen kommt man mit der Pferdebahn ab *Postplatz.* Am Abend war ich im Verein für Erdkunde und hörte einen Vortrag von Roth. Er las einen Brief von Stabsarzt *Wolff* vor, der zur Zeit in Afrika weilt, und sprach über die derzeitige Situation dort sowie über die Zukunft der Kolonialgebiete. Anschließend habe ich mit Roth zusammen Abendbrot gegessen und Emma-Schnaps getrunken.

12. Dezember

Am Abend hörte ich im *Börsensaal (Waisenhausstraße 11)* einen Vortrag der *Gehe-Stiftung.* Gehalten wurde er von *Kirchhoff*(59). Das Thema lautete: *„Die überseeischen Schutzgebiete des deutschen Reichs"*. Der Vortrag glich im großen und ganzen dem von Roth vom Vortage. Während Roths Vortrag indes äußerst sachlich gehalten und bar jeglicher Ausschmückung war, arbeitete Kirchhoff mit solchen Mitteln wie Heben und Senken der Stimme. Anschließend ging ich mit Kirchhoff, Roth, Ewers und anderen in das Lokal *„Schöpfner" (Landhausstraße 4, 5).*

13. Dezember (Sonntag)

Um 5 Uhr nachmittags ging ich in das Casino des

Garnisonskrankenhauses zu einer *Damengesellschaft,* die von Ehefrauen und Verlobten Dresdener Militärärzte organisiert worden war. Schon seit Jahren hatte es immer wieder Versuche dazu gegeben. Aber heute wurde nun endlich die erste Zusammenkunft verwirklicht. An dieser Gesellschaft durften auch verheiratete sowie unverheiratete Militärärzte teilnehmen. Während des Essens erhob sich Roth und hielt eine in Verse gefaßte Festansprache. Die Schönste unter den Frauen war Frau Ewers. Mit ihrem tiefschwarzen Haar, ihrer schneeweißen Haut, den großen Augen und der hohen Nase muß man sie eine bezaubernde Schönheit nennen. Nur ihr Kinn steht etwas vor. Doch als Makel kann man das nicht bezeichnen. Vorsitzende der Gesellschaft war Frau Klien. Sie ist sehr klein und zierlich und außerordentlich redegewandt. Frau Hase ist kokett und dumm, Frau Schill häßlich und widerspenstig. Auf die anderen gehe ich hier nicht ein. Im Anschluß an die Gesellschaft ging ich mit Obermilitärarzt *Nikolai* und den Militärärzten Balmer und Wilke ins *„Restaurant Angelmann" (Pillnitzerstraße 51)* Biertrinken. Um Mitternacht kehrte ich in meine Unterkunft zurück.

14. Dezember

Am Abend war ich im Polytechnicum und hörte einen Vortrag von *Töbler*[(60)]. Um den Gästen einen Versuch zu demonstrieren, verwendete er einen *Projector.* In dem Versuch wurde eine konvexe Quecksilberoberfläche in einem Rohr mit HgCl, das heißt also einem Sublimat aufgefüllt und geebnet. Desweiteren wurde eine runde, flache Scheibe in einer in etwas Alkohol schwimmenden Ölkugel in Rotation versetzt. Auf diese Weise entstanden Ölringe, die wie die Jupiterringe aussahen. Bei sehr schneller Drehbewegung bildeten sich kleine Ölkügelchen, die man mit den Jupitermonden vergleichen könnte. Einmal handelte es sich um Gravitations- und einmal um Molekularkräfte, aber wie man sehen konnte, gibt es Ähnlichkeiten. Anschließend ging ich mit Wilke ins *„Polländer“. Sutzleb,* ein Jurist, *Schützenmeister,* ein Arzt, und *Gerichtsrath Wisand* waren bereits da. Sie hatten auf uns gewartet. Wir tranken Bier und unterhielten uns. Um 9 Uhr 30 kehrte ich nach Hause zurück.

15. Dezember

Eingeladen von den beiden Assistenzärzten *Georg Radestock* und Trenkler, war ich mit ihnen im *Gewerbehaus* in der *Ostra-Allee,* wo wir uns ein Konzert anhörten. Auf dem Heimweg sind wir im *„Hôtel de France“* in der *Wilsdrufferstraße* eingekehrt.

17. Dezember

Im Casino des Garnisonskrankenhauses traf ich mich mit den Amtsärzten, die zum Jahresende ihren Standort wechseln werden, auf ein Gläschen.

18. Dezember

Auf Einladung von Obermilitärarzt Nikolai war ich im Casino des Jägerbataillons.

19. Dezember

Im „Restaurant Außendorf“ habe ich mich mit Oberleutnant Schönbrot getroffen.

20. Dezember

Am Abend war ich zusammen mit Hauptmann Hayakawa im Lokal „Angermann“.

23. Dezember

Um 14 Uhr 30 verließ ich Dresden, um nach Leipzig zu

Hôtel de Russe, Peterstraße in Leipzig, Foto H. Walter

Panorama am Roßplatz in Leipzig, Foto H. Walter

fahren. Frau Vogel hatte mich eingeladen. Da ich aber gemeinsam mit Wilke fuhr, stieg ich zunächst im *„Hôtel de Russe"* in der *Peterstraße* ab. Am Abend besuchten wir Hagiwara Sankei in seiner Wohnung in der *Sternwartenstraße.*

24. Dezember

Nachdem ich mich von Wilke verabschiedet hatte – er wollte nach Hause zu seinen Eltern – schickte ich zunächst ein anonymes Geschenk an Frau Vogel. Um 6 Uhr abends klopfte ich dann selbst an ihre Tür, die sofort geöffnet wurde. Eine kokette Stimme rief: „Der Doktor ist gekommen!" Das war Lieschen. Frau Vogel kam aus der Küche, begrüßte mich hocherfreut und erzählte dann:

„Als wir so gar nicht wußten, von wem das Geschenk heute früh stammen könnte, erkannte nur der kleine *Walther,* den Sie früher immer so mochten, Ihre Schrift. Er ist aber soeben zu seinen Eltern zurückgekehrt." In diesem Moment kamen auch schon die anderen alle: Sonken[61],Tsujiro[62], Frau Niedermüller und Fräulein Lucius. Sie bedankten sich bei mir dafür, daß ich Wort gehalten habe. Bei meiner Abreise aus Leipzig hatten wir damals ausgemacht, daß wir uns zu Weihnachten wiedertreffen wollen. Daher waren auch die anderen alle gekommen. Frau Niedermüller fragte mich: „Wann sind Sie denn in Leipzig eingetroffen, und wo haben Sie Ihr Gepäck abgestellt?" – „Seit gestern abend bin ich in Leipzig, und mein Gepäck steht im *Hôtel de Russe.*" – „Aber wir haben uns doch monatelang nicht gesehen! Wie können Sie sich uns gegenüber derart distanziert verhalten?! Morgen müssen Sie aber unbedingt in ein Zimmer in meinem Haus umziehen. Ich hatte es so hübsch hergerichtet und Sie schon seit gestern erwartet." Ich bat um Verzeihung und erklärte, daß ich in Begleitung war und deshalb im Hotel abgestiegen sei. Auch Gô Seinosuke[63] ist da. Er studiert in *Halle*

Ökonomie. Da er früher in Heidelberg mit Tsujiro zusammen gewohnt hat, ist er zu den Feiertagen hierher gekommen, um diesen zu besuchen. Er ist ein junger Mann von heiterem Naturell, der gern Billard spielt. Bald begann die weihnachtliche *Bescherung.* In einem Zimmer war ein großer Tisch aufgestellt worden, auf dem nun die Geschenke lagen. An der Wand stand ein grüner Baum, der mit Gold- und Silberpapier, bunten Süßwaren und anderem geschmückt war. Die vielen Kerzen auf den Zweigen wurden angezündet, die Familie versammelte sich, und die Geschenke wurden verteilt. Die beiden Kinder *Frieda* und *Otto* stellten sich nebeneinander auf und sagten Weihnachtsgedichte auf. Nach der Bescherung aßen wir Abendbrot. Auch Fräulein *Schwabe* aus *Triest* war noch gekommen. Ich hatte sie damals bei Frau Schleiden kennengelernt.

25. Dezember

Ich bin zu Frau Niedermüller umgezogen. Heute aß ich mit Nikolai und *Mai* zusammen in einem Extrazimmer. Anschließend traf ich auf dem Flur Lieschen. Sie fragte mich: „Warum haben Sie denn in einem anderen Zimmer gegessen? Auch Fräulein Lucius war ganz verwundert." Sprach's und lief davon.

26. Dezember

Ich bin im *„Panorama"* gewesen.

27. Dezember

Heute habe ich dem Hygiene-Institut der Universität meinen Besuch abgestattet. Der Assistent *Reichenbach* ist immer noch da. Er sagte mir, daß Prof. Hofmann in *Nürnberg* und noch nicht zurückgekehrt und Würzler in Dresden sei. Zuvor, das heißt am 24. war ich in aller Frühe

Eingang zu Auerbachs Keller, Leipzig in der Grimmaischen Straße, Foto H. Walter

bereits einmal zu Prof. Hofmann gegangen, aber da war er wohl bereits weggefahren. Am Abend war ich mit Inoue im *„Auerbachskeller"*. Wir sprachen darüber, wie man Goethes *„Faust"* in chinesische Verse übersetzen könnte. Schließlich schlug Sonken mir vor, es doch einmal zu versuchen. Aus Spaß willigte ich ein.[(64)]

28. Dezember

Ich habe Frau Wohl besucht.

29. Dezember

Aus Berlin ist Tanaka Shôhei gekommen.

30. Dezember

Beim Mittagessen erklärte ich, daß ich wieder nach Dresden zurückkehren möchte. Nachdem die anderen Gäste gegangen waren, holten Fräulein Lucius und Lieschen mich in ein Zimmer und baten mich darum, den Jahreswechsel doch hier bei ihnen mit zu feiern. Aber ich hatte ja eigentlich schon am 26. nach Dresden zurückkehren wollen und meinen hiesigen Aufenthalt nun schon auf acht Tage verlängert. Nun denke ich, daß ich doch langsam zurückkehren muß. Darum verabschiedete ich mich auch gleich von den beiden. Auch den Mädchen *Emma* und *Hedwig* sagte ich „Auf Wiedersehen". Mit Frau Niedermüller und Fräulein Lucius trank ich dann noch einmal Kaffee und wir versicherten uns gegenseitig, daß es ja kein Abschied für immer sei. Dann mietete ich mir eine Droschke und fuhr zum Bahnhof Miyazaki Tsujiro begleitete mich bis dorthin. Um 18 Uhr 15 fuhr ich von Leipzig ab. Zwei Stunden später traf ich wieder in meiner Dresdener Unterkunft ein.

1. Januar 1886

Um 0 Uhr Mitternacht war ich im „Restaurant Außendorf" in der Großen Klostergasse, erhob mein Glas *Bowle* und rief *„Prosit Neujahr!"*. An meinem Tisch saßen noch 6 Personen: die beiden Wilkes, der Offizier Schönbrodt, der Kaufmann *Otto Rein,* die Wirtin Frau Außendorf und *Anna,* eine Verwandte von ihr (ihr Spitzname ist *Bims).* Kurz nach 1 Uhr kehrte ich nach Hause zurück. Um 9 Uhr stand ich auf und trank Kaffee. Dabei dachte ich an mein Zuhause in der Ferne, wo wir uns zu Neujahr immer Ozôni(1) schmecken lassen. Da in der Nacht kaum einer geschlafen hatte, herrschte jetzt in der ganzen Stadt einsame Stille. Alle schliefen und träumten noch. Um 2 Uhr nachmittags begab ich mich zum Königshof, um meine Glückwünsche zum Neuen Jahr darzubringen. Die Zeremonie unterschied sich fast gar nicht von der in Japan. Nur eines war anders: König *Albert* stand von Anfang an bis zum Schluß aufrecht und nahm so die Ehrerbietungen entgegen, und diejenigen, die die Glückwünsche überbrachten, näherten sich ihm bis auf zwei Schritte. Außerdem sollte ich vielleicht die *Lakaien* erwähnen, die *Livrées* aus gelbem Tuch, besetzt mit grünweißen Borten, und dunkelviolette Beinkleider trugen. Sie standen nebeneinander aufgereiht auf der westlichen Seite der Treppe und wirkten mit ihren halb erstarrten Gesichtern wie Steinfiguren. Um 20 Uhr 30 machte ich mich noch einmal auf den Weg zum Königsschloß, diesmal zur sogenannten *„Assemblé"*. Zunächst ging es eine Steintreppe hinauf, auf der ein roter Läufer ausgerollt war. Treppe und Vorhalle waren mit Gaslaternen hell erleuchtet. Dann ging es durch viele prunkvolle Säle. In einem war zum Schmuck an allen vier Wänden japanisches und chinesisches Porzellan aufgestellt. Alle Säle erstrahlten im Lichterschein.

von Hunderttausenden Kerzen. Die Orden der Gäste funkelten, warfen das Licht zurück und blendeten die Augen. Die *Uniformen* schillerten in allen Farben und wetteiferten an Pracht mit den weißen Kleidern der Hofdamen, welche auf Brust und Rücken tief ausgeschnitten und so lang waren, daß sie an Pfauenschwänze erinnerten. Der Zeremonienmeister ergriff seinen Stab und klopfte damit auf den Boden, daß es dumpf hallte. Daraufhin teilten sich die Gäste in zwei Gruppen, so daß sich ein Gang zwischen ihnen bildete, und warteten in respektvoller Haltung. Nach den Hofdienern, die weiße Perücken trugen, erschien König *Albert* in Begleitung der Königin, er weißhäuptig, sie mit dunklem Kopfhaar. Sie begaben sich in den hinteren Saal und nahmen am Tisch Platz. Die Hofdiener blieben ständig an ihrer Seite. Die Gäste boten nun ihren Gruß dar. Der König und die Königin erwiderten lächelnd und leicht mit dem Kopf nickend die Grüße. Es gab Kaffee und Gebäck. Danach verabschiedete ich mich und kehrte in meine Unterkunft zurück.

2. Januar

Von zu Hause ist Post gekommen.

3. Januar (Sonntag)

Von Ishiguro ist ein Brief gekommen, in welchem er schreibt: „Verbringe nicht zuviel Zeit mit dem Studium des Militärwesens! Du solltest Dich besser auf ein Gebiet der allgemeinen Hygiene spezialisieren."

4. Januar

Auf Wunsch von Generalstabsarzt Roth gebe ich jede Woche fünf Stunden Japanisch-Unterricht. Der Unterricht findet bei Roth zu Hause statt. *A.B. Meyer, Georg Wilke* und Roth nehmen daran teil.

5. Januar

Der Kursus hat wieder begonnen.

6. Januar

Um 12 Uhr 30 besuchte ich mit Roth die *Gräfin von Fabrice.* Sie trägt den Namen *Anna von der Asseburg,* ist die Gattin des Grafen von Fabrice und hat diesem zwei Söhne und eine Tochter geboren. Die Söhne sollen beide Offiziere bei der Kavallerie sein. Die Gräfin ist klein und dick, und man kann sich gut mit ihr unterhalten. Am Abend traf ich mich mit *Gräfe* und Wilke im Lokal *„Kneist"(Große Brüdergasse),* wo wir *Erlanger Bier* tranken. Das schmeckt köstlicher als jedes andere Bier.

7. Januar

Von zu Hause ist Post gekommen.

8. Januar

Am Abend war ich im Verein für Erdkunde.

9. Januar

Ich traf mich mit Roth im Lokal *„Schumann"*.

11. Januar

Am Abend ging ich auf Einladung von Graf von Fabrice und seiner Gattin zu einer *Soirée* im *Ministerhotel (Seestraße).* Als ich im Hotel eintraf, war es gerade 20 Uhr 30. Der Gastgeber und seine Gattin erschienen im *Arbeitszimmer* und empfingen die Gäste. Ich betrat zusammen mit Obermilitärarzt *Ziegler* das Zimmer. Der Graf wandte sich mit den Worten an mich: „Ich habe gehört, daß Sie vor einiger Zeit an der Sanitäts-Offiziers-Gesellschaft teilgenommen und dort einen Vortrag in deutscher Sprache gehalten haben. Ist das wahr?" Als ich bejahte, erklärte er, daß er es außerordentlich bedaure, den Vortrag nicht gehört zu haben. Am heutigen Abend erschienen etwa 700 Gäste. Da sehr viele berühmte Persönlichkeiten darunter waren, halte ich ein paar Namen fest, auch wenn es etwas Mühe macht. So waren zum Beispiel der Minister *von Nottitz-Wallwitz* und noch fünf, sechs andere Minister anwesend. Auch verschiedene Gesandte waren erschienen, wie der italienische, *Baron von Herbert-Ratkeal* der bayrische, von *Ruthardt,* der nordamerikanische, *Knopp,* u. a. Außerdem zählten zu den Gästen *Teucher* vom Kriegsministerium, *Häpe* vom Innenministerium, *Zapf* vom Polizeiministerium, *von Mangoldt vom* Gerichtshof, *Posse* vom Archiv, *von der Planitz* vom Eisenbahnamt, alles bekannte Persönlichkeiten. *Friesen,* ein Diplomat, hat früher einmal ein Buch über die Geheimmaßnahmen der Regierung geschrieben. *Wörmann*[(2)] ist Direktor einer weltbekannten Bibliothek. Die von *Lipsius*[(3)] errichteten Hochhäuser sowie die von *Pauwels*[(4)] gemalten Bilder sind es wohl wert, für die Nachwelt erhalten zu werden. *Fräulein von Studnitz* ist eine zarte junge Frau und doch Chefredakteurin einer Zeitung *(„Für's Haus"). General Graf von Monts* ist noch ungemein rüstig für sein Alter; er erzählte viel aus Napoleons Zeiten. Auch ein Schauspieler war da: *von den Osten*[(5)] ein großer Mann von stattlicher Erscheinung. Ich hatte ihn früher einmal in der Rolle des *Wilhelm Tell* gesehen und glaube fast, daß Tell, der einst versuchte, sich aus dem Joch der Tyrannei zu befreien, und dessen Leben nicht mehr wog als eine Feder, in Wirklichkeit genau solch ein stattlicher Mann war wie von den Osten. *Frl. Flössel* hatte ich früher einmal in der Rolle der *Agnes* in *„Lorbeerbaum und Bettelstab*[(6)]"gesehen. Mit ihren bezaubernden Augen und ihrem aufmerksamen Blick erkannte sie das gescheiterte Genie *(Heinrich).* Als sie diesem die Lorbeeren überreichte und um einen Gedichtband von ihm bat, kamen mir damals direkt die Tränen. Heute erschien sie ganz in Weiß und mit einem Blumenstrauß in der Hand. In ihrer Koketterie ist sie unvergleichlich. *Frl. Diacomo* sah mit ihren roten Wangen ganz reizend aus. Ihr Anblick ließ in meiner Erinnerung rosarote Pfirsichblüten neben schneeweißen Pflaumenblüten aufsteigen. Die Gattin des schwedischen Artillerieleutnants Graf *Kronjelm* erschien im wohl schönsten Abendkleid. Angefangen mit *von Rudorff von Schweingel, von den Decken* u. a. Offizieren waren auch Hunderte Vertreter des Militärs gekommen. *Fürstin Metternich* weilte zwar zufällig in dieser Gegend, war aber aus bestimmten Gründen nicht anwesend. Um 21 Uhr 30 erschien der sächsische König in seiner königlichen Amtstracht. Musiker des königlichen Kavallerieregiments spielten zum Empfang auf. Um 22 Uhr 30 war die Soiree beendet.

13. Januar

Am Abend ging ich zum Ball am Königlichen Hofe. Er begann um 20 Uhr 30 und dauerte bis 1 Uhr 30 nachts. Etwa 600 Gäste waren erschienen. Zu den vornehmeren zählten der *Erbprinz Bernhardt von Sachsen-Meiningen* mit seiner Gemahlin, *Prinz Alexander von Weimar und Prinz Clemens Schönberg.* Die Adligen vom *Corps diplomatique* waren ebenfalls zahlreich vertreten. Es spielte die Kapelle des *Schützenregiments.* Eine *Polonaise* eröffnete den Ball. Angeführt wurde der Reigen vom König mit der *Prinzessin von Meiningen* im roten Kleid und dem *Prinz von Meiningen* mit der Königin im gelben Kleid. Die Rolle des Vortänzers übernahm Generalleutnant *von Mangoldt-Reiboldt* Um 23 Uhr öffneten sich die Türen zum *Bankettsaal* und zum *Eckparadesaal,* und das Nachtmahl begann. Der Eckparadesaal war mit Blumen geschmückt. Es gab Forellen, Austern und andere erlesene Speisen.

15. Januar

Ich war im Verein für Erdkunde.

17. Januar (Sonntag)

Aus *Tharandt* ist Shiga Taizan[7] gekommen. Ich war mit *Agathe Böhm* im Theater.

18. Januar

Am Abend habe ich mich mit *Wilke, Graube, Teucher, Bliemchen* im *„Polländer"* getroffen.

19. Januar

Roth meinte zu mir: „Du hast doch heute Geburtstag[8]. Ich wollte eigentlich eine Feier organisieren, habe jedoch nicht eine Minute Zeit. Aber ich möchte dich für morgen abend um 8 Uhr 30 zu mir nach Hause einladen." Darüber habe ich mich sehr gefreut und zugesagt. Meine Wirtin hat mir ein Paar selbstgestrickte Strümpfe geschenkt.

20. Januar

Am Abend gab Roth bei sich zu Hause eine Geburtstagsfeier für mich, zu der über 20 Gäste kamen. Roth führte mich zu einem gedeckten Tisch und hielt eine Rede. Auf dem Tisch fand ich Geschenke für mich: einen Bierkrug mit der Aufschrift *„Wilhelm Roth, d. St. A. Rintarau Mori z. E. 19. Jan. 1886"* einen Schmuckgegenstand (Bauernmädchen mit Kuh), einen Kalender und das Buch „Geschichte der deutschen Literatur" von *König*[9], auf dessen Einbandseite ein Gedicht steht. Es lautet:

„Japanisch zu lernen
Was fiele wohl schwerer,
Doch danken wir herzlich
Dem freundlichen Lehrer;

Es mög' ihn erinnern am heimischen Strand
Dies Buch an die Jahre im deutschen Land!
Dr. A. B. Meyer, Dr. G. Wilke, Dr. W. Roth,
Dresden, 19. Jan. 1886."

Das Gedicht wurde vom Generalstabsarzt verfaßt. Anschließend tranken wir guten Wein, ließen uns Delikatessen schmecken und vergnügten uns nach Herzenslust. Als wir uns voneinander trennten, war es eine halbe Stunde nach Mitternacht.

21. Januar

Am Abend war ich im Casino und habe Vorträge von Müller und Ewers gehört.

22. Januar

Von Nakahama Tôichirô[10] ist Post aus Berlin gekommen.

26. Januar

Der Arzt Wilke hat heute Geburtstag. Ich habe ihm einen Band mit Gedichten von *Byron* geschenkt. Nakahama Tôichirô ist aus Berlin gekommen. Ich habe ihn vom Bahnhof abgeholt. Seine Reaktion darauf war: „Als ich in Berlin ankam, hatte ich es nicht so gut." Ich habe ihn zum *„Hôtel zu den vier Jahreszeiten"* gebracht. Anschließend waren wir noch zusammen im Lokal *„Herrmann"* in der *Schloßstraße.* Die Wirtin heißt *Bertha* und ist ausgesprochen hübsch. Heute hat Roth mir ein Foto geschenkt.

27. Januar

Ich war mit Nakahama zusammen im Theater. Danach gingen wir, da wir gehört hatten, daß Roth mit einem Schweden u.a. im „*Außendorf*" sei, auch dorthin.

28. Januar

Nakahama ist nach Leipzig gefahren. Von zu Hause ist Post gekommen.

29. Januar

Am Abend hielt ich auf Einladung des Vereins für Erdkunde einen Vortrag über japanische Wohnhäuser(11). Ich war heute der einzige Redner, aber der Saal voller Menschen. Sie hatten wohl die Anzeige in der Zeitung gelesen. Das Mädchen *Emma,* das die Getränke ausschenkt, war mir sehr dankbar für den guten Umsatz. Auch Shiga aus Tharandt war da.

31. Januar (Sonntag)

Um 11 Uhr vormittags ging ich gemeinsam mit den neu ernannten Offizieren ins Schloß zur Audienz der Königin. Die Zeremonie ging folgendermaßen vor sich: Wir standen alle im Kreis in einem großen Saal und warteten. Dann erschien die Königin, gefolgt von einer Hofdame, die in der Nähe des Eingangs stehenblieb. Ein Kammerdiener mit einer Namensliste in der Hand nannte jeden Gast beim Namen. Die Königin wechselte ein paar Worte mit der jeweiligen Person und reichte ihr die rechte Hand. Wie die anderen ergriff auch ich diese Hand und küßte sie. Am Abend war ich mit ein paar Pionier-Offizieren im *„Circus Herzog“.* Den Possenreißer nennt man *Clown.* Er machte viel Quatsch und trieb allerlei Allotria. Das Lachen der Zuschauer war sein Lohn.

2. Februar

Von Hagiwara Sankei ist Post gekommen. Er schreibt:

„Dieser Tage hat mein Sohn Umao Geburtstag. Er wurde am Tag des Pferdes, am 12. Februar des Jahres 1884, mittags um 12 Uhr geboren. Ich wäre Ihnen sehr dankbar, wenn Sie zu diesem Anlaß ein Gedicht verfassen und es mir zusenden könnten." Ich griff zum Pinsel, schrieb folgende Zeilen, steckte sie in einen Umschlag und schickte sie ab:

Glückwunschschreiben an den berühmten Arzt Hagiwara anläßlich der Geburt seines Sohnes Umao

Schlag zwölf
am zwölften Februar
im Jahre Meiji 17(12)
ward Dir ein Sohn geboren
genannt Umao
ein Geschenk des Himmels
zu loben und zu preisen
wer wagt Zweifel

Seit langem schon
ich Deinen Vater kenne
diesen starken
und uneigennützigen Mann
rüstig und rege
trotz seines hohen Alters
nun sah ich
das Bild Deines Sohnes

Ein Mensch
im Jahr des Pferdes geboren
ein Zeichen des Himmels
gesund, stark und unbesiegbar
gleich einem prächtigen Pferd
Dein Sohn
seine Kühnheit und Stärke
schon heute erahnbar

Wenn er erwachsen
den Schritt ins Leben wagt
ob Literatur, Militär
Justiz oder Medizin
forschen Schrittes wird er geh'n
nach tausend Meilen dann
sein wahres Talent
sich offenbart

Wie schwer ein Gedicht
zu seinem Geburtstag
wie lächerlich doch
mein Versuch
der eines Mannes ohne Verdienste
ich schmeichle nicht
müßt' ein großer Mann
sich dessen doch schämen

Einen Rat noch
mit auf den Weg
jedermann weiß
die Reitkunst ist
nicht das einzig Gut
sei streng
dann wird Dein Sohn
ein guter Mensch werden

Später erhielt ich von Inoue Sonken ein Gedicht mit folgendem Wortlaut:

Dem Dr. Hagiwara ward
ein strammer Sohn geboren
genannt Umao

der Pferd-Geborene
ein guter Name
kühn und stark
wie ein gesundes Pferd
schnell und unaufhaltsam
wird er vorwärtsstürmen

3. Februar

Von zu Hause ist Post gekommen. Darin las ich, daß Kako Tsurudos Krankheitszustand sich stark verschlechtert hat.

5. Februar

Goethes „Faust" wird gespielt. Ich war im Theater und habe mir das Stück angesehen.

8. Februar

Am Abend war ich mit Wilke und anderen im *„Eiskeller-Restaurant der Gebrüder Hollack" (Königsbrückerstraße 94),* zur Gründungsveranstaltung eines *Kegelclubs.*

10. Februar

Ich war auf einem Ball im Schloß. Eine der Hofdamen sah einer früheren Bekannten von mir außerordentlich ähnlich. Aber mir fehlte der Mut, sie anzusprechen. Nach einiger Zeit kam diese Dame an mir vorbei. Sie schaute mich an und meinte: „Was haben Sie doch für ein schwaches Gedächtnis!" Da erkannte ich sie. Es war *Ida,* eine der Töchter des Herrn *von Bülow,* die ich während der Manöver kennengelernt hatte. Daß ich ihr hier begegnen würde, hätte ich nicht erwartet. Was für eine Überraschung!

12. Februar

Auf Einladung von Generalmajor *Schurig* war ich auf

einem Ball im *„Neustädter Casino“,* wo ich die Töchter von Oberst *Portius* und Richter Wiesand kennenlernte. Fräulein Portius ist ein pausbäckiges junges Mädchen. Sie hat die Namen vieler Japaner, die in Dresden waren, notiert, und das ganz ohne Fehler. Das findet man bei Europäern äußerst selten. Fräulein Wiesand ist von auffallendem Liebreiz, sie hat helle klare Augen und schneeweiße Zähne. In ihrem Wesen ist sie scheu und zurückhaltend. Sie kann sehr schön singen und hat mir erzählt: „Vor kurzem durfte ich zum ersten Mal Goethes ‚Faust‘ lesen.“ Wahrscheinlich war er ihr vorher wegen der Episode mit Gretchen verboten worden. Das „Neustädter-Casino“ befindet sich im ersten Stock über *„Bach's Restauration“:* Der Leiter, Generalmajor Schurig, stammt aus einfachen Verhältnissen. Aber da er ein fähiger Mann ist, gelangte er in diese Stellung.

13. Februar

Von zu Hause ist Post gekommen.

14. Februar

Am Abend war ich auf einer Feier von Stabsarzt Ewers. Der russische Militärarzt *Ferdinand Wahlberg* und Oberstleutnant *von Naundorff* waren auch da. Die Gattin von Ewers, *Ottilie,* kann gut erzählen und hat uns ausgezeichnet unterhalten.

15. Februar

Am Abend habe ich in *„Meinhold's Sälen“ (Moritzstraße)* ein Konzert gehört. Diese Veranstaltung hatte der *Tanzlehrer Wilhelm Jerwitz* organisiert, um dem Musiker *Eule* in seiner Armut finanziell ein wenig unter die Arme zu greifen. Da ich Jerwitz kenne, habe ich das Konzert besucht.

17. Februar

Am Abend ging ich zu einem Ball im *„Hôtel Stadt Petersburg“. Frl. Rudolf war* meine *Tischnachbarin.*

18. Februar

Am Abend habe ich im Casino einen Vortrag von Wahlberg gehört.

19. Februar

Um 2 Uhr 15 nachmittags verließ ich Dresden mit dem Zug in Richtung Berlin, wo ein Treffen preußischer Militärärzte geplant ist. Mit mir zusammen fuhren Roth, Wilke und Wahlberg. Um halb sechs kamen wir in Berlin an und stiegen im *„Hôtel Sanssouci“* ab. Roth übernachtet immer hier. Ich hatte hier ein Gespräch mit Stabsarzt *Grube,* einem Korrespondenten einer militärärztlichen Zeitschrift. Danach versammelten wir uns mit einigen preußischen Militärärzten (unter ihnen auch Stabsarzt *Sommer)* im *„Café Bauer“ (Unter den Linden),* um dann gemeinsam ins„ *Theater der Reichshalle“ (Leipzigerstraße)* zu gehen. Es heißt zwar Theater, aber es ist nichts anderes als der Leipziger Krystallpalast oder der Dresdner *Victoriasalon.* Ich sah dort Liliputaner. Der Kleinste war 50cm groß. Sie kamen angeblich aus England. Es passiert wohl nur selten, daß sich Menschen der höheren Gesellschaft solch „Theater“ ansehen. Denn sie verabscheuen den Umgang mit Betrunkenen und Straßendirnen. Nur für einen, der wie ich aus einer anderen Gegend kommt, ist das kein Grund, nicht einmal auch einen solchen Ort zu besuchen. Wenn man schon längere Zeit in Berlin lebende Japaner nach diesem Theater fragen würde, so würden wohl einige antworten, daß die Theater in dieser Gegend nur billige Schaubuden seien. Sie sind wohl recht pöbelhaft zu nennen. Um 11 Uhr abends habe ich mich mit Roth und anderen in der *„Hut'schen Restauration" (Potsdamerstraße)* getroffen.

20. Februar

Ich war in der Gesandtschaft, denn ich wollte Komatsubara Eitarô[13] einen Besuch abstatten, traf ihn aber nicht an. Anschließend besuchte ich *Frau von Lagerström (Artilleriestraße)* und traf bei ihr Nagai Nagayoshi. Auch Kômoto[14] kam. Danach ging ich ins *Aquarium (Unter den Linden),* wo die verschiedensten Fischarten zu bewundern sind. In Begleitung von Roth war ich dann im Kriegsministerium. Dort trafen wir Generalstabsarzt *Coler*[15] und Stabsarzt *Körting.* Letzteren kannte ich schon von früher her. Um fünf Uhr nachmittags begann im *„Hôtel Imperial" (Unter den Linden)* die Hauptversammlung. Hier begegnete ich zum ersten Mal dem Generaloberstabsarzt Deutschlands, Hofarzt *Lauer*[16]. Sein Haupthaar ist weiß. Er trägt keinen Bart, ist von hoher Statur und hat ein hageres Gesicht mit hervorstehendem Kinn. In seinen Bewegungen erinnert er irgendwie an Ogata Korenori. Zu den Autoritäten unter den Gästen gehörten *Bardeleben,* [17] *Koch* u.a. Während des Banketts wurden Reden gehalten. Der Generaloberstabsarzt zitierte viel aus dem Griechischen. Das ist angeblich seine starke Seite. Wahlberg und ein amerikanischer Arzt traten als ausländische Militärärzte mit einer Rede auf. Auch ich äußerte ein paar Worte in dem Sinne, daß ich die deutsche Kultur und das deutsche Heereswesen seit langem verehre und sehr dankbar dafür sei, daß heute abend nun endlich ein schon lang von mir gehegter Traum in Erfüllung gehe. Damit brauchte ich mich, verglichen mit dem amerikanischen Arzt, dessen Deutsch kein Mensch verstanden hatte, nicht zu verstecken. Doch begeistern konnte ich das Publikum mit meiner Rede leider auch nicht. Dazu fehlte mir einfach auch noch der Mut. Aber Obermilitärarzt *Müller*[18] stand auf, kam zu mir, lobte mich und sagte zu den anderen gewandt mit lauter Stimme: „Das ist ein Schüler von mir“, und zeigte, wie stolz er darauf war. Müller wirkte früher als Direktor an der ehemaligen Medizinischen Schule und heutigen Medizinischen Fakultät der Tôkyô-Universität. Nach der Versammlung gingen wir ins *„Café National“*. Dort sah ich sehr viele und stark geschminkte Freudenmädchen, die auf Gäste warteten. Es waren Frauen von bezaubernder Schönheit darunter, die durchaus anziehend auf die Gäste wirkten. Doch ihr Äußeres stieß mich irgendwie ab. Ich kann es nicht beschreiben, aber es war eben auf den ersten Blick zu erkennen, daß es sich um Prostituierte handelte. Die Prostitution könnte man als eine Krankheit der Gesellschaft bezeichnen. Aber diese Krankheit ist nicht einfach mit einem Verbot der Bordelle aus der Welt zu schaffen. *Montegazza* (Professor an der *Firenzer* Universität) schreibt dazu in seinen *„Fisiologia dell'Amore“*: „Bordelle zu verbieten, ist genau dasselbe wie Apotheken aus Angst vor den Giften zu schließen oder wie Munition abzuschaffen, um einen Krieg zu verhindern.“ In Berlin gibt es keine Bordelle. Daher werden die Cafés zu Schlupfwinkeln der Prostituierten, und im schlimmsten Fall locken diese an den Straßenecken Kunden an und verkaufen ihre Liebe. Ich weiß nicht, was die guten Sitten wohl mehr verdirbt, diese Mädchen oder die Bordelle.

21. Februar

Nach dem Frühstück in der *„Restauration Töpfer“* ging ich in die Gesandtschaft, um dort mit Komatsubara etwas zu besprechen. Danach wollte ich Miyake Shû[19] in der *Artilleriestraße* besuchen, traf ihn aber nicht an. Ich habe Miura, Sakaki, Katô, Kômoto, Kumakawa, Aoyama, Kitazato[20], Tanaka u.a. in die *„Restauration zur Stadt*

Athen" Griechische Weinstube, Leipzigerstraße) eingeladen und sie bewirtet.

22. Februar

Im Geschäft von *August Hirschwald* habe ich mir ein paar Bücher gekauft, anschließend Frau von Lagerström zu Hause besucht und mich mit *Fräulein Schuhmacher* unterhalten, der Verlobten von Nagai. Sie stammt aus *Andernach* und ist in ihrem eleganten Auftreten ganz liebreizend. Mit Tanaka war ich dann noch im *Residenztheater.* Zufällig wurde gerade die *„Denise"* von *Alexander Dumas* gezeigt. Zurück fuhr ich mit der Bahn bis zur *Friedrichstraße.* Damit habe ich zum ersten Mal die Berliner Stadtbahn benutzt. Im „Café Bauer" traf ich Katô. Da es bis zum Hotel doch etwas weit war, habe ich bei ihm übernachtet.

23. Februar

Ich habe Tanaka Shôhei besucht. Er hat mir ein Foto und *Robert Prölß's* Dramen und die zweibändige „Geschichte der dramatischen Literatur und Kunst" geschenkt. Am Nachmittag bin ich ins Hotel zurückgekehrt und um 17 Uhr 30 von Berlin wieder abgefahren. Miura hat mich noch bis zum *Anhalter Bahnhof* gebracht. Um 20 Uhr 30 war ich wieder in Dresden.

24. Februar

Am Abend ging ich zu einer Feier bei Stabsarzt Müller. Er war früher Assistent bei Prof Hofmann in Leipzig. Seine Versuche mit wasserdichten Uniformen sind im *„Archiv für Hygiene*" abgedruckt. Ebenfalls eingeladen war der Bibliotheksangestellte *Höbler* mit seiner Gattin. Er unterhielt sich mit mir über japanische Sitten und Bräuche. Seine Gattin hat eine sehr weiße Haut und ist ausgesprochen schön.

Berlin, Bahnhof Friedrichstraße

Am heutigen Abend führte ich indes die Dame des Hauses zu Tisch und nahm neben ihr Platz.

25. Februar

Ich habe Tanaka Shôhei die *„Ahnen* “von *Freytag* geschenkt. Dazu habe ich ein kurzes Gedicht geschrieben. Es lautet:

Wie auf dem kleinen Schiff in Sturmeswuth
Nach einem Ziel Gefährten streben,
Wie in der Schlacht der Kameraden Muth
Sie nicht verläßt auf Tod und Leben,
So ringen wir gewiß zu jeder Stund'
Um Ruhm des Vaterlandes allein.
Als Zeichen vom geschloss'nen edlen Bund
Sei dir gewidmet dieses Büchlein!

Berlin, am 25.Februar 1886, Dr. Rintaro Mori

Vor kurzem, als ich mich in Berlin mit einigen Freunden traf, kam es zu einem Streit zwischen Kitazato Shibasaburô und Tanaka Shôhei. Kitazato hatte gesagt: „Im Prinzip verachten die Absolventen der drei anderen Fakultäten die Absolventen der Medizinischen Fakultät. Ich weiß nicht, woher das kommt.“ Einiges von dem, was Kitazato gesagt hat, mag ja zutreffen, aber so etwas auf diesem Treffen zu sagen! Da kann man ja nicht gerade behaupten, daß er einen günstigen Zeitpunkt gewählt hat. Tanaka kannte ich schon von früher her. An einem der nächsten Tage besuchte ich ihn und bedankte mich bei ihm dafür, daß er auf den Streit von Kitazato nicht eingegangen war. Tanaka schenkte mir damals Dramen und eine Theatergeschichte. Ich habe gespürt, was er damit zum Ausdruck bringen wollte, und ihm daher heute jenes Buch mit Widmung geschenkt.

27. Februar

Heute ging der Vortragszyklus über Hygiene in Militärlagern zu Ende. Damit ist der gesamte Kursus abgeschlossen. Abends wurde in der „Restauration *Außendorf*" eine Abschiedsfeier für den Assistenzarzt *Hesselbach* gegeben. Hesselbach hat ein Gesicht voller Narben von Schwertwunden (Schmisse). Er ist jähzornig und leicht erregbar. Aber mit seinem festen Glauben an Gott und seiner unerbittlichen Strenge Lügen gegenüber verfügt er über Charakterzüge, die man nicht hoch genug schätzen kann. Meist bezeichnet er mich als *Heiden* und schimpft darüber, daß ich mich nicht zum Christentum bekehren lasse.

28. Februar

Ich war auf einer Feier bei Obermilitärarzt *Ziegler.* Neben mir saß *Fräulein Gliemann,* eine junge Frau mit roten Wangen und goldenem Haar. Außerdem war noch ein junges Mädchen da, das gut Spanisch konnte. Man erzählt von ihr, daß sie verlobt sei und bald mit dem Schiff nach Südamerika reisen werde. Heute ist Post von zu Hause gekommen. Daraus habe ich erfahren, daß die Werke aus dem Nachlaß von Matsuda Tensan jetzt herausgegeben werden. Da kann mein verstorbener Freund Matsuda nun endlich seinen Seelenfrieden finden.

1. März

Von Koike Masanao ist Post gekommen.

2. März

Am Abend war ich auf einer Feier bei Rechtsanwalt Wilke. *Bertha,* seine Geliebte, und Militärarzt Wilke waren auch da. Bertha hat ihre Arbeit als Bardame aufgegeben und besucht seit kurzem eine Schule.

3. März

Meine Tätigkeit als Japanisch-Lehrer geht mit dem heutigen Tag zu Ende.

4. März

Am Abend war ich im „Casino" und habe mich von meinen Freunden verabschiedet.

6. März

Auf Einladung des Vereins für Erdkunde ging ich am Abend zu dessen Jahresfeier. Der Vortrag des heutigen Abends trug das Thema „Japan". Der Redner war *Edmund Naumann*(21), der lange Zeit in Japan weilte und dort sogar mit dem „Asahi"-Orden ausgezeichnet worden ist. Irgendwie machte er einen recht unzufriedenen Eindruck. Vor über dreihundert Männern und Frauen sprach er über die geographische Lage, Sitten und Bräuche, Politik und Kunst Japans. Dabei übertrieb er hin und wieder maßlos und wurde direkt ausfallend. So sagte er z.B.: „Werte Anwesende! Wenn man die derzeitige Situation in Japan betrachtet, das sich im Prozeß der Modernisierung befindet, dann merkt man doch, daß die Europäer den Japanern in ihrem Zivilisationsgrad weit überlegen sind. Und glauben Sie nicht, daß die Japaner sich nun etwa selbst bemühen würden, eine Atmosphäre des Fortschritts zu schaffen! Diese ist ihnen nämlich von außen aufgezwungen worden. So kam es denn ganz notgedrungen zu dieser Entwicklung." Zum Schluß erklärte er: „Hiermit sind meine Ausführungen über die Lage in Japan beendet. Mit einem heiteren Geschichtchen möchte ich schließen. Eines Tages kauften die Japaner einen Raddampfer. Schnell lernten sie die Technik des Steuerns, die für sie noch neu war, erlangten darin rechtes Geschick und stachen mit dem Dampfer in See. Nach ein paar Monaten, als sie sich wieder heimischen

Gewässern näherten, stellte sich unglückseligerweise heraus, daß der Kapitän zwar das Schiff steuern konnte, aber tragischerweise nicht wußte, wie es zu bremsen war. Er fuhr in der Nähe des Ufers hin und her und wartete darauf, daß der Motor von selbst stehenblieb. So sieht es in Japan mit vielen Künsten aus. Ich hoffe sehr, daß Japan diese Schwäche eines Tages überwinden wird." Als ich das hörte, konnte ich mich kaum noch beherrschen. Aber da es sich um den Festvortrag des heutigen Abends handelte, waren kritische Meinungen nicht erwünscht. Ich litt entsetzlich. Roth sah meinen Zustand, kam zu mir und fragte: „Sie sehen ja ganz blaß aus. Was ist denn los? Meiner Meinung nach will Naumann mit seiner Rede im Grunde doch nur zum Ausdruck bringen, daß er Japan für die Zukunft eine rasche Entwicklung wünscht. Das finde ich sehr vernünftig." Ich glaube, Roth weiß nichts über den tatsächlichen Stand der Zivilisation Japans und mußte daher Naumanns Worte einfach gutheißen. Selbst Roth mit seinem Wissen hat eine solche Meinung! Ganz zu schweigen dann von den anderen Leuten. Meine innerliche Erregung nahm immer mehr zu, ich merkte überhaupt nicht, was ich aß und trank. Naumann saß mir direkt gegenüber, Roth links von ihm. Als nächster hielt der Vereinsvorsitzende eine Rede. Dann erhob sich ein Militärarzt und sprach über die derzeitige Situation im Internationalen Frauenverein. Zum Abschluß wünschte er den deutschen Frauen Glück und brachte ein Hoch auf sie aus. Gleich danach erhob sich Roth, äußerte sich über die Nützlichkeit von Expeditionen, lobte Naumann und erwähnte weithergereiste Gäste. Mit diesen meinte er mich und den Russen Wahlberg. Im Anschluß daran sagte Naumann unter anderem: „Ich war sehr lange in Asien, habe mich aber vom Buddhismus nicht bekehren lassen. Denn dieser besagt: Frauen haben keine Seele! Verehrte Damen! Das kann ich nicht glauben. Daß ich mich vom

Buddhismus nicht habe beeinflussen lassen, liegt genau daran." Als ich das hörte, war ich doch sehr erstaunt, aber auch ganz froh. Denn es ging zwar nicht an, die Festansprache zu korrigieren, doch auf diese spaßhafte Bemerkung Naumanns konnte ich durchaus etwas erwidern. Wenn ich mich jetzt nicht gegen dieses Geschwätz auflehnte, fände ich heute abend vor Erbitterung keine Ruhe mehr. Als ich Roth darum bat, das Wort ergreifen zu dürfen, wandte sich dieser sofort an den Vereinsvorsitzenden, der auch gleich einverstanden war. Ich erhob mich und sagte in etwa folgendes: „Verehrte Anwesende! Ich kann nicht umhin, Sie mit meinem erbärmlichen Deutsch zu belästigen und Sie, besonders die verehrten Damen, um Ihr Gehör und Ihre Aufmerksamkeit zu bitten. Ich bin ein Mensch buddhistischen Glaubens, und als ein solcher muß ich jetzt einfach etwas sagen. Nach den Worten Naumanns behaupten die Buddhisten, die Frauen hätten keine Seele. Nun denken die verehrten anwesenden Damen sicher, daß dies auch meine Meinung sei. Ich kann nicht anders, ich muß etwas dazu sagen. Buddha – wer ist das eigentlich? Buddha – das ist der Erleuchtete. In der buddhistischen Lehre gibt es auch viele Frauen, die Buddha geworden sind. Damit sind auch sie erleuchtet worden. Es gibt schon viele Frauen, die erleuchtet worden sind. Wie konnten sie dazu in der Lage sein ohne Seele?! Verehrte Damen! Ich wollte hier nur den Beweis erbringen, daß die Anhänger des Buddhismus fälschlicherweise beschuldigt worden sind und daß sie, was die Verehrung der Damen angeht, den Christen in keiner Weise nachstehen. Werte Anwesende! Ich möchte Sie bitten, mit mir das Glas auf die schönen Seelen der Frauen zu leeren!" Ich war kaum am Ende angelangt, als schon Stabsarzt *Ewers* mit seiner Gattin zu mir kam und sagte: „Meine Gattin dankt Ihnen im Namen aller Ehefrauen." Außerdem lobten auch Stabsarzt Bahmel und Wilke und andere meine Rede. Meine Freude kann man sich wohl vorstellen. Roth sagte mit einem Schmunzeln: „*Immer verschmitzt!*“ Anschließend begann der Tanz. Da ich nicht tanzen kann, kehrte ich nach Hause zurück und legte mich schlafen. Später erzählten mir Wahlberg, Shiga und Matsumoto, wie es an diesem Abend weiterging. Wahlberg hatte erklärt: „Sie müssen sich bei Mori bedanken. Er hat, während Sie sich amüsiert haben, eine Antwort auf eine falsche Beschuldigung seiner Heimat gegeben. Das, was er korrigiert hat, war wenig, aber sicher hat er damit darauf aufmerksam machen wollen, daß es noch viele andere Auffassungen gibt, die wie diese eine nur Erfindungen sind. Das ist dasselbe, als hätte er den ganzen Vortrag über die Lage in Japan kritisiert.“

7. März

Zum Mittag traf ich mich mit Hauptmann Hayakawa im Lokal „Schumann“. Für den Nachmittag hatte Roth für mich eine Abschiedsfeier vorbereitet, die um 3 Uhr begann. Angefangen mit Klien dem Direktor des Militärkrankenhauses, und seiner Gattin erschienen sehr viele Gäste. Roth trug ein selbst verfaßtes Gedicht vor. Vor lauter Rührung liefen ihm unaufhaltsam die Tränen. Auch mir kullerten sie unwillkürlich die Wangen hinunter. Zum Abschied erklärte ich: „Einen Freund wie Sie werde ich wohl unter allen Militärärzten von Sachsen nicht wiederfinden. Sie sind ein wahrer Freund. Ich bitte Sie darum, mich von Zeit zu Zeit wissen zu lassen, wie es Ihnen geht, damit ich mich nicht zu sorgen brauche.“ Roth gab mir einen Brief an *Pettenkofer,* wahrscheinlich ein Empfehlungsschreiben. Um 9 Uhr abends verließ ich Dresden mit dem Zug in Richtung München. Bereits mehr als die Hälfte meines Studiums in Deutschland ist vorbei. Auf dem Gebiet der Hygiene gibt es hier sehr viele Spezialisten. Für jemanden, der da etwas lernen will, reicht es nicht, nur bei einem, zum Beispiel Prof Hofmann, zu studieren. Daher begebe ich mich jetzt nach München zu Pettenkofer. Die beiden Wilkes, Shiga Taizan und Matsumoto Shû haben mich zum Bahnhof begleitet. Shiga und Matsumoto sind in den Zug nach *Tharandt* gestiegen, um dorthin zurückzukehren. Mein Reisegefährte ist der russische Arzt Wahlberg. Auch der Militärarzt Wilke fährt mit uns im selben Abteil. Unterwegs sprachen wir über den tiefen Sinn wahrer Freundschaft. Wir schworen einander, wie Brüder stets aufrichtig und ehrlich zueinander zu sein. Von nun an werden wir uns duzen. Wahlberg ist Arzt und zugleich auch Dichter. Er schreibt phantastische Geschichten und Dramen, von denen viele an den Theaterhäusern Finnlands aufgeführt wurden und großen Beifall fanden. Trotz seiner fünfzig Jahre ist er temperamentvoll wie ein junger Bursche. Gewöhnlich nennt er Finnland als seine Heimat. Er scheint sich nicht damit abzufinden, daß es zu Rußland gehört. Wahlberg fährt mit mir zusammen nach München und kehrt dann über Leipzig, Berlin und *Stockholm* nach *Helsingfors,* in seine Heimat zurück.

8. März

Als ich bei Tagesanbruch aus dem Zugfenster schauen will, um die Landschaft zu betrachten, ist dieses mit einem Eisblumenmuster überzogen, so daß ich nicht das Geringste erkennen kann. Sofort ziehe ich ein Messer aus der Tasche und kratze das Eis ab. Ich sehe nichts als einen Himmel voll tanzender Schneeflocken und daß der Zug die bayrische Grenze bereits passiert hat. Nichts erinnert mehr an die meilenweiten Felder Norddeutschlands. Hügel schmiegt sich an Hügel. Es geht bergauf und bergab. Dicht und üppig stehen die Kiefern-und Eichenwälder. Ich sehe auch Bauernfrauen mit roten und grünen Tüchern, vermutlich eine alte Tracht.

Hauptbahnhof München

Um 11 Uhr vormittags kam ich in München an und stieg *im, „Hôtel Deutscher Kaiser" ab* Dann wollte ich Iwasa Shin[22] in der *Glockenstraße Nr. 12 (Fräulein Schmidt's Pension)* besuchen, traf ihn aber nicht an. In den Straßen der Stadt herrschte heute ein buntes und reges Treiben. Allerorten sah ich Männer und Frauen mit Masken und in recht sonderbarer Bekleidung. Hier wird wohl gerade der sogenannte *Carneval* gefeiert, der vom 7.Januar bis zum *Aschermittwoch* am 9. März geht.„ *Carne vale"*– das ist italienisch und heißt: „Fleisch, lebe wohl!" Es entspricht vielleicht in etwa unseren Bon-Tänzen aus alter Zeit. Am Abend war ich mit Wahlberg im Theater am *Gärtnerplatz* und anschließend im *Centralsaal.* Hier war gerade ein Maskenball in vollem Gange. Auch ich hatte mir eine Maske gekauft und sie aufgesetzt. In diesem Aufzug betrat ich den Saal. Als mich ein junges Mädchen in einem weißen Kleid mit grünem Muster und einer schwarzen Maske zum Tanzen auffordern wollte, mußte ich ihr erklären, daß ich Ausländer bin und nicht tanzen kann. Das Mädchen erwiderte: „Dann möchte ich Sie aber bitten, mit mir zusammen ein Glas zu trinken." Ich nahm sie beim Arm und führte sie an einen Tisch, bestellte etwas zu trinken, und wir waren so recht vergnügt. Ich begleitete das Mädchen noch bis nach Hause, wo sie mir erklärte: „Hier wohne ich mit meiner Tante. Tagsüber arbeite ich als Kellnerin in der *Kronfleischküche (Frauenstraße 12).* Ich heiße *Babette.* Bitte besuchen Sie mich doch einmal." Ich habe sie nicht besucht und daher auch nie erfahren, ob sie es aufrichtig gemeint hat. Dann kehrte ich ins Hotel zurück und legte mich schlafen. Das Zimmer ist warm und das Bett schön weich. Damit werde ich für die Strapazen in der vergangenen Nacht im Zug entschädigt.

9. März

Ich bin umhergelaufen, um mich anzumelden und war unter anderem im Kriegsministerium, in der Kommandostelle des Armeecorps und in der Kommandostelle der Garnison. Ich habe Generaloberstabsarzt *von Lotzbeck*(23) und Obermilitärarzt *Pachmayr* aufgesucht. Auch im Hygiene-Institut der Universität war ich schon. Dort traf ich den Assistenten *Emmerich*(24). Er erklärte mir, daß der Professor zu Hause sei, worauf ich mich sofort auf den Weg dorthin machte. Der Professor wohnt in der *Residenzstraße Nr. 1 (Hofapotheke, IIL Etage).* Das Haus ist zwar recht groß, aber nicht besonders prächtig. Pettenkofer führte mich in sein Arbeitszimmer. Er ist ein weißhäuptiger älterer Herr mit einem breiten Gesicht und großen Ohren. Wir nahmen neben dem Schreibtisch Platz, über den ein schon eingestaubtes Tischtuch gebreitet war und auf dem sich Bücher und Akten stapelten. Ich überreichte ihm den Brief von Roth und legte ihm die Gründe für mein Kommen dar. Er erwiderte: „Ogata Masanori(25) war lange Zeit hier bei mir. Ich mag ihn sehr und hoffe, daß ich mich mit Ihnen auch so gut verstehen werde." Dann verabschiedete ich mich und kehrte in meine Unterkunft zurück.

10. März

Ich war heute im Garnisonslazarett *(Oberwiesenfeld).* Es befindet sich auf einer Hochebene zwischen der *Nymphenburgerstraße* und der *Dachauerstraße,* ist 444 m lang, 134 m breit und hat Platz für 400 bis 500 Patienten. Da in München etwa 6700 Militärangehörige leben, entspricht das in etwa 7,5 Prozent. Im Innern ist es nicht sehr sauber. Die Krankenhäuser in Dresden sind viel besser. Die Kleidung der Amtsärzte und auch ihr Benehmen ließen zum Teil sehr zu wünschen übrig. Der Chefarzt trug zur Militäruniform einen zivilen Kragen und Krawatte. Ein junger Militärarzt auf ein Jahr zog den Hut, als er auf dem Korridor einem Vorgesetzten begegnete. *Pachmayr* führte mich zur Besichtigung in den Operationssaal. Es gibt auch eine Abteilung „Hygiene im Feldlager", die von Obermilitärarzt *Port*(26) geleitet wird, einem älteren Herrn um die fünfzig und von hohem Wuchs. Ständig stand sein Mund offen, und er war sehr zerstreut. Aber er ist ein leidenschaftlicher Wissenschaftler. Früher stellte er einmal eine Untersuchung über die Zahl der Sterbefälle bei Typhuskranken in Kasernen an und lenkte damit breites Interesse der Öffentlichkeit auf sich. Zur Zeit führt er Experimente mit *Improvisationstechnik* durch. Die Verwendung von Ästen, Zweigen, elektrischen Leitungsdrähten, Glasflaschen u.ä. ist in der Öffentlichkeit bereits bekannt. Außerdem zerschneidet er Konservendosen, bricht Zweige von lebenden Bäumen, entfernt ihre Rinde, hobelt diese mit einem Messer leicht ab und stellt auf diese Weise Verbandsmaterial her. Es gibt auch ein Labor für Bakteriologie. Hier traf ich *Hans Buchner*(27). Am Abend ging ich zu einer Versammlung *„Des ärztlichen Vereins von München", wo ich Ziemssen*(28)*, Winckel*(29) und andere Doktoren kennenlernte. Ein Arzt verkündete die Theorie vom Typhuserreger im Trinkwasser. Pettenkofer erhob sich und widersprach ihm. Seine Worte waren von einer wundervollen Schärfe. Dann lächelte er und erklärte: „Ich predige das nun schon seit dreißig Jahren. Die Welt hat es immer noch nicht gelernt. Ist das nicht beklagenswert?"

11. März

Am Vormittag mietete ich mir in der *Heustraße (Nr. 16, b, IIL Etage; bei J.Palm)* ein Zimmer. Das Haus befindet sich dem Hygiene-Institut der Universität direkt gegenüber. Das ist äußerst bequem. Mein Wirt ist Kaufmann. Er und seine Frau sind ganz einfache und aufrichtige Leute. Sie haben eine vierzehnjährige Tochter, die gut Klavier spielt. Um 11 Uhr ging ich ins Hygiene-Institut und unterhielt mich mit Prof Pettenkofer über wissenschaftliche Fragen. Ich traf auch *Renk.*

12. März

Mit einem Brief vom Professor stattete ich dem *Universitätsrath Neuhierl* im Hauptgebäude der Universität einen Besuch ab. Am Abend war ich zum erstenmal im Hoftheater. Es ist von unvergleichlicher Pracht und faßt 2500 Gäste. Gespielt wurde das *Stück „Klytaemnestra" von G. Siegert*[30]*. Clara Ziegler* spielte die weibliche Hauptrolle und Fräulein Bland spielte die *Elektra.* Alle zeigten durchaus sehenswerte künstlerische Leistungen.

13. März

Ich habe Renk besucht.

14. März (Sonntag)

Heute habe ich bei Lotzbeck zu Hause mit Mittag gegessen. Zu den Gästen gehörten auch *Angerer*[31]*, August von Rothmund junior*[32] und dessen Gattin, Obermilitärarzt Port, der Oberkommandeur vom 2. Bayrischen Infanterieregiment und ein Hauptmann. Angerer war früher Assistent an der *Würzburger* Universität. Damals war mein Generaloberstabsarzt noch Student. Daher kennen sich die beiden. Ich saß links neben Frau Rothmund. Am Abend war ich zum ersten Mal im *Residenztheater.* Stabsarzt *Weber* und Wahlberg hatten mich dazu eingeladen. Das Theater befindet sich gleich neben dem Hoftheater. Es ist sehr klein und bietet Platz für nur 800 Zuschauer. Aber in der Schönheit seiner Architektur steht es dem Hoftheater um nichts nach. Gespielt wurde *Calderons „La dama duende"*.

15. März

Mit Stabsarzt Weber und Wahlberg war ich im Studentenklub *„Bavaria"* und anschließend im *Colosseum,* wo Schauspieler ein Theaterstück aufführten. Es war unanständig und nicht wert, angesehen zu werden.

17. März

Ich bin heute sehr früh aufgestanden. Das Zimmermädchen hatte das Fenster geöffnet und die Sperlinge gefüttert. Als ich zufällig nach draußen schaute, sah ich das helle Grün der *Theresienwiese* im Sonnenschein schimmern, und die Statue der *Bavaria* ragte weit in den Himmel hinein. Südlich der Wiese, weit in der Ferne erblickte ich die Berge. Als ich in dieses Haus einzog, hatte ich gar nicht gemerkt, wie einzigartig schön hier die Landschaft ist. Ich mußte über meine Unaufmerksamkeit lächeln. Heute hat Prof. Pettenkofer mich mit *Carl Voit*(33) bekanntgemacht. In seiner Sprache und seinem Verhalten wirkt dieser im Vergleich zu Pettenkofer etwas steif und eckig.

18. März

Um 7 Uhr früh brachte ich Wahlberg, der nach Berlin wollte, zum Bahnhof. Von Ishiguro und Ishizaka ist Post gekommen. Am Abend war ich bei Iwasa Shin. Wir haben heute abend zusammen angefangen, Stenographie zu lernen.

20. März

Ich habe wieder Voit im Institut für Physiologie besucht und seine Geräte und Hilfsmittel besichtigt.

21. März (Sonntag)

Mit Iwasa habe ich im Restaurant *„St. Peter"* Mittag gegessen.

München, Dampftrambahn am Stiglmaierplatz

24. März

Ich habe mich mit Offizieren des 2. Bayrischen Infanterieregiments im Lokal *„Schottenhammel"* in der *Luitpoldstraße* getroffen.

25. März

Heute habe ich den Maler Harada Naojirô(34) in seiner Wohnung in der *Akademiestraße* besucht. Er ist der Sohn von Generalmajor Harada. Naojirós Ölgemälde sind sehr gut.

29. März

Von zu Hause ist Post gekommen.

3. April

Ich bin mit Iwasa zusammen zur *Nymphenburg* gefahren. Auf dem Hinweg haben wir die *Dampftrambahn* benutzt. Sie ähnelt in ihrem Bau der Pferdebahn, wird aber mit Dampf angetrieben. Sehr schnell fährt sie allerdings nicht. Die Burg wurde nach Entwürfen von *Adelhaid von Savoyen* errichtet und der Park im französischen Stil angelegt. Daher heißt das Schloß im Volksmund „*Versailles* Nr. 2". Überall stehen Marmorstatuen. Es gibt auch kleine Seen und Teiche. Das Wasser ist sauber und klar. Viele Fische tummeln sich darin.

9. April

Von zu Hause ist Post gekommen.

12. April

Ich habe zufällig den Polen *Coupernik* getroffen. Er ist Musiker. Früher wohnte er in Leipzig und speiste wie ich in der Pension von Frau Vogel. Zur Zeit macht er zusammen mit einer Pariser Sängerin, die *Mirrha* heißt, eine Vergnügungsreise. Ihr Benehmen ist höchst skandalös.

18. April (Sonntag)

Oberst *Joseph von Belli de Pino,* Obermilitärarzt Port und Stabsarzt Weber haben mich besucht. Mit Port sprach ich über Roth. Er erklärte: „Roth ist derjenige, der eines Tages Generaloberstabsarzt des Deutschen Reiches werden wird. Spätestens am Tage der Thronbesteigung des Kronprinzen *Friedrich* dürfte er ernannt werden. Der Kronprinz und Roth sind eng miteinander befreundet, sie duzen sich schon lange. Allerdings kann Roths *geniale Unverschämtheit* mich nicht belustigen.“ Ich fragte ihn, was er damit meine. Seine Antwort lautete: „Seit alters her werden im Sächsischen Reich die Assistenten der Universitätsprofessoren stets aus den frischen Universitätsabsolventen ausgewählt. Aber als Roth zum Generalstabsarzt ernannt wurde und ins Sächsische Militärcorps kam, folgte er nicht dem Beispiel seiner Vorgänger, sondern machte all seine Untergebenen zu Assistenten. Aber keiner traut sich, etwas zu sagen. Es gibt wohl keinen Menschen, auf den das Sprichwort ‚Große Menschen betrügen oft‘ so gut zutrifft wie auf Roth.“ Ich habe heute in der *Vegetarianerküche* in der *Schwanthalerstraße* Mittag gegessen. Der *Vegetarianismus* besagt, daß Pflanzen die einzig richtige Nahrung für den Menschen bilden. Dieses Lokal ist eigens für Anhänger dieser Lehre eingerichtet worden. Obwohl in München der weltberühmte Ernährungswiss enschaftler Voit lebt, gibt es doch Leute, die diese unbegründete und falsche Theorie vertreten. Wie seltsam! Unter den zehn Gästen befanden sich auch zwei Mädchen. Das Menü lautete wie folgt:

Menü: Kräutersuppe, Erbsenpüree, Hirse, Kaiserschmar, Zwitschen oder Apfrlcompot, Fruchtsaft, Apfelwein

Gemüsegerichte ohne Soyasoße haben logischerweise überhaupt keinen Geschmack.

Gemeinsam mit neun Medizinstudenten fuhr ich nach *Andechs.* Um 6 Uhr früh verließ ich das Haus. Mit dem Zug ging es dann nach *Starnberg.* Es liegt am *Starnberger See oder Wurmsee.* Von hier aus wanderten wir nach Andechs und kamen dabei durch vier oder fünf Dörfer. Am Straßenrand standen viele Christenkreuze. Die hiesige Dorfbevölkerung ist nämlich katholischen Glaubens. Nach drei Stunden erreichten wir die Andechshöhe. Sie liegt direkt an einem See, dem *Ammersee.* Auf der Höhe steht ein Tempel. Auf unseren Wunsch hin hat uns der Priester seine Schätze gezeigt. Danach haben wir im *Bräustübl* im Tempelinnern etwas getrunken. Der Priester heißt *Jacob* und leitet die Bräustube. Er ist wohlbeleibt und schwerfällig und hat Ähnlichkeit mit einem Schwein. Wie die Bedienung war auch er ganz in Schwarz gekleidet. Ich konnte nicht anders und mußte einfach darüber lachen. Wir waren alle ziemlich betrunken. Auf dem Rückweg mieteten wir eine Droschke, einen sogenannten *Leitwagen.* Emmerich schlang sich eine Decke um den Leib, setzte einen spitzen Hut auf, stülpte einen alten auf eine lange spitze Stange, stellte diese im Wagen auf und nahm auf dem Kutschbock Platz. Verrückte Lieder singend und uns dabei köstlich amüsierend kehrten wir wieder nach München zurück.

26. April

Von Tokujirô[(35)] ist Post gekommen. Er schreibt, daß die unbarmherzig strengen Unterrichtsmethoden von Shiga Taizan den Zorn der Studenten erregt haben. Das brachte mich auf folgende Gedanken: Shiga ist anderen gegenüber äußerst streng und absolut, sich selbst und seinen Verwandten gegenüber aber sehr freundlich und tolerant. Einmal war er in Dresden, und wir tranken zusammen etwas. Da es bis Mitternacht ging, lud ich ihn ein: „Bitte, übernachten Sie doch bei mir! Ich habe ein Sofa und auch eine Decke." Taizan erwiderte: „Wenn ich nicht in einem Bett liege, kann ich nicht schlafen." Schließlich übernachtete er in einem Hotel. Ist er nicht ausgesprochen mäklig und verwöhnt? Er ist verheiratet und hat zwei Kinder. Wenn ich ihn zu Hause besuche, werde ich stets mit europäischem Essen bewirtet. Es schmeckt bei ihnen immer besonders gut. Daher, so erzählt man, maulen seine Kinder, wenn sie in Tôkyô in ein Restaurant mit europäischer Küche gehen, über die Geschmacklosigkeit der Speisen. Ganz zu schweigen von Reis und ähnlichem, was sie gleich gar nicht essen wollen. Wieviel Unannehmlichkeiten werden diese Kinder wohl haben, wenn sie einmal auf Reisen gehen oder in den Armeedienst eintreten?! Ich finde, daß Taizan in seiner Familie leicht übertreibt. Doch irgendwie liegt das auch in seinem Charakter. Ich, der ich von Natur aus eine spartanische Lebensweise vorziehe, kann sein Verhalten einfach nicht gutheißen. Doch will ich jemanden, der etwas von seinem Handwerk versteht, nicht einfach verstoßen. Wenn allerdings ein Freund aus Berlin in einem Brief Shiga einen dämlichen Kerl schimpft, dann geht das entschieden zu weit.

19. Mai

Von zu Hause ist Post gekommen.

22. Mai

Heute vormittag, ich war noch im Labor, kam Emmerich und teilte mir folgendes mit: „Wir haben für heute in dem Dorf *Helriegelsreuth* ein Lokal gemietet und werden dort Studentenduelle durchführen. Wollen Sie nicht mitkommen und zuschauen?" Erfreut stimmte ich zu. Viele deutsche Studenten sind in irgendwelchen sogenannten *Corp* oder *Burschenschaften* organisiert, tragen aus diesem Grunde seltsame Kleider und sprechen eine sonderbare Sprache. Das ist wohl ein Überbleibsel mittelalterlicher Bräuche. Ich kann nichts Gutes daran finden. Obendrein hat es noch übelste Folgen, wie zum Beispiel diese *Duelle.* Natürlich kann man jungen Männern nicht verbieten, mit ihren Schwertern zu spielen. Aber oft geraten sie bei einem hitzigen Gefecht derart in Erregung, daß sie die Entscheidung durch ein Duell herbeiführen wollen, obwohl Duelle eigentlich gesetzlich verboten sind. Wie verabscheuungswürdig ist das doch! Ganz zu schweigen von den Wunden, die sie sich gegenseitig zufügen, und den Narben, die sie *Renommierschmisse* nennen. Trotzdem verhält es sich mit diesen Duellen wie mit dem Krieg. Sie abzuschaffen, ist leichter gesagt als getan. Nicht auf die Stimme des eigenen Gewissens zu hören und sich dem Zwang der Korporation zu unterwerfen, ist wohl eines der Grundübel an den deutschen Universitäten. Der Philosoph *Rosenkranz*[(36)] hat früher einmal ganz ausführlich darüber geschrieben. Das müßten die Wissenschaftler einmal lesen! Heute um 11Uhr stieg ich nun in den Zug nach Helriegelsreuth. Vor der Abfahrt auf dem Bahnhof begegnete ich einem Mann von stattlichem und würdevollem Aussehen und mit frisch gerötetem Gesicht. Er grüßte mich und fragte: „Sind Sie nicht Japaner? Verzeihen Sie meine Aufdringlichkeit, aber es ist auf den ersten Blick zu erkennen, daß Sie Japaner sind. Außerdem haben Sie Ähnlichkeit mit den Menschen eines Volkes, das westlich vom zentralasiatischen Pamirhochland lebt. Ich bin *Johannes Ranke*[(37)] und beschäftige mich mit allgemeiner Ethnologie. Wenn Sie mich mit einem Foto von Ihnen beehren könnten, würde ich mich äußerst glücklich schätzen." Ich antwortete: „Ihr Name ist mir bereits seit jenen Tagen bekannt, als ich noch in Japan war. Ich habe ihre Schrift über Physiologie mit großem Interesse gelesen und viel daraus lernen können. Daher schenke ich Ihnen gern und ohne Zögern ein Foto von mir. Nur möchte ich Sie bitten, mir dafür auch eins von Ihnen zu geben." Ranke war einverstanden. Nachdem wir uns voneinander verabschiedet hatten, stieg ich mit Emmerich in den Zug. Unterwegs sahen wir eine Fabrik, in der Knochen von Schlachthöfen gesammelt und zu Leim und Düngemitteln verarbeitet werden. Bald darauf kam der Zug in *Großhessellohe* an. Hier mieteten wir uns eine Droschke und fuhren auf dem schnellsten Wege ins Dorf. Linkerhand floß die *Isar.* Am Ufer erhob sich eine Burg, der ehemalige Sitz der *Schwanthaler,* wie auf einer Statue zu lesen ist. Jetzt gehört sie einer englischen Dame. Nicht weit entfernt von dieser Burg lag auch schon Helriegelsreuth, ein kleines Dörfchen am Flußufer mit einer Gastwirtschaft. Hier lagen schon chirurgische Instrumente, Verbandsmaterialien und die Waffen für die Duelle bereit. Den Kampfplatz hatte man auf einem Hügel ganz in der Nähe hergerichtet. Zur Gastwirtschaft und zum Kampfplatz führte uns ein schmaler Weg durch ein kleines Wäldchen. Auf diesem Weg stand ein Student, der die Ankömmlinge ansprach. Wahrscheinlich, um zu verhindern, daß Polizeibeamte hierher kamen und störten. Eigentlich sind Duelle nach deutschem Staatsrecht verboten. Trotzdem wird von den Behörden stillschweigend geduldet, daß sie überall durchgeführt werden. Gerade Studenten wollen ihren Streit nicht vor Gericht, sondern selbst entscheiden. Wenn sie sagen, daß sie sich vor den Polizeibeamten schützen wollen, meinen sie damit nur, daß sie ein zufälliges Zusammentreffen verhindern wollen. Auf dem Kampfplatz hatten sich Dutzende Studenten versammelt. In der Mitte standen sich die beiden Kämpfer einander gegenüber. Jeder hatte einen *Sekundanten.* Die Ausrüstung der Kämpfer mutete auch recht sonderbar an. Ihr Schutzpanzer heißt *Paukwichs,* und ihren Säbel nennen sie *Reppier.* Die Sekundanten hatten große *Cravatten* um, die Kämpfer aber trugen breite

Lederbänder mehrmals um den Hals geschlungen. Die Arme waren vollständig umwickelt, und die Hände steckten in Lederhandschuhen. Außerdem trugen sie große Brillen, um ihre Augen zu schützen. Diese Brillen waren mit Röhren versehen und sahen aus wie Ferngläser, allerdings ohne Glas. Wie sich die beiden Kämpfer mit ihren geröteten Gesichtern und ihren Brillen so gegenüberstanden, erinnerten sie an zwei soeben aus dem Kochkessel genommene Oktopusse. Die Sekundanten gaben das Kommando. Erklangen die Worte *„Auf die Mensur!"* wurden die Säbel gekreuzt und bei *„Los!"* die Säbel geschwungen. Bei *„Halt!"* war der Kampf dann beendet. Jedesmal, wenn die Säbel sich zwei- oder dreimal gekreuzt hatten, wurde eine *Pause* eingelegt, damit die Säbel, die sich verbogen hatten, wieder zurechtgebogen werden konnten. Diese Aufgabe oblag jenen, die rechts von den Kämpfern standen. Die Sekundanten standen links. Nach 15 Minuten, die Pausen nicht mitgerechnet, war der Kampf zu Ende. Die Kämpfer reichten sich die Hand und gelobten einander Frieden. Die Säbel sind außerordentlich scharf. Trotzdem passiert es so gut wie nie, daß die Schnittwunden bis auf die Knochen durchdringen. Heute fanden zehn Duelle statt. Das sind wohl die Kämpfe für mehrere Monate. Ein einzelner Kampf wird „Partie" genannt. Während ein Teil die Wunden behandelte, bewaffnete sich der andere. So ging es den ganzen Tag. Abends sind wir mit dem Zug wieder nach München zurückgekehrt.

25. Mai

Aus *Salzburg* ist Sakaki Hajime gekommen. Unterwegs auf einer Inspektionsreise durch Krankenhäuser für Geistesgestörte hat er bei mir hereingeschaut. Ich hatte zuvor mit Iwasa verabredet, daß dieser Sakaki die Stadt zeigt und ich mich nur abends mit ihm zu einem Plausch im Restaurant treffe.

28. Mai

Katô ist aus Berlin gekommen. Er hat seine Versuche abgeschlossen und sein Abschlußzeugnis erhalten. Früher besuchte er oft ein gewisses Mädchen namens Koiku im Freudenhaus an der Sanmai-Brücke, aber jetzt hat er jenes geckenhafte Gehabe völlig abgelegt. Heute habe ich bei *Heinrich Ranke*(38) einen Vortrag über Kleinkindermedizin gehört. Am Abend waren wir im *„Café Orient“* und haben ein Glas Bier getrunken. Heinrich Ranke hat ein sehr warmherziges Wesen. Wie wir so zusammensaßen, fühlte ich mich so wohl wie im Frühlingswind.

29. Mai

Mit Harada, Katô und Iwasa zusammen war ich im „Italienischen Restaurant“ *(Joseph Wisinteiner)* in der *Amalienstraße.* Wir haben *Chianti* getrunken und *Polenta* gegessen. Polenta ist das Alltagsgericht der Italiener. Es entspricht in etwa unserem Reis. Ich dachte, das wäre so etwas ähnliches wie Buchweizenmehlklöße. Aber da Polenta im Herd gebacken wird, ist es etwas hart und schmeckt auch nicht besonders.

6. Juni (Sonntag)

Mit Emmerich habe ich einen Ausflug zum *Tegernsee* unternommen. Um 6 Uhr früh verließen wir die Stadt. Mit dem Zug ging es die Isar entlang, quer durch die Gegend um *Großhessellohe.* Dabei kamen wir durch *Daisenhofen.* Hier befindet sich das Wasserreservoir für die Münchener Wasserleitungen. In *Schaftlach* stiegen wir um und fuhren dann bis *Gmund.* Dieser Ort liegt direkt an einem See. Mit grünen Hutfedern geschmückte Mädchen hatten ihre Boote angelegt und warteten auf Passagiere. Wir bestiegen ein Boot, und nach nicht allzu langer Zeit kamen wir an ein Ufer ganz in der Nähe eines Gasthofs *(Steinmetz).* Ich ließ meine Blicke über den See schweifen. Wasser und Himmel vereinten sich zu einem einzigen Blau. Nur an wenigen Stellen schoben sich Hügel dazwischen. Auf den Wellen in der Nähe des Ufers glitzerten die Sonnenstrahlen. Alles mutete an wie ein Rollbild. Im Gasthof machten wir ein Mittagsschläfchen, und bei Sonnenuntergang kehrten wir wieder zurück.

7. Juni

Am Abend lud Prof. Pettenkofer mich in den *„Rosengarten"* ein: zum *Kegelschieben.* Er ist zwar eine Autorität, aber in seiner Art, sich zu vergnügen, unterscheidet er sich in nichts von uns. Er macht nur nicht soviel Aufhebens von sich selbst wie die Ostasiaten.

13. Juni

Am Abend suchte ich mit Katô und Iwasa ein Lokal in der *Maximiliamstraße* auf. Wir tranken Wein, ließen es uns wohl sein und kehrten dann wieder nach Hause zurück. Am nächsten Tag hörten wir, daß an diesem Abend der bayrische König *Ludwig* II. im Wurmsee ertrunken ist. Der König litt schon seit langem an einer Geisteskrankheit. Er hegte starken Widerwillen gegen den hellen Tag und liebte die Nacht. Tagsüber verdunkelte er sein Zimmer. An der Zimmerdecke waren provisorisch Sterne und Monde befestigt, und auf dem Boden wuchsen überall Blumen und Bäume, in deren Mitte er sich niederlegte und schlief. Wenn es Nacht wurde, stand er auf und ging im Park spazieren. Da er in der letzten Zeit sehr viele Bauten errichten ließ und damit die Landeskasse vollkommen ruiniert hatte, wurde proklamiert, er sei krank. So wollte man ihn von seinen Ämtern fernhalten. In der Nacht des 12. dieses Monats fuhr der König in Begleitung *von Gudden's,* eines Arztes für Geisteskrankheiten, von

Leipzig, Krystallpalast, um 1890, Foto Hermann Walter

der *Burg „Hohenschwan*gau“ aus zu der Burg *„Berg“ in* der Nähe des *Starnbergersees* (auch *Wurmsee* genannt). In der Nacht des 13. ging der König mit Gudden am See spazieren und kehrte nicht wieder zurück. Kurze Zeit später suchte man bereits im See nach den Leichnamen der beiden. Wahrscheinlich hatte sich der König ins Wasser gestürzt. Gudden hatte ihn wohl retten wollen, war ihm gefolgt und dadurch mit in den Tod gerissen worden. Diejenigen, die die Leichname untersucht haben, vermuten folgendes: „Gudden wollte dem König helfen, wieder aus dem Wasser herauszukommen, konnte ihn aber nicht ganz umfassen. Guddens Leichnam weist Fingerverletzungen auf, und seine Fingernägel sind eingerissen. Vermutlich riß sich der König mit aller Kraft los, so daß nur seine Kleidungsstücke in der Hand des Arztes blieben. Als der König nun immer tiefer ins Wasser stieg, wurde der Arzt von ihm mitgezogen. Auf dem Grunde des Sees scheint der König noch mit dem Tod gekämpft zu haben. Auf Guddens Gesicht sind Kratz- und Bißwunden.“ Das Unglück ist höchst grausam. Als der König noch nicht krank war, verfügte er über großes dichterisches Talent. Auch war er ein unübertroffen schöner Mann, der von seinem Volk zutiefst verehrt wurde. Ist es nicht beklagenswert, daß er einen solch elenden Tod fand, wie man ihn auch in der europäischen Geschichte selten findet? Gudden war nicht nur Spezialist für Geisteskrankheiten, sondern beherrschte auch die Wissenschaft des allgemeinen Herz-und Kreislaufsystems. Sein Name ist ebenfalls berühmt und in aller Munde. Auch er liebte die Lyrik. Seine Gedichte über verrückte Frauenzimmer sind stadtbekannt. Sein Tod legt Zeugnis ab von seinem Verantwortungsbewußtsein und seiner Diensttreue und wird seinen guten Ruf als Arzt noch für lange Zeit in hellem Licht erstrahlen lassen.

27. Juni (Sonntag)

Mit Katô und Iwasa habe ich einen Ausflug zum Wurmsee gemacht, um unsere Trauer um den König und Gudden zu bekunden. Auf dem Schiff trafen wir Prof Pettenkofer und seinen Enkel.

12. Juli

Von zu Hause ist Post gekommen. Während wir im vergangenen Monat mächtig unter Hitze zu leiden hatten, ist es vor ein paar Tagen plötzlich kalt geworden. Die Kälte dringt einem durch die Haut bis auf die Knochen. Im Labor ist heute provisorisch geheizt worden. Als ich zufällig einen Blick auf das Zimmerthermometer warf, zeigte es nur 18 Grad Celsius an. Ein Münchener hat mir erzählt, daß ein solch starker Temperaturumschwung in den letzten Jahren so gut wie nie vorgekommen sei.

15. Juli

Naganuma Shukei(39) ist aus *Venezia* (Italien) gekommen. Ich fragte ihn: „In Italien müßten Sie eigentlich etwas von Ogata Korenao gehört haben. Als ich Tôkyô verließ, erzählte mir Shûjirô, sein jüngerer Bruder und mein Freund, von Korenaos Grab, und ich versprach ihm, dieses auf jeden Fall aufzusuchen, wenn ich meinen Fuß in jene Gegend setzen würde. Bitte erzählen Sie mir Genaueres darüber!" Naganuma antwortete: „Korenaos Grab haben wir mit Beamten unseres Konsulats beraten und auf dem *Cimitero St. Michiell* errichtet. Nach der Fertigstellung berichteten wir dies nach Japan, worauf wir aber nie eine Antwort erhielten. Sind eigentlich Korenao und Korenori irgendwie miteinander verwandt? Das Grab selbst ist kein Problem. Kompliziert ist nur die Sache mit Korenaos Nachkommen." Erstaunt wollte ich nun wissen: „Nachkommen? Wen meinen Sie damit?", worauf

Naganuma erwiderte: „Korenao hat dies zwar vor der japanischen Regierung geheimgehalten, aber er hatte eine ganz prächtige kirchliche Hochzeit mit einer jungen italienischen Frau. Bald darauf wurde ein kleines Mädchen geboren, das jetzt bei seiner Mutter lebt. Als Korenao starb, haben Mutter und Kind etwas finanzielle Unterstützung erhalten. Aber jenes Geld ist bereits aufgebraucht, und ihre Armut läßt sich nicht mehr verbergen. Das Kind sieht Korenao auffallend ähnlich." Ich fragte Naganuma, wo Mutter und Kind wohnen. „Die Hausnummer habe ich nicht notiert, aber man muß die *Ponte di puguo* (Puguo-Brücke) überqueren und nach dem Haus der Hebamme, der *Leratrice,* fragen. Dort wohnen Mutter und Kind. Aber wenn Sie die Armut dort sehen, müssen Sie unbedingt Ihren Geldbeutel etwas erleichtern." Daß ein Japaner in Europa ein Kind zeugt, ist kein Einzelfall und betrifft nicht nur Korenao. In Berlin gibt es bereits ein Kind von Ume und eins von Nakamura. Angeblich haben alle eine gelbliche Hautfarbe und sehen in ihrem Körperbau Japanern ähnlich. Mit Umes Geliebter habe ich während meiner Zeit in Berlin einmal zusammen eine Tasse Kaffee getrunken. Vom gefühlsmäßigen Standpunkt aus gesehen, ist es nicht verwunderlich, wenn man in der Fremde vor lauter Heimweh Trost sucht und dann Nachkommen im Ausland hinterläßt. Aber kein Geld für Erziehung und Unterhalt des Kindes zu schicken, Mutter und Kind in größter Armut leiden zu lassen, das ist doch höchst beklagenswert. Nach deutschem Gesetz müssen für die Erziehung und Versorgung des Kindes 2000 Mark bezahlt werden. Bei Leuten wie Auslandsstudenten, die keinerlei Vermögen besitzen, kommt es dann zu solch skandalösen Fällen.

18. Juli

Ich habe mit Naganuma einen Ausflug zur *Nymphenburg*

gemacht. Unterwegs begegneten uns zwei Kinder, sogenannte *Zigeuner (Githanos)* mit dunkelroten Gesichtern und funkelnden Augen. Ich fragte sie: „Wollt ihr nicht mit uns zur Nymphenburg fahren?“, worauf sie erwiderten:
„Warum denn nicht?“ So machten wir uns denn gemeinsam auf den Weg. Die zwei Kinder trifft man sonst in einem Café in der Stadt, wo sie die persische Geige erklingen lassen und um Geld betteln. Die Ausflügler starrten uns alle an, und manche riefen: „Seht doch nur, vier Japaner!“ Andere wieder riefen: „Seht doch nur, vier *Zigeuner!“* Sie konnten nicht zwischen den Zigeunern und uns Japanern unterscheiden. Naganuma und ich, wir schauten uns an und mußten lachen. Bald kamen wir an der Nymphenburg an, kauften ein Maß Bier und ein paar Rüben, setzten uns im Schatten der Bäume nieder und aßen und tranken. Da kamen ein paar junge Pärchen die Straße entlang. Sie drehten sich um und schauten mit großen Augen auf unser seltsames Gespann. Bei Sonnenuntergang kehrten wir heim.

27. Juli

Naganuma hat uns wieder verlassen und ist nach *Straßburg* gefahren.

28. Juli

Der Gesandte Shinagawa Yajirô ist mit seinem Sohn Yaichirô(40), Fürst Konoe(41) und Graf Anegakôji aus Berlin gekommen. Sie sind im *Bayerischen Hof* abgestiegen.

29. Juli

Frühmorgens stattete ich dem Gesandten einen Besuch ab. Wir aßen zusammen Frühstück. Er hat ein hageres Gesicht und ist von hohem Wuchs. Seine Worte sind sehr bescheiden und überhaupt nicht hochmütig. Er erklärte mir: „Ich habe

Hotel Bayerischer Hof in München

von Natur etwas gegen Alkohol und kann nicht einen einzigen Tropfen vertragen. Darum trinke ich meist *Chokolade.* "
Fürst Konoe ist von recht fülligem Körperbau und in seiner Sprechweise ausgesprochen lebhaft. Man kann es kaum glauben, daß er aus einer adligen Familie kommt. Anegakôji hatte ich schon in Leipzig kennengelernt. Heute erfuhr ich, daß er früher Page am Hofe war, sein Stipendium von Seiner Majestät dem Kaiser erhält und wahrscheinlich derjenige sein wird, der im nächsten Jahr Gesandter wird. Yaichirô, ein liebenswürdiger junger Mann, studiert in *Bonn.* Am Abend war ich mit dem Gesandten und seinen Begleitern im *„Englischen Café"* wo wir ein Konzert hörten. Der Gesandte fragte mich nach den Vorzügen und Nachteilen von Reis mit Gerstezusatz. Darauf antwortete ich, daß der Staatsrat und die höheren Beamten neuerdings alle Reis mit Gerstezusatz essen. Ich stellte ihm Ôsawas[(42)] Theorie vor und verurteilte Takagis[(43)]. Dabei ging ich ganz rigoros vor[(44)]. Der Gesandte meinte auch: „Sie trinken alle viel Alkohol. Früher habe ich einmal gehört, daß das bayrische Volk aus einem *Maßkrug* trinkt. Tun Sie das auch manchmal?" Ich trank daraufhin mit Fürst Konoe und Katô Terumaro einen *„Krug".* Wir ließen es uns wohl sein und kehrten dann nach Hause zurück. „Krug" – das ist ein Trinkkrug, der einen Liter Bier faßt.

30. Juli

Am Morgen begleitete ich den Gesandten und Graf Anegakôji zum Bahnhof und verabschiedete mich von ihnen. Am Nachmittag machte ich mit Fürst Konoe, Katô und Iwasa einen Ausflug zum Wurmsee. Fürst Konoe veranstaltete mit Katô einen Ringkampf. Ich sah mir die beiden an, so wie sie einander gegenüber standen: Fürst Konoe kurz und dick und Katô lang und dürr. Die Zuschauer mußten alle lachen. Schon nach kurzer Zeit wurde Katô gepackt und binnen eines Augenblicks zu Boden geworfen. Seine Armkraft kann man sich vorstellen. Katô litt danach noch tagelang an Kopfschmerzen. Dann lief ich mit dem Fürst um die Wette. Ich habe verloren. Aber da mir auf diese Weise der Ringkampf erspart blieb, bin ich auch den Kopfschmerzen entgangen.

31. Juli

Ich habe Fürst Konoe und Yaichirô zum Bahnhof begleitet.

5. August

Nagamatsu Tokuyasu(45) ist aus Würzburg gekommen. Er ist der Sohn von Shûkin Kôji und studiert Botanik. Er sieht gut aus und ist ein wirklich intelligenter adliger junger Herr. Vorher war ich immer mit Katô und Iwasa nach dem Mittagessen im *„Finsterwalder* Café" in der *Schwan-thalerstraße,* wo wir uns für gewöhnlich ein Stündchen unterhielten. Eine Kellnerin im Café heißt *Anna.* Sie wurde in *Dachau* geboren und ist von auffallender Schönheit. Wir haben jedesmal unseren Spaß mit ihr. Sie sagt zu Katô *„schöner Doctor",* zu Iwasa *„böser Doctor"* und zu mir *„braver Doctor".* Katô hat nämlich eine ganz weiße Haut, Iwasa treibt immer böse Scherze mit ihr, und ich bin ganz sachlich und ernsthaft. Nun ist Nagamatsu gekommen und die Bezeichnung „schöner Doctor" ihm zugefallen. Der bedauernswerte Katô wurde so zum namenlosen Doktor. Aus meiner Sicht ist Katô nur ein alltäglicher Gast, Nagamatsu dagegen ein nachdenklicher und besinnlicher hübscher junger Mann. Daß die Kellnerinnen den einen dem anderen vorziehen, ist daher nicht verwunderlich.

7. August

Um 7 Uhr 15 habe ich Katô zum Bahnhof begleitet. Er nutzt die Ferien zu einer Reise in die Schweiz. Heute ist Post von zu Hause gekommen.

Café Finsterwalder in München

9. August

Früh um 7 Uhr 30 verließ ich München und fuhr nach Berlin, um mich um Instrumente und Apparate zu kümmern, die für unsere militärärztliche Abteilung eingekauft werden sollen. Mit der Droschke ging es unter anderem durch *Regensburg* und *Eger etc.* Die Stimmen der Grillen in den Getreidefeldern klangen beruhigend an mein Ohr. Hin und wieder sah ich zwischen Steinen ein Bächlein murmeln. Das *Heidekraut* stand in seiner vollen Blüte. Es erinnerte mich an die Manöver im vergangenen Jahr. Als wir Leipzig durchquerten, war es ungefähr sechs Uhr abends. Ich dachte daran, daß sich um diese Zeit meine Landsleute hier wohl gerade in der Pension von Frau Vogel zum Abendessen einfinden. Solche und andere Erinnerungen stiegen in mir auf. Doch schon vor Leipzig hatte ich noch ein erwähnenswertes Erlebnis. Als ich in Regensburg ausstieg und ein Glas Bier trank, blickte die Kellnerin mich an und lächelte. Ich schaute genauer hin, und da erkannte ich sie. Es war eine ehemalige Kellnerin des Münchener *„Englischen Cafés.* Ich wußte nicht einmal ihren Namen, aber ich freute mich, an einem fremden Ort ein bekanntes Gesicht zu treffen. Um Mitternacht kam ich in Berlin an und stieg in *„Töpfers Hôtel“* am *Karlsplatz* ab. Hier hat früher einmal Generaloberstabsarzt Hashimoto gewohnt.

10. August

Heute habe ich mich um die Einkäufe gekümmert. Am Nachmittag sprach ich mit Miura Shin'i und Tanaka Shôhei. Inoue Sonken kam auch noch hinzu. Wir unterhielten uns über Lyrik. Zusammen gingen wir dann in ein Lokal mit hübschen jungen Frauen. Es waren Bekannte von Sonken. Wir vergnügten uns prächtig und kehrten dann wieder nach Hause zurück.

11. August

Die Überprüfung der Instrumente und Apparaturen habe ich abgeschlossen. Anschließend war ich in der Gesandtschaft, wo ich einen Brief abgegeben habe. Der Gesandte war noch nicht nach Berlin zurückgekehrt. Ôkubo Gakuji hat die Angelegenheit übernommen. Nach dem Mittagessen ging ich ins *„Café Bauer"* und las die „Hibi-Shinbun"[(46)]. Als ich ins Hotel zurückkehrte, wartete dort bereits Miura Shin'i auf mich. Auch Kitazato Shibasaburô kam noch. Wir diskutierten über wissenschaftliche Probleme. Um 8 Uhr abends verabschiedete ich mich und kehrte dann mit einer Droschke wieder nach München zurück.

13. August

Im Stadttheater wird *Lessings* „Nathan der Weise" gespielt. Ich war mit Nagamatsu Tokuyasu dort und sah es mir an. *Possart*[(47)] in der Rolle des *Nathan* konnte in der Tat Ohren und Augen der Zuschauer in Erstaunen versetzen.

14. August

Nagamatsu ist wieder abgereist. Ich habe ihn zum Bahnhof begleitet.

15. August

Harada Naojirô hat seiner Geliebten *Marie Huber* in der *Landwehrstraße* eine Wohnung gemietet. Marie war früher Kellnerin im *„Café Minerva"*. Sie ist überhaupt nicht hübsch, sehr mager und ihr Gesicht ist bläulich-blaß. Besonders intelligent ist sie auch nicht gerade. Die beiden hängen zusammen wie die Kletten. Als Harada an der Kunstschule studierte, gab es dort eine Schönheit namens *Cäcilia Pfaff*, die Tochter eines Professors an der Universität von *Erlangen*. Sie hat tiefschwarzes Haar, eine schneeweiße

Haut, strahlende Augen und eine vornehme hohe Nase. Man erzählt von ihr, daß sie Englisch und Französisch beherrsche, auch hinsichtlich ihrer dichterischen Begabung alle in den Schatten stelle und daß über die Hälfte aller Werke ihres Vaters aus ihrer Hand stammen. Ich habe sie noch nicht näher kennengelernt, aber in Haradas Zimmer ein Bild von ihr gesehen. Schon allein an diesem konnte man, ohne sie genauer kennengelernt zu haben, erkennen, daß sie auch als Frau ihren Mann steht. Sie studiert an der Kunstschule Malerei. Dort lernte sie auch Harada kennen. Lange Zeit war es ihr Wunsch, Haradas Frau zu werden. Aber Harada scheint das nicht im geringsten berührt zu haben. Statt dessen unterhält er jetzt für jenes andere Mädchen eine Wohnung. Ich kann mir nicht helfen, mir kommt das seltsam vor. Wahrscheinlich war für Harada Cäcilia eine Tochter aus gutem Hause und eine Verlobung mit ihr gleich eine großartige Angelegenheit für das ganze Leben, Marie dagegen eine Kellnerin in einem Café und nicht mehr als ein vorübergehendes Abenteuer. Was ist nun besser und was schlechter: eine Verlobung mit einem intelligenten Mädchen wie Cäcilia oder der Umgang mit einer Kellnerin ohne besondere Intelligenz und Schönheit wie Marie? Zudem kann Cäcilia auf ein gutes Vermögen verweisen. Es heißt, daß sie einmal darüber diskutiert haben, daß sie auf ihr gutes Vermögen verzichten und mit diesem Geld gemeinsam mit Harada zum Studium nach Paris gehen könnte. Die Eltern von Marie dagegen sind ganz arm. Wahrscheinlich wird es da in Zukunft Streit und Unannehmlichkeiten geben. Kurz gesagt, muß man Haradas Verhalten doch recht rätselhaft, ja unbegreiflich nennen. Eigentlich ist Harada ein offener und einfacher Mensch und völlig unkompliziert. Im Prinzip mag ich solche Menschen. Daher bedaure ich es umso mehr, wenn sie solch ein Verhalten an den Tag legen.

18. August

Nach dem Abendessen war ich im„ *Café Orient*“ um eine Tasse Kaffee zu trinken. Ein Mann, der an einem Tisch in der Nähe saß, sprach mich an. Als ich genauer hinsah, war es der Ungar *Zilzer.* Er ist von kleinem Wuchs, hat ein weißes Gesicht und einen prächtigen Bart. Eigentlich weilt er zum Kunststudium hier, allerdings nur dem Papier nach. Denn er ist ein Faulpelz, der seine Zeit in Cafés verbringt. Ich hatte Zilzer bereits früher einmal mit Iwasa in diesem Café getroffen. Damals hatte er uns um unsere Visitenkarten gebeten. Ein paar Tage später haben wir *Myrrha,* eine Sängerin aus Paris, kennengelernt. Sie fragte Iwasa nach seinem Namen. Als sie diesen hörte, meinte sie ganz erstaunt: „Ich bin schon einmal einem Mann begegnet, der sich Iwasa nannte. Seine Gesichtshaut war ganz weiß. Er hat mir seine Visitenkarte geschenkt. Er ist wohl auch Japaner.“ Daraufhin bat ich sie, mir die Visitenkarte zu zeigen, was sie dann auch tat. Es war tatsächlich die von Iwasa. Als ich sie ihm zeigte, meinte er: „Diese Visitenkarte ist noch ganz neu. Bisher habe ich nur meinem Schuhmacher und Zilzer eine gegeben. Außerdem stehen auf der Rückseite ein paar Worte in Französisch. Zilzer kann gut Französisch. Sicher war er derjenige, der diese Karte verschenkt hat. Damit hat er meinen Namen mißbraucht. Das kann ich nicht dulden. Na schön, servieren wir ihm eine hübsche Überraschung!“ Wir gingen sofort ins „Café Orient“, vertrauten der Kellnerin die Visitenkarte mit den französischen Worten an und sagten ihr, sie solle auf Zilzer warten und sie ihm geben. Aber Zilzer hat nach dieser Geschichte nicht nur keinerlei Reue gezeigt, sondern ist Iwasa gegenüber auch noch feindlich gesinnt. Iwasa hat gesagt, daß er aus diesem Grund nun abends nicht mehr ins „Café Orient“ geht. Heute hörte ich nun, wie Zilzer mich rief, und fragte ihn, was er denn wolle. Er antwortete: „Sie scheinen heute allein hier zu sein. Vielleicht möchten Sie sich ein wenig unterhalten. Ich würde mich freuen, wenn Sie zu mir kämen." Als ich verstohlen zu seinem Tisch blickte, saßen dort nur junge Männer, Schafe im Tigerfell, die bereits als Sehenswürdigkeit dieses Cafés galten. Eigentlich tat ich es ungern. Ich konnte mir schon ungefähr denken, was er sagen wollte. Aber früher oder später mußte diese Sache ja doch einmal geklärt werden. So ging ich denn hinüber an seinen Tisch. Zilzer erzählte mir: „Vor kurzem habe ich eine Visitenkarte von Iwasa bekommen. Auf der Rückseite stand etwas in Französisch. Ich verstehe nicht, was Iwasa von mir wollte. Wußten Sie von dieser Sache? Ich glaube fast, Iwasa hat mich in Verdacht, seine Visitenkarte, die er mir einmal geschenkt hat, mißbraucht zu haben, und sie mir deshalb geben lassen." Damit unterschätzte er mich offensichtlich. Ich fragte ihn: „Was bedeuten denn die Worte in Französisch?"–„Ich kann mich nicht genau erinnern, aber es bedeutete wohl so viel wie: Haben Sie nicht Lust, sich mit an meinen Tisch zu setzen?"–„Ach so? Von diesem Verhalten Iwasas weiß ich nicht das Geringste. Aber ich muß mich doch über Ihre falsche Interpretation wundem, als Sie von Iwasa diese Karte mit einer Einladung an seinen Tisch erhielten." Zilzer gab mir nur unklare Antworten darauf und ging dann nach Hause. Ich blieb noch eine Weile im Café. Als ich die anderen, die mit an meinem Tisch saßen, fragte, wer sie seien, erfuhr ich, daß einer von ihnen Geschäftsführer in einem *Heidelberger* Gasthaus war und ein anderer in einem Berliner Keramik- und Porzellangeschäft arbeitete. Da kann man sich die Berufe der anderen Leute schon denken. Jener Geschäftsführer fragte mich: „Haben Sie schon einmal den Duellen Ihrer Universitätskommilitonen zugesehen?" Als ich bejahte, wollte er von mir wissen: „Haben Sie nicht auch etwas gegen diese Dinge? Ich kann sie nämlich überhaupt nicht ausstehen.“ Ich erhob nun tatsächlich meine Stimme, als ich sagte: „Diese Duelle meiner Kommilitonen sind doch nichts weiter als Kinderspiele. Was die eigene Ehre angeht, habe ich eine völlig andere Auffassung.“ Der Geschäftsführer war sprachlos vor Erstaunen.

20. August

Mit Harada und Iwasa habe ich im *„Grünwald“ (Dachauerstraße)* zu Abend gespeist.

26. August

Zum ersten Mal traf ich im Labor *Soyka*[48]. Es ist klein und dünn, sein Schnurrbart sehr lang und seine Nasenspitze leicht rötlich gefärbt. Soyka trägt eine Brille für Kurzsichtige.

30. August

Lehmann [49] ist anläßlich der Hochzeit seiner Schwester in seinen Heimatort Zürich (Schweiz) zurückgekehrt. Nach dem Fest will er dann, so erzählte er mir, nach Berlin zu einem Treffen von Naturwissenschaftlern fahren und gegen Ende September wiederkommen. Ich begleitete ihn zum Bahnhof. Am Abend ging ich ins *„Café Royal“,* wo ich einen Landsmann von mir traf: Yokoyama Matajirô[50]. Er studiert hier *Paläontologie.* Er ist sehr mager und von ausgesprochen dunkler Hautfarbe, trug europäische Kleidung, grüßte aber japanisch, worüber die Leute an den Nebentischen erstaunten.

31. August

Harada Naojirô ist mit Marie in den *Mittelwald* gefahren. Er hat gesagt, sie wollen dort Urlaub machen, gleichzeitig aber auch die dortige Landschaft malen. Miura Moriharu ist aus Berlin gekommen und hat mir erzählt, wie es ihm ergangen ist, nachdem sich unsere Wege getrennt hatten.

1. September

Mit Miura zusammen habe ich das *Hofbräuhaus* besucht.

2. September

Um 11 Uhr vormittags startete ich mit Miura zu einem Ausflug zum Starnberger See, wo wir eine Bootsfahrt unternahmen.

Wolken über dem Starnberger Schloß
wo die Hoffnungen des Königs entschwanden
Tränen in den Augen des Dichters
Hinter den Fenstern der Dampfer
mehr oder minder schöne Gäste
gedenken nicht des Tods
des Königs hier in den Wellen

Noch zwei weitere Gedichte schrieb ich, in welchen Ludwig II. und Gudden besungen werden.

Befremdlich sein Verhalten
in den letzten Jahren
wie traurig sein Ende
selbst Dämonen weinen
Fragt nicht
nach seinen Verdiensten

Seine Gefühle gehörten
allein jenem Dichter

Ludwig II.

Fand seinen Tod

Königliches Hofbräuhaus, Platzl, München

in den weiten Wellen des Wurmsees
seine reine edle Gesinnung
viele Herzen bewegt
seiner Werke Ruhm
bis in alle Ewigkeit
unvergessen auch die Lieder
über verrückte Frauen

Gudden

In Leoni verließen wir das Boot und machten eine kurze Rast. Auf einem Postamt gaben wir eine Karte an Nagamatsu Tokuyasu auf.

Sich öffnender Blick
vor unendlicher Weite
Nebel über dem Wasser, das den Himmel berührt
in der Nähe schlafende Möwen und Reiher
an die Brüstung gelehnt steh'n wir bezaubert
vor der unendlichen Schönheit dieses Sees
Da! Ein kleines Boot!
Ach wärest auch du hier

Wir lösten das Schiffstau wieder und kehrten nach Starnberg zurück. Noch auf dem Schiff sahen wir, wie die Sonne unterging. Ich verfaßte ein Gedicht und zeigte es Miura.

Endlich wir uns wiedersah'n
wie traurig der erneute Abschied
bald bist so fern
du von mir
Zwischen den Wellen die versinkende Sonne
die Gipfel in der Ferne schwinden

nur mein Abschiedsschmerz bleibt
hier auf dem See im späten Herbst

3. September

Miura ist nach Lindau gefahren. Ich habe ihn zum Bahnhof begleitet. Er hat mir versprochen, nach seiner Heimkehr meine Familie in Senjû(51) zu besuchen. Heute abend fuhr ich allein mit dem Zug zum Starnberger See und stieg im *„Bayerischen Hof"* ab. Ich wollte der noch immer anhaltenden Sommerhitze entfliehen und außerdem auch noch ein paar Aufzeichnungen machen. Spät abends ging ich noch am Seeufer spazieren. Zehntausende Sommerkäferchen hatten sich um die Nachtlampen am Ufer geschart.

4. September

Mein Frühstück nahm ich auf einer in das Wasser führenden Steintreppe ein. Als ich die Restkrümel der Reisklöße verstreute, kamen die Sperlinge in Scharen und pickten alles auf. Für die Landschaft bei Sonnenaufgang fehlen mir einfach die Worte. Mit dem Schiff fuhr ich dann nach Leoni, wo ich Mittag aß. Am Abend bewölkte sich der Himmel. Hier und da schauten die Sterne hervor. Es war sehr kühl.

5. September

Da hier oft die Bahn fährt und es daher viel lauter als in meiner Wohnung in München ist, fuhr ich mit einem günstigen Schiff nach Leoni und stieg dort im *„Gasthof Leoni"* ab. Am Seeufer war ein kleiner Park. Kastanienbäume spendeten Schatten. Ich fühlte mich hier sehr wohl. Da erblickte ich Zigeuner. Sie hatten Bären mitgebracht und unterhielten damit die Urlaubsgäste. Im allgemeinen werden Zigeuner gemieden, da sie angeblich stehlen. Aber auf Grund einer gewissen Eleganz in ihrer Kleidung und auch in anderen

Dingen sind sie trotz allem für die Leute interessant. In der Abenddämmerung ging ich in der näheren Umgebung spazieren. Am Ufer war das Wasser so klar, daß man die Steinchen auf dem Grund zählen konnte. Nicht weit von jenem Gasthof steht ein Fischerhaus, dessen Wände alle im katholizistischen Stil mit Götterbildern bemalt sind. Das Haus steht an einer flachen Stelle im Wasser. Es hat keinen Boden und soll angeblich als Baderaum für Frauen dienen. Ein alter Mann verkaufte künstliche Käfer, sich von selbst bewegende Figuren, Bälle an Gummischnüren und anderes mehr. Ich kaufte ein paar Kleinigkeiten und schenkte sie Kindern. Bis nach 9 Uhr saß ich noch im Garten und genoß den Mondschein.

6. September

Am Morgen ging ein prasselnder Regen hernieder. Nagamatsu ist in *Drachenfels* und hat mir von dort einen Brief geschrieben. Auch von Harada, Iwasa und anderen ist Post gekommen.

7. September

Heute ist wundervolles Wetter. Ich machte mich auf den Weg zur *Rottmannshöhe.* Unterwegs begegnete ich einem Mann mit zwei Kindern. Er sprach mich an: „Sind Sie nicht der Stabsarzt Soundso?“ Ich glaube, er ist Offizier im Bayrischen Stabshauptquartier. Bald darauf kam ich oben an und entdeckte dort einen Gasthof von recht hübscher Architektur. Auf einem Gedenkstein stand in etwa folgendes: „Als der Maler *Karl Rottmann*[(52)] diese Höhe erklommen hatte, rief er aus: ‚Hier ist die schönste Stelle am See!‘“ Rottmann stammte aus *Heidelberg.* 1850 starb er in München. Es heißt von ihm, daß er seine letzten Kräfte in die Malerei gesteckt hat. Neben dem Gedenkstein lag ein kleiner Park voll blühender Rosen.

8. September

Der Himmel ist bewölkt. Die Kälte dringt einem bis auf die Haut. Ich habe noch einmal die Rottmannshöhe erklommen. Vor dem Gasthof traf ich die Kinder des Malers *Diefenbach*(53). Er ist ein sogenannter *Vegetarianer* und außerordentlich streng in der Befolgung der Regeln, schneidet sich nicht die Haare und kürzt auch nicht die Fingernägel. Auf dem Leib trägt er nichts weiter als ein einfaches Kleidungsstück aus Baumwolle. Seine Kinder leben genauso wie ihr Vater. Als ich ihnen Limonade anbot, lehnten sie ab. Da öffnete sich im oberen Stock des Gasthofes ein Fenster. Ein Mann erschien und ließ eine Glocke ertönen. Ich schaute empor. Es war Diefenbach. Die Kinder rannten los und kehrten in den Gasthof zurück. Diefenbach hat große Augen und einen rötlichen Schnurrbart. Er ist sehr mager. Aber er wirkt keineswegs kränklich schwach. Auf dem Rückweg auf halber Höhe streckte ich mich für ein Weilchen auf einer Bank aus. Man konnte direkt die Wohnhäuser zählen, die sich am anderen Ufer aneinander reihten.

9. September

Am Morgen regnete es. Von zu Hause ist Post gekommen.

10. September

Bei heiterem Wetter bin ich heute nach *Ammerland* und *Ambach* gewandert.

11. September

Es ist heiter. Ich habe mir am See ein Plätzchen gesucht und etwas gelesen.

12. September

Bei schönem Wetter bin ich heute auf dem See Boot gefahren. Ich habe Hauptmann *August Karl,* seine Gattin und seinen Sohn *Albert* kennengelernt. Seine Gattin hat eine sehr helle Haut, ist größer als ich, aber sehr folgsam. Sie hat früher Italien bereist. Daher macht es Spaß, sich mit ihr zu unterhalten. Besonders wenn das Gespräch auf *Venezia* kommt, ist sie stets des Lobes voll. Als ich sie nach einigem fragte, von dem ich in Büchern gelesen hatte, gab sie mir ausführliche und gut durchdachte Antworten. *Albert* hat sich schnell an mich gewöhnt. Jedesmal, wenn wir uns begegnen, lädt er mich ein, und wir gehen zu seiner Mutter. Dann fragt er diese: „Warum erzählst du nicht wieder von Italien?" Der Hauptmann kehrt heute nach München zurück, aber seine Frau und sein Sohn bleiben wohl noch in *Leoni.* Sie wohnen im gleichen Gasthof wie ich.

13. September

Es ist heiter. Ich habe Teil II des Manuskripts der Abhandlung über japanische Wohnhäuser[(54)] geordnet.

14. September

Es ist Nachricht gekommen, daß Katô nach München zurückkommt. Ich habe mit dem Manuskript für eine Anti-Naumann-Schrift[(55)] begonnen, in der Absicht, diese später einmal zu veröffentlichen. Aber ich weiß noch nicht, ob daraus etwas wird. Ein Kind namens *Richard Stein* hat mich in meinem Zimmer besucht. Es ist mit seinen Eltern und Schwestern hierher in die Sommerfrische gekommen. Es ist sehr klug und liebenswert. Auch seine Schwester *Helene* ist ein ganz reizendes Kind. Sie wohnen, wie sie mir erzählten, in der *Maffei*-Straße in München.

15. September

Es stürmt und regnet und ist sehr kalt.

16. September

Es regnet. Albert ist mit seiner Mutter nach München zurückgekehrt. Wir haben verabredet, daß wir uns gegenseitig besuchen wollen. Sie wohnen in der Schwanthalerstraße, also ganz in der Nähe meiner Unterkunft.

17. September

Das Wetter ist wieder schön. Da viele Gäste auf Grund des Regens gestern abgereist sind, waren heute früh im Frühstücksraum nur drei Gäste: ich, eine Frau und ihr Mädchen. Ich hatte die Leute schon erzählen gehört, daß diese Frau die Gattin eines Oberleutnants und von Adel sei. Aber diesmal sprach sie mich selbst an. Sie heiße *Doris von Wödtke* und wohne in München am *Sendlingsthorplatz.* Sie lieh mir ein paar Bände Erzählungen und sagte: „Sie können mir die Bücher auch nach Ihrer Rückkehr in München zurückgeben."

18. September

Der Himmel ist bewölkt. Ich bin nach München zurückgekehrt.

19. September

Katô Terumaro und Ishikawa Chiyomatsu(56) haben von meiner Rückkehr nach München gehört und mich am Vormittag besucht. Wir waren zusammen im *Colosseum.* Ishikawa ist Zoologe. Er hat ein sehr heiteres Gemüt, das mich ein wenig an Tanaka Shôhei erinnert

21. September

Am Abend holte mich Katô ab, und wir gingen zusammen in den Zirkus. Unter anderem sahen wir dort auch ein junges Mädchen mit dem Namen *Bernhardine Nicolaisen.* Sie stellte sich sehr ungeschickt an, doch sie war kaum sechzehn Jahre alt und bezauberte mit ihrem Liebreiz die Herzen der Zuschauer.

23. September

Ich habe *Copernik* wiedergetroffen.

24. September

Mit Katô war ich im *Chromoplastischen Panorama.* Dort wurden solche Szenen wie die Kreuzigung Christi gezeigt. Es war nicht besser und nicht schlechter als die Lebenden Puppen in Asakusa(57). Wir haben gelacht und sind wieder gegangen.

25. September

Es ist Nachricht gekommen, daß Taniguchi Ken nach Berlin kommt. Das Stipendium, das er bekommt, soll verglichen mit dem meinigen ungewöhnlich hoch sein!

26. September

Nach dem Mittagessen bin ich in der Schwanthalerstraße spazierengegangen und habe dabei zufällig Albert getroffen.

27. September

Iwasa Shin ist aus der Schweiz zurückgekehrt.

28. September

Ich habe mit Iwasa zusammen bei Katô Abendbrot gegessen.

29. September

Hamada(58) ist aus *Straßburg* gekommen. Er hat bei *Winckel* Gynäkologie studiert. Hamada ist schon ein erfahrener Mann. Aber er läßt einen mit seinem Verhalten überhaupt nicht spüren, daß er älter und reifer ist.

Mori Ôgai

30. September

Katô ist umgezogen. Er wohnt jetzt Sendlingsthor *(9.1.1)* Vor dem Fenster seiner neuen Wohnung schießt ein Fontänenstrahl in die Höhe und spenden Bäume Schatten. Welch ein wundervoller Ausblick!

1. Oktober

Am Abend ist Harada Naojirô mit Marie aus *Kochel* zurückgekehrt und Lehmann aus Berlin.

2. Oktober

Am Vormittag habe ich Lehmann besucht. Er hat mir erzählt, daß er ab übermorgen wieder mit der Arbeit im Labor beginnen möchte. Von Roth ist Post gekommen. Er schreibt: „Ihre Abhandlung über den Stand des japanischen Militärsanitätswesens(59) und die Krankenstatistik sind in den Jahresbericht der Internationalen Militärmedizin mit eingegangen. Eine Ausgabe und das Honorar – es sind 27 Mark–schicke ich Ihnen mit dem nächsten Brief." usw.

3. Oktober

Weil Sonntag ist und noch dazu das sogenannte *Oktoberfest,* herrscht in der Nähe meiner Unterkunft großes Gedränge. Festplatz ist die Theresienwiese. Es werden Fahrradrennen veranstaltet, die verschiedensten Spiele gespielt, seltsame Tiere gezeigt usw. Es ist fast genauso wie früher bei uns auf dem Feuerwehrplatz in Kanda(60). Etwas Besonderes wäre vielleicht noch, daß nackte Frauen, sogenannte Nixen, zu sehen waren, obwohl das wiederum auch nichts anderes als unsere Kappa-Schau(61) war. Zu den Wettkämpfen erschien die gesamte Königsfamilie und schaute zu. Als die königliche Kutsche in Richtung Festplatz fuhr, standen nicht nur auf den *Trottoirs* die Menschen, um sie zu begrüßen. Auch alle

Oktoberfest 1886

Fenster der anliegenden Häuser waren geöffnet. Und sobald die Kutsche erschien, schrien alle:

„Sie leben hoch!“ Die Königsfamilie blickte nach rechts und links und erwiderte freundlich die Grüße. Heute wurden auf dem Festplatz ganze Ochsen gebraten. Denn das gehört hier einfach zu einem richtigen Fest.

4. Oktober

Kômoto ist gekommen. Wir waren zusammen im Lokal *„Schnöll“* in der *Sonnenstraße.* Die Kellnerin *Käthi* hat eine sehr reizvolle Figur. Iwasa kennt sie auch schon.

5. Oktober

Kômoto ist wieder abgereist.

6. Oktober

Inoue Sonken ist gekommen. Er befindet sich auf dem Rückweg von der Schweiz. Wir haben im „Schnöll“ etwas getrunken und über Lyrik diskutiert.

7. Oktober

Am Abend war ich mit Inoue im Theater. Aufgeführt wurde das Stück *„Veilchenfresser“*[(62)]. Es schildert die Situation eines deutschen Leutnants und war sehr interessant.

9. Oktober

Ich habe Harada besucht und mir die Bilder angeschaut, die er in Mittelwald und Kochel gemalt hat. Ich sah unter anderem auch halbfertige Porträts von Fürst Konoe, Iwasa und Hamada.

13. Oktober

Wilke ist aus Sachsen gekommen. Er ist zur Zeit im

Leipziger Stadtkrankenhaus Assistent bei *Tiersch*[63]. Jetzt will er nach *Tirol* fahren und ist unterwegs bei mir vorbeigekommen. Am Abend gingen wir zusammen ins *Colosseum* und sahen dort Hochseilartistenkunst und ähnliches. Drei Kinder spielten *Xylophon.* Das Jüngste war etwa drei oder vier Jahre alt. Höchst erstaunlich!

14. Oktober

Wilke ist wieder abgereist.

15. Oktober

Heute habe ich sogenanntes Japanisches Theater gesehen. Es wurde von Engländern aufgeführt. Der Titel des Stücks hieß *„Mikado"*[64], und die Darsteller trugen alle chinesische Namen. Eine schöne Frau hieß *Yum-Yum.* Da konnte ich mir den Inhalt schon vorstellen. Die Kleidung allerdings und die Schmucksachen waren alle echt japanisch.
„Oh Hoheit, oh Hoheit, was flattert da vor Eurem Pferd, diramdirum, diramdirum", „Oh, hoppla, heissassa!" und andere Lieder wurden gesungen. Meine Kommilitonen fanden, daß *Kathi Forster,* einem jungen Mädchen, das die Rolle der *Pitti-Sing* spielte, der japanische Kimono besonders gut stünde.

21. Oktober

Wilke, der aus Tirol zurückgekehrt ist, hat mich wieder besucht. Am abend gingen wir zusammen in den *„Bamberger Hof"*, wo wir die *Komikergesellschaft „Welsch"* sahen. Aufführung war recht pöbelhaft. Eine der Sängerinnen hatte ich einmal in einem Café als Dirne gesehen. Den Rest kann man sich dann schon denken.

22. Oktober

Wilke ist wieder abgereist.

23. Oktober

Heute ist Sonnabend und das Wetter sehr schön. Am Nachmittag traf ich mich mit Katô, Harada, Hamada und Iwasa. Auf Katôs Vorschlag hin fuhren wir zum Starnberger See und besuchten den alten Gasthof in Leoni. In herbstlichen Farben leuchtete es ringsumher, so weit das Auge reichte. Herabgefallenes Laub bedeckte die Wege. Man konnte sich kaum vorstellen, daß dies der Schauplatz der Galagarderoben der Sommertage gewesen sein sollte. Die Wirtin erschien mit aufgelösten Haaren und den Haarnadeln in der Hand, um uns zu begrüßen. Sie rief mir zu; „Doktor, Sie sind ja wiedergekommen!“ Da wußte ich, daß es doch kein Traum war, daß ich einst hier schöne Tage verlebt hatte.

28. Oktober

Von *Renk* eingeladen, ging ich mit ihm in die Stadtkonzerthalle *„Odeon“,* um die neu installierten Abendbeleuchtungen und Belüftungsanlagen zu testen und deren Vor- und Nachteile herauszufinden. Am späten Abend kehrte ich in meine Unterkunft zurück. Von zu Hause ist Post gekommen.

30. Oktober

Der Wirt des Lokals „Schnöll“ ist in ein Haus neben der *Frauenkirche* umgezogen. Da sein Lokal lange Zeit Stammlokal der Japaner war, sind wir nicht so recht glücklich darüber, daß er umgezogen ist. Es ist aber auch grotesk, wie manche sich wegen der Trennung von Käthe grämen.

31. Oktober

Zusammen mit Albert, dem Sohn von Hauptmann Karl, *Otto* und *Lise,* den Kindern von *Schaumberg,* Katôs Wirt, und anderen war ich im *Panopticum.* Dort sind Wachspuppen ausgestellt, die den Kaiser, die Kaiserin,

Odeonsplatz

berühmte Persönlichkeiten und besondere Schönheiten darstellen sollen. Bei einigen Figuren wie bei der des Dichters Joseph *von Scheffel*[65] konnte man sich die Menschen leibhaftig vorstellen.

1. November

Nakahama Tôichirô ist aus Leipzig gekommen. Er teilt mit mir das Labor von Prof. Pettenkofer.

3. November

Ich habe mich mit einigen Japanern getroffen, die zur Zeit in München weilen, um den Geburtstag des Tennô zu feiern. Für die Feier hatten wir das *„Hôtel Stadt London"* auserkoren. Das ist der neue Gasthof von Schnöll. Der Assistenzprofessor *Schwager* hat einen Blumenstrauß geschickt.

7. November

Ich habe mich heute anläßlich des Tennô-Geburtstages mit meinen Landsleuten zusammen fotografieren lassen.

9. November

Am Abend ging ich mit Nakahama am Isar-Ufer entlang spazieren. Der Mond schien wundervoll.

13. November

Tanba Keizô war in *Budapest.* Auf dem Rückweg hat er bei mir vorbeigeschaut. Da heute Sonnabend ist, lud er uns zu einem Ausflug nach Leoni ein. Mit dem Zug fuhren wir bis Starnberg. Dort mieteten wir zwei Droschken und umrundeten den See. So landeten wir in Leoni, wo wir uns etwas zu trinken bestellten und uns vergnügten. Wir werden auch hier übernachten.

14. November

Am Morgen wachte ich im „Gasthof Leoni“ auf. Die anderen schliefen alle noch. Ich trank eine Tasse Kaffee und wanderte dann zu einem kleinen Tempel auf der Rottmannshöhe. Den hatte ich mir nämlich, als ich zur Sommerfrische hier war, noch nicht angeschaut. Rechter Hand erstreckten sich die Alpen. Wie sie da im Morgenlicht erstrahlten, das war so schön, daß mir einfach die Worte dafür fehlen. Zur Mittagszeit bestellte ich ein Boot, um damit zurückzukehren. Die anderen wollten die herrliche Landschaft auch am Nachmittag genießen und sind noch geblieben. Tanba begleitete mich bis zur Bootsanlegestelle. Er schaute dem sich entfernenden Boot nach und schwenkte zum Abschied sein Taschentuch. Plötzlich verlor er den Halt und rutschte mit dem Fuß ins Wasser. Zum Glück war das Wasser an dieser Stelle nicht tief, so daß er sich nicht weiter verletzte.

16. November

Nakazawa[(66)] ist aus Berlin gekommen. Er studiert angewandte Chemie und ist ein Meister im Billard-Spiel.

17. November

Von zu Hause ist Post gekommen.

18. November

Es hat geschneit. Am Abend traf ich mich mit Nakazawa im Gasthof „Grünwald“. Wir haben dort Kastanien gegessen. Geröstete Kastanien werden in der Winterzeit reichlich und immer von Italienern verkauft. Ihre Rufe „Kastanien, mein Herr!“ – *“Maroni, Signore!“* hallen durch die Straßen.

21. November

Ich habe bei Hauptmann Karl mit Mittag gegessen.

Am Abend trafen wir uns im Gasthof „Wolf", um Harada Naojirô zu verabschieden. Auch seine Geliebte Marie war da. Haradas Schatz ist schwanger.

22. November

Früh morgens um 7 Uhr 15 habe ich Harada zum Bahnhof begleitet. Er reist über die Schweiz nach Italien, und von Frankreich aus dann mit dem Schiff weiter.

29. November

Von zu Hause ist Post gekommen. Lehmann hat stellvertretend für mich in der *Gesellschaft für Morphologie und Physiologie* über die Ergebnisse meiner Experimente mit Alkohol(67) gesprochen. Er erhielt großen Beifall von den anwesenden Herren.

4. Dezember

Der Direktor der Medizinischen Hochschule Miyake ist nach München gekommen.

6. Dezember

Miyake war in unserem Labor und hat sich mit Prof. Pettenkofer unterhalten.

7. Dezember

Ich habe Hauptmann Karl besucht.

12. Dezember

Ich habe Miyake zum Bahnhof begleitet. Er will nach Rom fahren.

16. Dezember

Aus Paris habe ich die „*Traité d'Hygiène"(68),* eine Schrift für Hygiene von *Michel Livy,* bekommen. Damit habe ich mir zum ersten Mal ein Buch zur französischen Medizin gekauft. Daher diese Notiz.

17. Dezember

Prof. Pettenkofer hat mich eingeladen. Vor einiger Zeit hatte ich ihm meinen Anti-Naumann-Artikel anvertraut, den Versuch eines Angriffs auf Naumanns Artikel in der *„Allgemeinen Zeitung" „Land und Leute der japanischen Inselkette*[(69)]*"* und seinen Vortrag „Über Japan" vor der Münchener *Anthropologischen Gesellschaft* (deren Vorsitzender *Rüdinger*[(70)] ist). Der Inhalt des Artikels von Naumann stimmt im großen und ganzen mit dem seiner Festrede im Dresdener Verein für Erdkunde überein. Nun verbreitet er dieses lügenhafie Geschwätz wohl noch in allen möglichen Städten Deutschlands. Dabei bleibt es nicht einmal beim bloßen Reden, nein, diese Lügen gelangen sogar in die „Allgemeine Zeitung", die in der Welt der deutschsprachigen Wissenschaften über einen guten Ruf verfügt. (Der Wert dieser Zeitung läßt sich wohl auch daran ermessen, daß sich der durch seine satirisch-kritischen Werke berühmt gewordene Literat *Johannes Scherr*[(71)], der im vergangenen Monat in Zürich (Schweiz) verstorben ist, bis in seine letzten Stunden selbst am Krankenbett noch hat daraus vorlesen lassen.) Wie beklagenswert! Meine Gegenschrift hatte ich erst von einem Freund verbessern lassen und sie dann Prof. Pettenkofer mit der Bitte anvertraut, daß er sie in seinen Mußestunden einmal durchsehen und, wenn es möglich wäre, sie an seinen Freund *Braun,* den Herausgeber der „Allgemeinen Zeitung", schicken möge. Aus diesem Grunde hatte Prof. Pettenkofer mich heute eingeladen. Er überreichte mir einen Brief und sagte: „Ich habe Ihre Gegenschrift gelesen. Sie können selbst mit dem Manuskript und diesem Brief zum Verlag gehen. Auch

Braun wird sich sicher freuen, einen solch seltenen Literaten kennenzulernen. Meinen Brief sollte ich vor Ihnen nicht geheimhalten. Ich werde ihn Ihnen vorlesen, hören Sie bitte zu." Der Wortlaut war in etwa folgender: „Der Wissenschaftler Mori ist *Mitarbeiter* an meinem Hygienischen Institut. Er hat in der Zeitung einen Artikel von Dr. Naumann gelesen, ist über die Abweichungen von der Realität in höchstem Maße empört und hat eine Gegenschrift dazu verfaßt. Herr Mori verfügt nicht nur über eine Ausbildung auf dem Gebiet der Medizin und der Naturwissenschaften, sondern hat auch viel in- und ausländische Literatur studiert und besitzt weitreichende Kenntnisse in der alten und neuen Geschichte, was er in seiner Schrift auch unter Beweis stellt. Heißt es nicht in einem lateinischen Sprichwort: 'Wer ein gerechtes Urteil fällen will, kann das nur, wenn er beide Seiten, die des Anklägers und die des Angeklagten, gehört hat'? Wenn Sie Naumanns Artikel abgedruckt haben, müßten Sie da nicht auch den Aufsatz von Herrn Mori mit aufnehmen? Ich nehme an, das ist für Sie selbstverständlich. Meines Erachtens besteht kein Anlaß zu befürchten, daß dieses Land, für das so ein warmes Herz schlägt *(das Land, wo ein so warmes Herz für ihn schlägt),* untergehen könnte, wie Naumann befürchtet." Prof. Pettenkofer las mir den Brief bis zu Ende vor, holte mein Manuskript hervor, zeigte mir die Stellen, die er verbessert hatte, und fragte mich, ob ich damit einverstanden sei. Dann übergab er mir Manuskript und Brief und sagte:

„Gehen Sie zu ihm. Das haben Sie gut gemacht. "Der Professor macht nie viele Worte. Aber seine wenigen einfachen Worte gehen zu Herzen. Ich dankte ihm für sein wohlwollendes Entgegenkommen, verabschiedete mich, verließ das Labor und ging in das Redaktionsbüro in der Schwanthalerstraße 71,wo ich *Otto* Braun traf, einen beleibten älteren Herrn. Ein hellblonder Bart umrahmte sein

vierschrötiges Gesicht. Er schaute sich mein Manuskript und dessen Titel sowie den Brief des Professors an und fragte: „Sie haben das selbst geschrieben ?" – „Jawohl." – „Naumann ist zur Zeit in München. Kennen Sie ihn persönlich?" – „Ich kenne ihn vom Sehen schon von früher her, weiß aber nichts Genaueres über ihn." – „Naumanns Aufsatz entspricht im großen und ganzen meinen Ansichten. Steht denn tatsächlich etwas darin, was nicht mit der Wirklichkeit übereinstimmt?" – "Und nicht nur eine Sache!" – „In den nächsten vierzehn Tagen werde ich Ihren Aufsatz veröffentlichen. Es wird sich schon eine Gelegenheit ergeben. Übernehmen Sie selbst die Textkorrektur?" – „Ja." Ich ließ meine Visitenkarte mit meiner Adresse da, vereinbarte einen weiteren Termin mit ihm und ging nach Hause. Oh ja, selbst Roth, der große Japanfreund, hatte Naumanns Rede gehört und konnte nicht begreifen, warum ich damit so unzufrieden war. Braun kennt mich nicht und hat auch mein Manuskript noch nicht gelesen. Da ist es überhaupt nicht verwunderlich, daß er am Wert meines Aufsatzes zweifelt.

18. Dezember

Am Vormittag kam ein Beamter vom Zeitungsverlag. Der vollständige Aufsatz ist bereits gedruckt. Vermutlich hat Braun das Manuskript gleich nach meiner Heimkehr gelesen und auf seinen Inhalt geprüft. Ich habe sofort Korrektur gelesen und den Aufsatz wieder mit zurückgegeben. Um ein Uhr mittags ging ich zu einem Empfang von Prof. Pettenkofer in die *„Restauration Schleich"*. Mit den Gattinnen des Professors und Renks waren auch zwei Damen anwesend. Ich saß zur Linken der Gattin des Professors und Renks Gattin mir gegenüber. Zu den Gästen zählten die Assistenten des Professors und Nakahama Tôichirô. Der Meister erhob sich und hielt eine Rede: „Meine Frau und ich, wir haben es zu unserem alljährlichen Vergnügen gemacht, uns am Jahresende mit Ihnen, die Sie mir in meiner Arbeit zur Seite stehen und Freud und Leid mit mir teilen, zu versammeln und Sie zu einem bescheidenen Essen einzuladen. In diesem Jahr gibt es einen ganz besonderen Anlaß zu feiern. Sie wissen schon, was ich damit meine. (Renk schielte zu seiner Frau. Sie sind frisch verheiratet.) Noch eins wäre zu sagen. Wenn ich Sie alle so vor mir sehe, dann muß ich an jene denken, die früher Freud und Leid mit mir geteilt haben und heute nicht unter uns weilen. Ich denke da an Soyka, *Wolfhügel*(72) und Ogata. Auf dieser Zusammenkunft sollten wir unserer alten Freunde gedenken, neue Freundschaften pflegen und nicht vergessen, gemeinsam nach neuen wirklichen Fortschritten auf dem Gebiet der Hygienewissenschaft zu streben.“ Renk antwortete in unserem Namen. Um 3 Uhr nachmittags war die Feier zu Ende. Ich wußte, was der Professor damit meinte, wenn er sagte „jene, die Freud und Leid mit mir teilen“. Schließlich ist er nicht mehr der Jüngste. In seinen Debatten mit Koch zeigt er jedoch zuweilen noch die Energie eines nachschwingenden Bogens. Wenn er sieht, welche Verehrung wir ihm entgegenbringen und daß wir zu ihm kommen, um von ihm zu lernen, dann muß wohl sein Herz in seinem Innern dies wie Boten in seine traurige Einsamkeit empfinden.

19. Dezember

Katô gab ein Abendfest. Er hatte junge hübsche Mädchen, die gut singen können, eingeladen und ließ sie ihre Künste vorführen. Wir verabredeten, uns noch einmal mit ihnen zu treffen, woraus aber letztendlich nie etwas wurde. Hamada erzählte uns: „Militärarzt Kikuchi(73) ist jetzt in *Straßburg*. Er hat mir einen Brief geschrieben.“ Von Miura aus Berlin war Post gekommen. Wenn wir etwas haben, das nach Hause geschickt werden soll, sollen wir es schnellstens zu seiner Unterkunft bringen lassen. Wir verfaßten einen Brief und dankten ihm für sein freundliches Angebot.

20. Dezember

Um zehn Uhr vormittags fuhr Renk mit uns zum *Heidhausener* Kunstbutterwerk in der Nähe Münchens. Zu den Ausgangsmaterialien gehören Rinderfett, Kuhmilch, Öl und Salz. Als Nebenprodukt entsteht Hartfett. Es wird komprimiert und von der Kunstbutter getrennt. Die Butter schmeckt nicht besonders gut, ist aber auch nicht unbedingt abstoßend. Ich erfuhr, daß sie nach Norddeutschland und nach England geschickt wird und zur Verpflegung der Fabrikarbeiter gehört. Wenn die Butter mit Salz vermengt und in einer Schachtel aufbewahrt wird, soll sich das Aroma ein halbes Jahr lang halten. Auf dem Rückweg aß ich mit Nakahama in einem kleinen Lokal in der Umgebung Münchens Mittag. Es kostete nur halb so viel wie in der Stadt. Trotzdem konnten wir so viel essen, bis wir satt waren. Daß es keine auserlesenen Delikatessen gab, brauche ich wohl nicht extra zu erwähnen. Aber ein Teller Brühreis (mit Fleischbrühe), ein großes Stück Rindfleisch, gedämpfter Reis mit Butter – das war mehr als genug zum Sattwerden. Als wir das Lokal verließen, warfen wir noch einen Blick von der Maximiliam-Brücke auf die Strömung der Isar. Dichter Nebel hing über den Laubbäumen. Der Fluß mit seinem dunkelgrünen Wasser wand sich zwischen ihnen hindurch. Die Landschaft erinnerte an ein Rollbild. Um diese Zeit blieben trotz der Kälte viele hier stehen. Dann kamen wir am *Karlsthor* vorbei. Dort stand ein Mädchen und rief mir etwas hinterher. Als ich mich umwandte, war es Anna, die früher im „Finsterwalder Café“ immer die Japaner bedient hatte. Sie erzählte: „Ich bin jetzt im *„Café Karlsthor“*.

Kommen Sie mich doch bitte einmal besuchen, wenn Sie Zeit haben!" Am Abend war ich noch im *Hirschbräuhaus* am *Farbergraben* und hörte einen Vortrag des *Demokratischen Vereins.* Als ich in meine Unterkunft zurückkehrte, lag da ein Brief von zu Hause.

21. Dezember

Um 3 Uhr nachmittags ging Renk mit uns in die *Kunstmühle.* In ihrer gewaltigen Größe steht sie der Dresdens um nichts nach. Alle Maschinen werden mit Wasserkraft angetrieben.

22. Dezember

Miyake ist aus Italien zurückgekehrt. Wir haben uns im Gasthof „Grünwald" getroffen. Er erzählte mir: „Die Anlagen für meteorologische Beobachtungen des Hygiene-Instituts der *Firenzer* Universität sind auf keinen Fall schlechter als die in München."

23. Dezember

Hamada hat mich besucht. Ab heute ist das Labor geschlossen.

24. Dezember

Ich habe bei Hauptmann Karl zu Hause mit Abendbrot gegessen und war auch dabei, als die Kerzen auf dem *Christbaum* angezündet wurden. Ich bekam eine Streichholzschachtel geschenkt.

25. Dezember

Von Roth ist ein Brief gekommen. Ihm wurde ein Orden verliehen. Außerdem schreibt er über meine Abhandlung zur japanischen Soldatenkost[(74)], die Mitte Oktober ge-

Hirschhaus am Färbergraben

druckt worden war *(Archiv für Hygiene Bd. V)* und die ich ihm geschickt hatte. Miyake hat mich besucht. Wir haben uns das sogenannte *Edentheater* angeschaut. Es waren nur Taschenspielereien zu sehen, wie sie auch Kitensai Shôichi(75) vorführt.

26. Dezember

Miyake ist wieder abgereist.

28. Dezember

Von zu Hause ist Post gekommen.

29. Dezember

Meine Anti-Naumann-Schrift(76) ist in der Zeitung *(Nr. 360)* erschienen. Bedauernswerterweise habe ich bei der Textkorrektur einige Stellen im einleitenden Teil überlesen. Aber nur insoweit es wesentliche Punkte der Diskussion anbetrifft, werde ich es dem Verlag brieflich mitteilen. Das tue ich einzig aus der Befürchtung heraus, diese Stellen könnten einmal Naumanns Widerspruch erregen. Lehmanns Vortrag über meine Experimente ist in der „*Münchener medicinischen Wochenschrift Nr. 51*“erschienen.

1. Januar 1887

Um null Uhr Mitternacht war ich mit Katô, Iwasa, Nakahama und Hamada auf einem Ball im *„Café l'Anglais"*. Wir erhoben unsere Punschgläser und stießen auf das Neue Jahr an. Um 2 Uhr kehrte ich nach Hause zurück und legte mich schlafen. Heute war ich bei meinem Meistervater, bei Generaloberstabsarzt Lotzbeck und bei Hauptmann Karl, um ihnen zum Neuen Jahr zu gratulieren. Yokoyamas Sohn hat mich besucht. Er geht nach wie vor japanisch gekleidet.

2. Januar

Obermilitärarzt *Körting* hat aus dem fernen Hamburg einen Brief geschrieben und mitgeteilt, daß er zum Regimentsarzt befördert worden ist. Außerdem fragt er, ob ich nicht Lust hätte, zur Marine zu kommen und dort als Truppenarzt zu arbeiten.

11. Januar

In den Zeitungen von gestern und heute (Nr. 10, 11, 1887) hat Naumann mit einem langen Artikel einen Gegenangriff gestartet. Es ist doch wirklich lachhaft, wie er den „Untergang Japans" als einen Fehler des Journalisten bezeichnet und sich damit einfach aus der Schlinge ziehen will. Wie feige ist das doch! Ich habe eine zweite Anti-Naumann-Schrift(1) verfaßt und den Meister darum gebeten, sie durchzusehen.

19. Januar

Von Roth ist ein Brief gekommen. Er gratuliert mir zum Geburtstag. Mit dem Meister war ich in der *Bayrischen Vereinsbank,* wo wir die elektrischen Lampen und die Belüftungsanlagen besichtigten.

21. Januar

Von Lotzbeck bin ich zu einem Ball eingeladen worden. Doch ich hatte schon etwas anderes vor und konnte der Einladung nicht folgen.

23.Januar

In den *Centralsälen* gab der *Bicycle-Club* einen Ball. Auch ich nahm daran teil. *Prinz Arnulf hat* sich mit mir unterhalten. Er saß zusammen mit einem *Staatsrath,* dem *Hofjuwelier,* der Vorsitzenden des Frauenvereins und anderen an einem Tisch. Ich setzte mich dazu und trank mit ihnen.

30. Januar

Von Ishiguro ist ein Brief gekommen. Er schreibt darüber, daß in Japan jetzt der europäische Stil modern sei und die Frauen in ihren Kleidern, nett gesagt, Pfauen und, weniger nett gesagt, europäischen Tintenfässern ähneln.

31.Januar

In der letzten Zeit gibt es viele Temperaturumstürze, und es schneit ungefähr einmal in der Woche. Aber der Schnee bleibt nie liegen.

2. Februar

Von zu Hause ist Post gekommen. Im Umschlag steckten Fotos von Tokujirô, Kimiko und Junzaburô(2).

13. Februar

Auf Einladung der Gattin des Generaloberstabsarztes von Bayern, Frau *Anna von Lotzbeck,* besuchte ich ein *Kindermaskenfest.* Dort begegnete ich dem *Nuncius,* dem Gesandten des Papstes. Sein Name hat gegenwärtig in der politischen Welt einen guten Ruf. Seit dem Jahreswechsel sind die Herzen der Menschen auf dem europäischen Kontinent voller Unruhe. Sie erwarten, daß heute oder morgen der Kriegsbeginn proklamiert wird. Im Osten ist es im Zusammenhang mit *Bulgarien* zwischen Osterreich und Rußland unruhig. Im Westen in Frankreich ist die Kriegsrüstung in vollem Gange. Der Kriegsminister *Boulanger* predigt scheinheilig den Frieden, lauert aber insgeheim auf eine Unachtsamkeit seitens Deutschlands. Das deutsche Parlament indes hat *Bismarck* zu seinem Führer ernannt und dafür gestimmt, daß die Truppenstärke in Friedenszeiten erhöht werden muß. Dazu hat der Führer der Oppositionspartei *Windhorst* erklärt, daß man es nicht nötig habe, dies anzuerkennen. Die Debatte zog sich über mehrere Tage hin. Schließlich gewannen die Oppositionsparteien die Mehrheit. Daraufhin hat Bismarck vor dem Parlament einen Erlaß Kaiser Wilhelms verlesen und das Parlament aufgelöst. Das war am 14. Januar. Der Papst in Rom, der zu jener Zeit mit Bismarck in geheimer Verbindung stand, ließ daher den *Cardinal Jacobini* einen Brief an den derzeitigen Münchener Gesandten *Pietro* senden, in welchem er den Katholiken rät, Bismarck Folge zu leisten. Der Gesandte, den ich nun kennenlernte, ist derjenige, der diesen Brief erhalten hat. Um es kurz zu sagen: Der Papst ist nicht mehr als eine Marionette in den Händen Bismarcks. Demzufolge kann also der Gesandte nur eine Marionette in den Händen einer Marionette sein.

19. Februar

Ich war in der *Westendhalle* zum *Veteranenball.*

20. Februar

Ich habe Frau Anna besucht.

26. Februar

Katô Terumaro fährt nach Wien. Ich habe ihn zum Bahnhof begleitet. Seine Abreise wurde von allen sehr bedauert.

11. März

Auf Einladung von Stabsarzt *Weber* führ ich mit ihm zum *Zacherlkeller* [in der Umgebung Münchens]. Ehemalige Studenten feierten hier im voraus den Geburtstag des Landesherrn. Jener Keller ist nach seinem Spezialbier benannt *(Salvatorbier* alias *Zacherlbier).* Der Saal war mit grünem. Laub geschmückt. In einer Ecke stand eine Büste des Königs. Es waren etwa 600 Gäste anwesend. Die Feier erreichte ihren Höhepunkt, als sich ein Mann erhob und eine Geburtstagsfestrede hielt. Bei seinen lobpreisenden Worten über die Verdienste von Kaiser Wilhelm konnten selbst die Ausländer sich eines Gefühls der Bewunderung und Verehrung nicht erwehren. Um Mitternacht kehrte ich nach Hause zurück. Es lag viel Schnee.

19. März (Sonnabend)

Ich war im Theater.

25. März

Mit Yokoyama Matajirô zusammen besuchte ich *Hirth*(3), einen Mann, der ungeheure Reichtümer angehäuft hat, einen sogenannten Ostasienfreund, der japanische antike Bücher und Gemälde sammelt. Sein Haus findet in seiner Grandiosität nicht seinesgleichen. Jeden Tag kommen Dutzende Leute, um es zu besichtigen. Als wir das Empfangszimmer betraten, waren bereits einige Gäste da, sowohl Männer als auch Frauen. Der Hausherr führte uns durch die verschiedenen Räume. Das Haus hat insgesamt drei Stockwerke. In jedem gibt es irgend etwas Besonderes, das die Gäste in Erstaunen versetzt. Japanische Schwerter, Speere und Rüstungen schmücken die Wände. Das ist höchst seltsam. Eine Dame nahm ihre *Lorgnette* zur Hand und ließ ihr reizendes Stimmchen ertönen: „Oh, wie schön! So etwas Wundervolles kann doch nur ein Genie zuwege bringen!" Für mich ist das einzig und allein eine Frage des Geldes. Was braucht man da Genie? Ich unterhielt mich nur kurz mit dem Hausherrn. Danach, wie er im Alltag lebt, habe ich mich nicht erkundigt. Ich glaube, er ist ein ganz gewöhnlicher Mensch. Von zu Hause ist Post eingetroffen. Daraus erfuhr ich, daß die Schule für Militärmedizin(4) fertig ist. Beim Lesen der Beschreibung eines Tanzballs in der Tôkyôter Mädchenoberschule mußte ich laut und herzhaft lachen. Da stand, daß Iijima eine Schönheit in prächtigen Kleidern, Hozumi dagegen eine häßliche Frau in schäbigen Kleidern gewählt hat, daß man aber von beiden nicht gerade behaupten könne, daß sie gute Umgangsformen hätten. Hozumi gehe nur seinen Neigungen nach und könne sich dabei nicht beherrschen. Alles müsse nach seinem Kopf gehen. Iijima wirke zwar auf den ersten Blick recht interessant, doch über die Frau, die er sich da ausgesucht hat, möchte man sich am liebsten aufregen. Irgendwie mache er sich damit selbst unmöglich. Über den Schlaganfall des ehrwürdigen Herrn Ôkyô(5) hatte ich mir über weite Fernen, über Berge und Meere hinweg vergebens das Herz schwer gemacht. Ogata Shûjirô hat mir ein paar Bände von den „Seltsamen Begegnungen mit schönen Frauen"(6) geschickt. Sie werden mich in meinen einsamen Stunden trösten.

2. April

Ich war mit Yokoyama Matajirô zusammen im Residenztheater. Da wir meinten, wir zwei Männer allein, das wäre langweilig, ließen wir uns von einem jungen Mädchen namens *Fanny Großhauser* begleiten. Das Stück war von *L'Arronge* und hieß *„Dr. Klaus"*. Der Held war ein Arzt. Eines Abends besuchte er gemeinsam mit seiner Frau und seiner Tochter ein Bankett. Als dieses gerade seinen Höhepunkt erreichte, kam sein Diener und meldete ihm, daß ein Kranker nach ihm verlange. Sofort wollte er zu diesem eilen. Seine Frau versuchte zwar, ihn aufzuhalten, aber er hörte nicht auf sie. Da sagte seine Tochter: „Ich schwöre, daß ich nie die Frau eines Arztes werde." Darauf erwiderte der Held: „Bitte hör auf die Worte deines Vaters. Ich war gerade frisch verheiratet und mit meiner Frau auf einem Abendball, da wurde mir die Kunde von dem tragischen Fall einer Kranken in einem armen Hause übermittelt. Ich befürchtete, meine junge Frau vor den Kopf zu stoßen, faßte mir ein Herz und eilte nicht von dannen. Nach dem Fest brachte ich zunächst meine Frau nach Hause, ging dann aber sofort, ohne auch nur meine Kleidung zu wechseln, zu der Kranken. Als ich dort eintraf, sah ich im dunklen Schein einer Lampe an der abbröckelnden Wand ein Kind neben seiner toten Schwester hocken. Ich wandte mich zu dem Bett und untersuchte das Mädchen gründlich. Die weiße Rose, die am Abendanzug deines Vaters befestigt war, fiel plötzlich auf das Bett. Das Kind nahm sie auf und berührte sie mit seinen Lippen und rief: *'Arme Schwester!'* Dieses Bild steht mir gerade jetzt vor Augen." Als er das sagte, kamen mir die Tränen. Auch seine Tochter weinte und sagte: „Und ich hatte geschworen, nie die Frau eines Arztes zu werden!" Der Held lächelte und meinte dann: *„Du, ein Närrchen!"* Als er im Begriff war, seinen Platz zu verlassen, ging der Vorhang nieder. Diese Szene hat die Zuschauer tief berührt. Der Beifall wollte kein Ende nehmen.

3. April

Von zu Hause ist Post gekommen.

4. April

Ich unterhielt mich heute mit dem Meister im Labor und erklärte ihm, daß ich vorhabe, nach Berlin zu fahren. Ich vertraute ihm einige Manuskriptseiten an, auf denen ich die Ergebnisse meiner Münchener Experimente festgehalten hatte, und bat ihn darum, die Formalitäten für deren Veröffentlichung zu übernehmen. *(Uber die diuretische Wirkung des Bieres; Über Agrostemma Githago; Ethnographischhygienische Studie über die Wohnhäuser der Nipponer; Experimentelle Untersuchungen über die giftige Wirkung des Anilindampfes*[(7)]*)* Nach dem Mittag ging ich mit Iwasa im Englischen Park spazieren und besuchte seine neue Wohnung.

5. April

Am Nachmittag fuhr ich gemeinsam mit Hamada, Nakahama und Iwasa nach Großhessellohe, wo wir uns die Füße in der Isar wuschen. Wir tranken eine Schale frische Milch, um alsbald wieder nach München zurückzukehren.

9. April

Das Manuskript für ein Buch über die Fortschritte auf dem Gebiet des Militär-Sanitätswesens ist fertiggestellt. Ich habe es Ishiguro mit der Post zugeschickt.

11. April

Mit Nakahama, Hamada und Iwasa war ich auf dem Starnberger See Boot fahren.

12. April

Die italienische Zeitschrift „Neue medizinische Nachrichten“ ist eingetroffen. Mein Artikel über Soldatenkost ist darin abgedruckt.

14. April

Ich suchte meinen Meistervater, den Generaloberstabsarzt und Hauptmann Karl auf, um mich von ihnen zu verabschieden. Meinen Meistervater traf ich jedoch nicht an, denn er war zufällig gerade in *Augsburg*.

15. April

Am Vormittag traf ich Nakahama. Ich habe mich von ihm verabschiedet.

Tausende Meilen
entfernt von den Meinen
leicht das Gepäck
die Begegnung
mit dem Landsmann
Sehnsucht nach der Heimat weckt
heute morgen
zum Abschied
das Bier
aus der Hauptstadt der Priester
Tränen in den Augen
mit dem Frühlingswind
in Richtung der Festung
der fliegenden Federn.

(Eigene Anmerkung: Der Name der Stadt München bedeutet soviel wie Priester. *„monacus“* ist eine berühmte Biersorte. Die alte Bezeichnung für Berlin *„perlin* “bedeutet Federnrupfen. In alten Zeiten hielten die Menschen hier

Kühe und Ziegen.) Zum Abschied schrieb ich ein Gedicht für das Poesiealbum eines Tanzlehrers. Die Überschrift lautete:

Ein Tanzlied nach Wunsch
Spiegelglatt und glänzend der Saal
lichtes Gefunkel
bezaubernde Mädchen
schwer fällt die Wahl
die Schminke dezent oder grell
das Kleid hell oder dunkel

Musik erklingt
so himmlisch und rein
die schmucken Schuhchen
im Takte gar fein
die Paare im Tanz
sich wie Brautpaare drehn

Der fernöstliche Gast
gar würdevoll
der Anzug schwarz
der Kragen weiß
nicht weniger schmuck
als die blauäug'gen Herrn
schwenkt leicht
das hübsche Mädchen im Kreis

Keine Zeit zu ordnen
das goldene Haar
zart duftend dringt
Schweiß durch das leichte Gewand
das Stück naht dem Ende
wie schwer doch der Abschied

Flüstern und zögern
Hand in Hand
vielsagende Blicke
aus schönen Augen
sein reines Herz
hat sie erkannt

Im Buch der Oden
ist Tanzen Sünde
doch zum Tanz geht hier
selbst ein Ehrenmann

Um 6 Uhr 15 bestieg ich den Zug und verließ München.

15. April

Ich habe München verlassen und befinde mich nun auf dem Weg in das preußische Berlin, wo ich mich unter der Anleitung von *Robert Koch* der Forschung auf dem Gebiet der Bakteriologie widmen möchte. Yokoyama Matajirô war zum Bahnhof gekommen, um mich zu verabschieden. Die anderen wußten nicht, wann ich abfahre. Es bringt ja auch nichts ein, jemanden, der lediglich innerhalb des Landes verreist, großartig zu verabschieden. Deshalb habe ich auch niemandem weiter Bescheid gesagt. Der Zug war kaum abgefahren, da bemerkte ich plötzlich im Abteil einen ganz merkwürdigen Geruch. Eine Dame im selben Abteil meinte, so würden tote Ratten riechen. Wir schauten unter den Sitzen nach. Es war jedoch nichts zu entdecken. Ich sagte: „Der Geruch erinnert an den verbrannter Braunkohle. Vielleicht entweicht Gas aus einem Leitungsrohr der Wagenlaterne." Ich stand auf und roch an der Glasglocke, die das Lampenlicht abschirmte. Ganz wie ich befürchtet hatte, stellte ich fest, daß der Geruch an der einen Seite der Glocke besonders intensiv war. Am nächsten Bahnhof bat ich darum, das Abteil wechseln zu dürfen. Da es jedoch keine freien Abteile mehr gab, konnte meiner Bitte nicht entsprochen werden. Als ich daher das Abteilfenster öffnete, beschwerte sich eine Dame, sie könne keine Kälte vertragen. Ich litt entsetzlich. In *Nürnberg* angekommen, konnte ich endlich in ein anderes Abteil überwechseln. In diesem wiederum war es so voll, daß ich fast erdrückt wurde. Die ganze Nacht fand ich keinen Schlaf

16. April

Gegen Mittag kam ich in Berlin an und stieg in „*Töpfers Hôtel*“ ab. Am Nachmittag war ich in der Gesandtschaft und meldete meine Ankunft. Abends traf ich im Speisesalon Yokura[(8)], einen Tierarzt. Er erzählte mir, daß er früher in Amerika studiert hat.

17. April

Ich habe Taniguchi Ken besucht. Er wohnt mit Nagura Kôsaku[(9)] zusammen. Nagura ist Tomofumi‘s[(10)] Sohn und Assistenzarzt. Gemeinsam waren wir im *Thiergarten* und erklommen die Stufen am Fuße der Siegessäule. Als wir unsere Blicke umherschweifen ließen, sahen wir überall nur Häuser und Rauch. Gleich westlich der Säule liegt der Garten. An den Bäumen konnte ich bereits die Knospen sprießen sehen. So erfuhr ich: Der Frühling steht vor der Tür.

18. April

Ich habe mit Taniguchi zusammen die beiden Generalmajore Nogi[(11)] und Kawakami[(12)] in ihrem Hotel besucht. Auch Hauptmann Ijichi war da. Nogi ist ein Mann von hohem Wuchs mit einem riesigen Schädel und einem verschwiegenen, strengen Charakter, Kawakami von hagerer Gestalt und äußerst redegewandt. Über zwei Stunden lang hat er sich mit uns unterhalten. Es ist ganz erstaunlich, wie gut er sich in der Abteilung für Militärsanitätswesen auskennt. Er sagte: „Hashimoto ist nur ein guter Techniker, Ishiguro dagegen äußerst fähig. Daher sollte er mehr eingesetzt werden. Ogata ist dumm und unselbständig." Weiterhin fügte er hinzu: „Wenn Länder des Verbandes des Roten Kreuzes den Kriegsbeginn erklären, dann müssen auch die japanischen Militärärzte all ihre Kräfte geben. Und wer von uns ist dann dazu in der Lage? Ich hoffe nur, daß sich dann noch einige Dutzend solcher Männer wie Sie beide finden lassen." usw. Heute habe ich mir ein Zimmer gesucht. *(Berlin N. W; Marienstraße 32 1 bei Frau Stern.)*

19. April

Ich habe Rechnungsführer Noda Hiromichi[13] besucht und am Abend bei Taniguchi Kumakawa Muneo getroffen.

20. April

Kitazato kam zu mir, um zusammen mit mir zu *Koch* zu gehen. Ich schloß mit Koch einen Lehrvertrag ab. Anschließend waren wir im „*Café Continental*". Dort trafen wir zufällig *Peňa y Fernandes,* einen Südamerikaner, der zu meinem Bekanntenkreis in Dresden gehörte. Auch er studiert bei Koch.

21. April

Ich habe Vicomte Kamei[14] besucht und bei ihm Kusunoki Hidetarô[15] kennengelernt. Vicomte Kamei ist ein hagerer Mann mit einer blaßbläulichen Gesichtsfarbe. Sein Anblick läßt einen erschaudern. Er hatte von zu Hause einen Yukata geschickt bekommen und schenkte ihn mir. Ich fragte ihn: „Haben Sie schon einen guten Lehrer gefunden?" – „Noch

Mori Ôgai Gedenkstätte: Ôgais Zimmer in der Marienstraße 32, der einzig erhaltenen Wohnstätte in Deutschland

nicht." – „Hätten Sie gern einen Lehrer?" – „Darüber habe ich noch nicht nachgedacht."– „Warum sind Sie eigentlich nach Europa gekommen?" –„Um *Ästhetik* zu studieren." – „Soviel ich weiß, gibt es da einen Herrn *Müller*. Den kann ich Ihnen als Deutschlehrer nur empfehlen. Wenn Sie wollen, sage ich ihm Bescheid, und er wird zu Ihnen kommen." Dann verabschiedete ich mich und ging nach Hause. Am Nachmittag besuchte ich Takeshima Tsutomu. Er ist Assistenzarzt.

22. April

Ich habe Aoyama Tanemichi besucht, und Vicomte Kamei war bei mir zu Gast.

23. April

Ich habe Müller aufgesucht und ihn darum gebeten, zu Vicomte Kamei zu gehen, um mit diesem die Frage des Sprachunterrichts zu besprechen.

24. April

Müller kam zu mir und erzählte mir folgendes: „Heute früh war ich bei Vicomte Kamei, habe ihn aber nicht angetroffen. Ich fühle mich immer älter und schwächer und möchte nicht mehr so viel herumlaufen. Würden Sie bitte Vicomte Kamei Bescheid sagen, daß er zu mir kommen soll." Ich habe zugesagt. Dr. Roth hat das Manuskript für die Jahresberichtsunterlagen fertiggestellt und es mir zugeschickt.

25. April

Ich war auf dem Polizeirevier, um mich anzumelden. Desweiteren habe ich heute mit Hauptmann Yamane gesprochen. Von Ishiguro ist ein Brief gekommen. Am Abend ging ich zur Geburtstagsfeier von Takeshima.

26. April

Kumakawa Muneo war bei mir. Wir gingen zusammen in ein italienisches Restaurant und aßen dort zu Abend. Kumakawa scheint der zielstrebigste und fleißigste unter den jetzt hier weilenden Medizinstudenten zu sein.

27. April

Von zu Hause ist Post gekommen.

29. April

Ich habe Shimada besucht. Auch Ogura, Tsumaki[(16)] und Kaji[(17)] waren da. Ogura, ein junger Mann, hat, wie er uns erzählte, Politologie studiert. Tsumaki ist Architekt und Kaji Maler.

30. April

Am Abend war ich bei Kumakawa. Wir haben japanisch gegessen.

1. Mai

Ich wollte Noda Hiromichi besuchen, traf ihn aber nicht an.

2. Mai

Der Monatskurs für Bakteriologie hat begonnen. Die Vorlesungen werden von *Frank*[(18)] und *Fränkel*[(19)] gehalten. Heute traf ich im Hygiene-Institut der Universität *Renk*. Er war früher Assistent bei Prof Pettenkofer. Jetzt hat er Wolffhügel im Regierungsamt für Hygiene abgelöst.

6. Mai

Von Ishizaka ist Post gekommen.

7. Mai

Zu einer Abschiedsfeier für die beiden Herren Aoyama und Satô (Sankichi) trafen wir uns im Restaurant *„Klette" (Karlstraße).*

8. Mai (Sonntag)

Als ich am Nachmittag die *Louisenstraße* entlangschlenderte, sah ich zufällig, wie *Roth* in eine Droschke stieg. So erfuhr ich, daß er in Berlin ist. Am Abend suchte ich ihn zusammen mit Taniguchi im Hotel auf. Wir sprachen über den Jahresbericht.

12. Mai

Ein Geheimtelegramm ist gekommen, das Ishiguros Kommen ankündigt. Unterwegs traf ich *Golebiewsky.* Er war früher Militärarzt in Sachsen. Da er oberflächlich und leichtfertig ist, hat er seine Stelle verloren. Jetzt praktiziert er in Berlin.

13. Mai

Ich habe Aoyama zum Bahnhof Friedrichstraße begleitet.

14. Mai

Von zu Hause ist Post gekommen.

24. Mai

Prof. Koch fuhr mit uns, das heißt Kitazato, Kumakawa und mir, nach *Stralau,* wo wir ein Wasserreservoir besichtigten. Auf dem Rückweg kamen wir durch *Rummelsburg* das an einem kleinen See gelegen ist. Die Landschaft dort ist wunderschön. Ein paar Ausflügler, Männer und Frauen, spielten hier ganz unbekümmert Versteck. Vor Erstaunen hat es uns die Sprache verschlagen.

25. Mai

Am Abend luden wir, die am Bakteriologie-Kurs teilnehmenden Studenten, nach einer kurzen Beratung die beiden Dozenten Frank und Fränkel ins *„Münchenerbräu"* *(Französische Straße)* ein und bewirteten sie.

27. Mai

Der Monatskurs für Bakteriologie ist zu Ende. Ich habe meine Arbeit an Prof. Kochs Hygiene-Institut begonnen.

28. Mai (Sonnabend)

Am Nachmittag war ich mit Kaji im *„Café Krebs"(Neue Wilhelmstraße).* Dort gibt es viele schöne Frauen, angeblich Freudenmädchen. Ein Mädchen war dabei, das kannte sogar Romane des Russen *Turgenieff.* Da kann man sich nur wundern.

29. Mai

Ich war zum ersten Mal im Yamato-Club. Dieser Club ist von Japanern, die in Deutschland leben, gebildet worden. Zu seinem Vorstand gehört unter anderem auch Komatsubara Eitarô. Die Veranstaltungen finden jeweils am letzten Sonntag im Monat statt. Da wird Bier getrunken und Zeitung gelesen, nur um die Zeit totzuschlagen. Hauptmann Fukushima(20) ist unlängst in Berlin eingetroffen. Auch er war im Club. Fukushima ist Offizier im Dienste der Gesandtschaft und mit der Beaufsichtigung der Auslandstudenten in Deutschland beauftragt. Auch ich stehe unter seiner Aufsicht.

30. Mai

Von zu Hause ist Post gekommen. Ich erfuhr, daß in der Zeitung „Nichi-Nichi-Shinbun" mein Artikel „Die Wahrheit über Japan" in einer Übersetzung von Koike erschienen ist.

31. Mai

Ich bekam von Prof. Koch ein Forschungsthema für praktische Versuche. Am Abend trafen wir uns bei den Generalmajoren Nogi und Kawakami. Angefangen mit Prinz Komatsu(21) waren alle Offiziere versammelt, die zur Zeit in Berlin sind. Es gab ein Bankett mit Bier, Wein, Tee, Gebäck und anderen Köstlichkeiten. Wir beschlossen, uns von nun an jeden zweiten Sonntag im Monat hier zu treffen.

1. Juni

Die Zeit der langen Tage und kurzen Nächte, die ein Südländer selbst im Traum nicht kennenlernt, hat begonnen. Die armen Frauen, die auf das Fensterbrett gestützt an ihrem Nähzeug sitzen, freuen sich, daß sie Lampenöl sparen. Und es ist äußerst drollig, wie die Betrunkenen, die um Mitternacht die Kneipen verlassen, die Straßenlaternen als lange Taugenichtse beschimpfen. Zur Zeit studiere ich hauptsächlich Bakteriologie. In den Vorlesungen von Prof. Koch treffe ich Kitazato und Kumakawa. Ein- bis zweimal in der Woche erhole ich mich in der näheren Umgebung der Stadt. Es gibt nichts Schöneres für mich!

4. Juni

Mit Kitazato und Kumakawa ging ich in einen privaten Park am *Gesundbrunnen.* Uns begegneten hier nur wenige Erholungssuchende, sicher weil es abends doch noch etwas frisch ist.

7. Juni

Am Abend war ich bei Kumakawa und wurde mit japanischem Essen bewirtet.

12. Juni (Sonntag)

Wir haben uns wieder bei den beiden Generalmajoren Kawakami und Nogi getroffen.

15. Juni

Ich habe meinen Wohnsitz in die Nähe des Hygiene-Instituts[22], in die *Klosterstraße* verlegt *(Nr. 97 1 bei A. Käding; Berlin C)*. Dafür, daß ich hierher umgezogen bin, gibt es verschiedene Gründe. Als offiziellen Grund gebe ich zwar immer die Nähe zum Hygiene-Institut an, aber das ist ganz und gar nicht der Hauptgrund. Die Wirtin in der Marienstraße, Frau *Stern,* ist Witwe und etwa vierzig Jahre alt. Sie wohnt zusammen mit ihrer Nichte *Trudel* (Abkürzung von *Gertrud)*. In ihrer Oberflächlichkeit finden sie nicht ihresgleichen. Sie sind äußerst schwatzhaft, gehen gern aus und sagen immer, daß sie eher stürben, als ständig sittsam zu Hause zu sitzen. Daher ist nie jemand da, der meine Post entgegennimmt oder meinen Besuch empfängt, wenn ich im Institut bin. Auch kann ich es nicht leiden, daß die siebzehnjährige Trudel spätabends noch in mein Zimmer kommt und sich auf mein Bett hockt, um mit mir zu plaudern. Natürlich sind die beiden Frauen nicht von Natur aus boshaft. Noch dazu sind ihre Absichten auf den ersten Blick zu durchschauen. Doch bisher hatten sie eben keinen Umgang mit Städtern höherer Bildung und beschimpfen daher Leute, die sich mit der Wissenschaft befassen, als *Stockgelehrte,* und mich als deren Oberanführer. Weil mir das nicht paßt, bin ich ausgezogen. Meine jetzige Wohnung liegt im Osten der Stadt, nicht weit vom sogenannten *Alt-Berlin,* und wird von einigen auch als Schlupfwinkel der Schurken und Dirnen bezeichnet. Doch das stört mich nicht. Schließlich muß ich mir ja meine Bekannten nicht gerade in der Nachbarschaft suchen. Erfreulich ist, daß das Haus ganz neu und groß ist. Meine

Freunde kamen, um es sich anzuschauen, und konnten nicht anders als staunen. Die Straße vor dem Haus wurde mit Asphalt überzogen, so daß die Droschken geräuschlos dahinrollen. Und weil spätabends ohnehin nur wenig Verkehr ist, gibt es überhaupt nichts mehr, was mich beim Lesen stören könnte. Da der Wirt Käding ein Restaurant eröffnet hat, kann ich die drei Mahlzeiten auch gleich im Hause einnehmen. Bis zum Hygiene-Institut sind es zu Fuß nur fünf Minuten. Was will ich mehr!

16. Juni

Am Abend war ich mit Kumakawa und Kitazato im *Bellevue-Park.* Dort sahen wir Golobiewsky zusammen mit einer Dirne beim Trinken. Wir haben nicht mit ihm gesprochen.

20. Juni

Von zu Hause ist Post gekommen.

26. Juni

Am Abend besuchte ich Taniguchi. Er erzählte mir, daß er eng mit Fukushima, der die Auslandstudenten beaufsichtigt, befreundet sei und diesem bereits eine hübsche Frau vermittelt habe.

28. Juni

Ich habe Hauptmann Hayakawa besucht. Wir haben Kirschen gegessen und geplaudert.

30. Juni

Vicomte Kamei schenkte mir ein Visitenkartentäschchen. Ich hatte sein Magenleiden geheilt. Daher erhielt ich wohl auch dieses Geschenk. Heute meinte Kitazato zu mir:

„Takeshima Tsutomu hat den Befehl bekommen, nach Japan zurückzukehren. Wußtest du das schon?“ – „Ja, ich habe schon davon gehört.“ – „Geht man nach den Worten Shimadas, dann scheint es so, als ob Fukushima den Verleumdungen Taniguchis Glauben geschenkt und daher diesen Befehl erteilt hat. Was meinst du dazu? Wenn Ishiguro kommt und ich mich mit ihm treffe, hoffe ich zu erfahren, ob er Taniguchi glaubt.“ – „Ishiguro zu fragen, ob Taniguchi recht hat oder nicht, hat wahrscheinlich keinen Sinn. – „Ich hätte sowieso nicht gewagt zu fragen.“

2. Juli

Am Abend habe ich Vicomte Kamei besucht. Es hat mächtig gestürmt und geregnet. Von Ishiguro Tadanori ist ein Brief aus *Genua* gekommen.

17. Juli

Aus München kam ein Telegramm von Nakahama Tôichirô, in welchem er mir Ishis[(23)] Abreise von dort mitteilt. Ich fuhr zum Bahnhof, um ihn zu empfangen. Er kam zusammen mit Vicomte Matsudaira Noritsugu[(24)], dem Universitätsprofessor Taguchi[(25)], dem Deutschen *Disse* und Kitakawa Otojirô[(26)]. Ich begleitete sie zum *„Hôtei Kronprinz“,* wo sie auf meine Empfehlung Quartier nahmen. Ich hatte nur Taniguchi Bescheid gesagt, daß Ishi heute kommt. So erschien auch er zur Begrüßung. Die anderen zu benachrichtigen, hatte ich keine Zeit mehr gefunden.

18. Juli

Hauptmann Yamaguchi und Hauptmann Iguchi[(27)] sind angekommen. Sie wohnen am *Friedrich-Karl-Ufer 1 bei Frau Fusch.* Auch Ishi ist dorthin umgezogen.

19. Juli

Ich habe für Ishi einen Sprachlehrer engagiert. Es ist der bereits erwähnte Müller.

21. Juli

Ich habe für Ishi einen Bericht über den Beitritt der japanischen Regierung in den Rot-Kreuz-Verband angefertigt.

22. Juli

Ishi hat uns zum Mittag ins *„Restaurant Imperial" (Unter den Linden 16)* eingeladen.

23. Juli

Ich hatte gehört, daß der Hofarzt Itô sowie auch Suzuki Ainosuke[(28)] im „Hôtel Kronprinz" abgestiegen sind, und schaute kurz einmal bei ihnen vorbei.

26. Juli

Von zu Hause ist Post gekommen.

27. Juli

Ich begleitete Ishi zum 2. Garnisons-Lazarett in *Tempelhof* Stabsarzt *Scheibe* hatte vom deutschen Heeresministerium den Befehl erhalten, Ishi zu betreuen. Außerdem schlossen wir die Bekanntschaft des Krankenhausdirektors *A. Michel.*

28. Juli

Am Abend habe ich Vicomte Kamei besucht. Kurz nach seiner Ankunft litt er an Malaria. Inzwischen ist er wieder gesund.

31. Juli

Ich habe bei Müller mit zu Abend gegessen.

2. August

Ich war auf der Abschiedsparty für den Hofarzt. Itô, wo ich zum ersten Mal von den Speisen des berühmten Berliner Gasthauses *„Dressel"(Unter den Linden 50)* probieren konnte.

3. August

Am Morgen war ich auf dem Bahnhof, um 1tô und Suzuki, die nach Wien fahren, zu verabschieden. Heute ist Oku Seisuke(29) bestattet worden. Er hatte sich einen Tripper zugezogen, bekam dann eine Harninfiltration und starb an einer Metastase in den inneren Organen. Sein Grab befindet sich auf dem Friedhof in der Nähe des *Invalidenhauses.*

4. August

Ich habe Generalstabsarzt *von Co1er* besucht und bei der Gelegenheit seine Gattin kennengelernt. Auch mit Generalstabsarzt *Stuckrad* habe ich gesprochen.

5. August

Ich war mit Ishi in der Militär-Medizinal-Abteilung des Kriegsministeriums, wo wir mit Coler und Scheibe offizielle Angelegenheiten besprachen. Auch Taniguchi beteiligte sich an dem Gespräch. Am Nachmittag besuchte ich gemeinsam mit Ishi und Taniguchi das *Friedrich-Wilhelm-Institut,* eine militärische Bildungsanstalt. Stabsarzt *Amende* hat uns geführt.

6. August

Wir besichtigten das *Traindepot* in der Nähe von Tempelhof. Das Depot befindet sich neben der Kaserne des Trainbataillons.

7. August

Mit Ishi, Taniguchi und Kitakawa war ich im *Ausstellungspark,* wo wir eine Kunstausstellung besuchten. Die Gemälde-Abteilung ist überaus sehenswert. Hier greift der Naturalismus die Grenzen der Kunst an. Die *Dunkelmalerei* geht unter, während der *Pleinarismus* im Entstehen begriffen ist. Auf der diesjährigen Ausstellung gab es eine *Frau Schmidt von Preuschen.* Diese Frau hatte für ein Bild das Thema *„Mors Imperator"* gewählt, dabei dem Tod die Gestalt des Kaisers gegeben und dieses Bild für die Ausstellung eingereicht. Die Jury lehnte es ab. Darüber regte sich die Frau maßlos auf, und sie beschwerte sich beim deutschen Kaiser persönlich. Dieser antwortete ihr sehr wohlwollend: „Wenn ich auch schon alt bin, so habe ich doch nichts gegen ein Bild mit dem Tod in Gestalt des Kaisers. Es gibt keinen Grund für mich zu wünschen, daß meinetwegen ein gutes Bild zurückgewiesen wird." Mit diesem Schreiben setzte die Frau der Jury hart zu. Diese erwiderte darauf: „Den wahren Grund für unsere Ablehnung haben wir Ihnen noch gar nicht gesagt, da wir befürchteten, Ihrem Ruf zu schaden, zumal Sie eine Frau sind. Wir dachten dabei nicht nur an den Kaiser. Ihr Bild und seine Idee widersprechen dem Wesen der Kunst. Daher können wir es nicht annehmen." Die Frau wurde noch wütender, mietete in der *Leipzigerstraße* ein großes Haus, hing ihr Bild dort auf und stellte es so dem Publikum vor. Die öffentliche Meinung versagte jedoch der Frau ihre Zustimmung, insbesondere eine Zeitung, welche, die Frau verspottend, schrieb: „Ihr Bild ist sowohl, was den Titel anbetrifft, als auch in Wirklichkeit recht mangelhaft. Das Wort *‚mors' ist* weiblichen Geschlechts. Es ist geradezu lachhaft, es zusammen mit dem Wort *‚Imperator'* das männlichen Geschlechts ist, darzustellen. Man sollte es in *‚Imperatrix'* umändern" usw. Aber es gab auch Leute, die Mitleid mit der Frau hatten und die Strenge der Jury kritisierten, so zum Beispiel der Dramatiker *Wildenbruch.* Er sagte im wesentlichen folgendes: „Die Meinung der Jury, daß mit der Idee eines Bildes dem Wesen der Kunst widersprochen werde, ist noch lange kein Grund dafür, dieses Bild zurückzuweisen. Wenn dem so wäre, würde die Überspanntheit der Jury bald zu einem Rückgang und Verfall der Kunst führen.“

9. August

Zusammen mit Ishi besichtigte ich die *Charité.* Stabsarzt *Sommer* hat die Aufsicht über die Frauenabteilung. Wir hatten uns bereits auf der Militärärztlichen Tagung im vergangenen Jahr kennengelernt. Scheibe kommt ab heute zu Ishi und hält eine Vorlesung über Militärmedizin, die von Taniguchi und mir gedolmetscht wird.

11. August

In Begleitung von Ishi habe ich verschiedene Beamte besucht.

12. August

Ich war bei unserem Rechnungsführer Noda und hörte eine Vorlesung eines Angestellten des Finanzministeriums über Etats im Bereich Militärmedizin. Diese Vorlesung soll nur ein paar Tage dauern.

13. August

Von zu Hause ist Post gekommen.

16. August

Die Vorlesung über Etats ist zu Ende.

17. August

In Begleitung von Ishi besichtigte ich das Städtische

Krankenhaus *Moabit.* Dort sprachen wir mit dem Krankenhausdirektor *Guttmann.* Dessen Worte klangen wie die eines Laienarztes. Manche Erklärungen hatten mit wissenschaftlicher Theorie ganz und gar nichts zutun. So sagte er zum Beispiel, daß Blumen im Krankenzimmer auch aus hygienischer Sicht sehr nützlich seien und nicht nur die Augen der Patienten erfreuen.

19. August

Zusammen mit Ishi besichtigte ich das 1. Garnisonslazarett in der *Scharnhorststraße.* Stabsarzt Werner führte uns. Er ist ein sehr ernsthafter Mensch.

20. August

Kumakawa war bei mir. Wir besuchten zusammen Katayama Kuniyoshi, der uns mit japanischem Essen bewirtete. Auch der Sohn von Yamakawa war dabei.

23. August

Nagura Kôsaku hat Berlin verlassen und ist nach *Würzburg* gefahren. Roth ist aus Sachsen gekommen. Wir haben uns im *„Restaurant zum rothen Meer" (Friedrichstraße, Rosmarienstraße Ecke)* getroffen. Er sagte mir, daß er unmittelbar danach nach Ostpreußen fahren wird. Gemeinsam besuchten wir den Stellvertretenden Amtsarzt *Burdach.* Anschließend begleitete ich Roth zum Bahnhof. Zum Abschied schenkte er mir ein Exemplar des neu erschienenen Jahresberichts, der auch meine Abhandlungen enthält.

26. August

Ich war mit Ishi bei Scheibe zum Abendbrot. Dort lernte ich auch dessen Frau kennen.

Berlin, Cafe Bauer, Friedrichstraße, Ecke Rosmarinstraße

27. August

Gemeinsam mit einer Französin, die im gleichen Haus wie Ishi wohnt, besichtigte ich das *Pergamon-Panorama.* Die Galerie befindet sich im hinteren Teil des Ausstellungsparks. Pergamon liegt nördlich von *Smyrna* an der westlichen Küste Kleinasiens, dort, wo einst die Hauptstadt *Philetairos* erbaut worden war. Es heißt, daß *Eumenes* II. *(195 –159 a. Chr.)* im gemeinsamen Kampf mit dem Volk Roms Vorderkleinasien eroberte und daß sich Pergamon zur Zeit seines Nachfolgers *Attalos II.* zu einem immer größeren Stadtschloß entwickelte und schließlich zu einer hohen Blüte in Bräuchen, in der Kultur und sämtlichen Gewerben gelangte. Diese Stadt war schon vor langer Zeit in Vergessenheit geraten, und es gab keinen Menschen, der noch an sie dachte. Doch im Jahre 1866 entdeckte ein Deutscher namens *Humann*[(30)] bei einer Grabung Marmor und eröffnete daraufhin im Jahre 1878 eine riesige Grabungsanlage. So gelangten schließlich Überreste jener Stadt wieder an das Tageslicht. Im Bild festgehalten wurde das von den beiden Malern *Ernst Fabricius* und *Ludwig Pietsch.*

28. August

Ich war im Yamato-Club.

29. August

Ishi hat mich besucht. Wir waren zusammen im Hygiene-Institut.

30. August

Ishi will bald nach Wien fahren. Mich hat er zu seinem Begleiter ernannt.

31. August

Yokoyama Matajirô ist aus München gekommen. Ich habe ihn vom Bahnhof abgeholt und bis zu „Töpfers Hôtel“ begleitet. Nach dem Mittagessen lud ich ihn ein, gemeinsam das Mineralien-Museum zu besuchen. Anschließend gingen wir noch in den Zoo.

1. September

Lshi nahm mich in seiner Droschke mit. Gemeinsam sahen wir zu, wie der deutsche Kaiser seine Truppen inspizierte.

3. September

Am Abend habe ich Seine Hoheit Prinz Komatsu verabschiedet.

4. September

Ich habe Ishi besucht und mich mit Generalmajor Nogi getroffen.

7. September

Von zu Hause ist Post gekommen.

13. September

Yamabe Takeo(31) war bei mir, traf mich aber nicht an, denn ich stattete mit Ishi gerade Scheibe einen Besuch ab. Wir unterhielten uns auch mit dessen Frau und Kind. Die Frau stammt aus einer reichen Familie in *Weißenfels* und strahlt eine warme und herzliche Freundlichkeit aus. *Trudchen,* das Kind, ist mit seinem runden Gesicht und seiner weichen Haut einfach liebenswert.

14. September

Ich war mit Nakahama Tôichirô, der aus München gekommen ist, im Tiergarten spazieren.

15. September

Ich habe Reisevorbereitungen getroffen.

16. September

Um 8 Uhr fuhren wir, das heißt Ishi, Taniguchi, Taguchi und ich, vom *Anhalter Bahnhof* ab. Scheibe kam zum Bahnhof, um Ishi zu verabschieden. In *Neunietendorf* aßen wir Mittag. Zufällig sah ich den weißhäuptigen älteren Herrn, der am Tisch gegenüber saß. Es war *Becker,* ein Militärarzt, den ich in Dresden kennengelernt hatte. Er erzählte mir, daß er nach Berlin fährt. Unser Zug fuhr weiter durch einen langen Tunnel bis nach *Oberhof* Dann führte uns unser Weg durch *Thüringen.* Die Berglandschaft rückte ganz nah an unser Abteilfenster. Um 8 Uhr abends kamen wir in Würzburg an. Haru, der Sohn von Generaloberstabsarzt Hashimoto, Oberarzt Nagura, Ota, ein ehemaliger Student der Tôkyô-Universität, und andere kamen, um uns zu begrüßen. Wir haben im *„Hôtel National"* in der *Kaiserstraße* Quartier genommen. Mit Haru stehe ich schon seit längerem in Briefwechsel und auch in einem freundschaftlichen Verhältnis. Heute habe ich ihn nun persönlich kennengelernt. Seine Gesellschaft ist sehr angenehm. Ishi meinte, er sei Sanai[(32)] ähnlicher als Tsunatsune.

17. September

Als ich aufstand und das Hotelfenster öffnete, lag vor mir der *Schloßplatz-Garten.* Das grüne Laub der Bäume hing voller Tautropfen, und es duftete nach Herbstblumen. Es war unvergleichlich schön.

Heute morgen die Berge
im Nebel verhangen
Plötzlich tief
Luft holend

wende ich das Gesicht
dunkler Dunst im Norden der Stadt
Schornsteine wie ein Wald
speien blauen Rauch

Ich habe Hashimoto besucht. Er erzählte mir, daß früher sein Vater im selben Haus gewohnt habe. Dann ging ich los, um mir die Statue von *Siebold* anzuschauen, und machte einen Spaziergang durch den *Hofgarten* mit seinen alten Burgruinen. Im Festungsgraben war Mais angebaut. Ich durchquerte die *Neue Anlage* und kehrte dann ins Hotel zurück. Um 3 Uhr nachmittags bestieg ich mit Haru und anderen den kleinen Dampfer *„Cornelius"*. Damit fuhren wir den *Main* hinunter, bis nach *Veitshöchheim.* An beiden Ufern erstreckten sich Weinberge. Das sind auf Hügeln angelegte Weinfelder.

In den Weinbergen
ein schmaler Fluß
spiegelt
das grüne Weinlaub
unzählige
Wagen beladen mit Wein
das Wasser
mir im Mund zusammenläuft

In Veitshöchheim besuchten wir einen Park, in welchem wir auch ein Wirtshaus entdeckten, wo wir Rast machen konnten. Auf der Heimfahrt sahen wir vom Boot aus die Sonne untergehen. An die Bordwand gelehnt, schaute ich in die Ferne. Das aufspritzende Wasser der Gischt schlug mir ins Gesicht. Ich fühlte mich ausgesprochen wohl. Am Abend spazierte ich die *Juliuspromenade* entlang und schaute mir die Statue des *Bischofs Julius* an. Julius war *Jesuit.* Er ließ das Volk protestantischen und jiddischen Glaubens verfolgen und seiner Produkte berauben. Auch die Errichtung der hiesigen Universität geht auf ihn zurück.

18. September

Um 10 Uhr vormittags verabschiedeten wir uns von Taguchi und verließen Würzburg. Um 4 Uhr kamen wir in *Karlsruhe* an und stiegen im *„Hôtel Germania* “in der *Karl-Friedrich-Straße* ab. Wir hörten, daß Matsudaira Noritsugu schon da ist.

19. September

Wir waren im *Badischen Hilfsverein* in der *Herrenstraße 25.* Anschließend wollten wir zu Generalstabsarzt *Eilert,* trafen ihn aber nicht an. Danach waren wir im Lazarett und sprachen mit Chefarzt *Winkler.* Dann wollten wir noch *Medicinalassessor Ziegler* besuchen, trafen aber auch ihn nicht an.

20. September

Es regnete. Generalstabsarzt Eilert und der Vereinsvorsitzende des Hilfsvereins *Otto Sachs* haben uns besucht. Nach dem Mittagessen ging ich mit Taniguchi im *Stadtgarten* spazieren. In einem abgeteilten Stück des Gartens waren Tierkäfige aufgestellt. Um 4 Uhr suchten wir Minister *Turban* auf, anschließend Generalstabsarzt *Hoffmann*[33] und auch Sachs.

21. September

Stabsarzt *Loos* hat uns empfangen. Mit Ishi und Taniguchi besichtigte ich das Lazarett und die Kaserne der *Grenadiere.* Danach waren wir im *Ständehaus,* wo wir das Tagungsprogramm und andere Unterlagen in Empfang nahmen.

22. September

Am Vormittag tagte die *Delegiertenkommission* des Roten Kreuzes. Matsudaira Noritsugu nahm als Vertreter des japanischen Verbandes des Roten Kreuzes daran teil. Ich begleitete ihn als Dolmetscher. Zunächst wurde die Annahme der *Geschäfts-Ordnung* für den internationalen Kongreß beschlossen. Den Vorsitz hat *Otto Graf zu Stolberg*[(34)], der Präsident der deutschen Zentrale, ein Mann von stattlicher und eleganter Erscheinung. Seine adlige Abstammung war auf den ersten Blick zu erkennen. Besondere Aufmerksamkeit erregten der Vorsitzende der Delegation des Schweizer Bundes, *Moynier*[(35)], und die Amerikanerin *Miss Clara Barton*[(36)]. Moynier mit seiner kleinen Statur, dem kurzen Hals, dem gescheitelten, schon ergrauten Kopfhaar und seiner großen Hakennase sieht aus wie ein Tengu[(37)]. Fräulein Barton hat eine blaßgelbe Gesichtsfarbe und trägt ihr weißmeliertes Haar in der Mitte gescheitelt und nach rechts und links gekämmt. Sie hat einen Blick von durchdringender Schärfe. Zu denen, die häufig das Wort ergriffen und in Erscheinung traten, gehören auch der Franzose *Albert Elissen,* der *Geheime Rath von Oom* aus Rußland, *von Criegern* aus Sachsen u.a. Da das japanische Kommissionsmitglied Matsudaira selbst nichts vorzubringen hatte, übersetzte ich ihm, als ein Mehrheitsbeschluß gefaßt wurde, die wesentlichen Punkte und sagte ihm Bescheid, als er aufstehen mußte. Auf dem Heimweg näherte sich uns ein einzelner Herr. Mit seinem wuchtigen Körper, dem weißen Haupt, dem jugendlichen geröteten Gesicht und seiner Kopfform sah er aus wie ein Jünger Buddhas aus der Hand des Malers Kumotani[(38)]. Er stellte sich vor: „Ich bin Holländer und heiße *Pompe van Merdervoort*[(39)].“ Ich fragte zurück: „Sind Sie der Herr Pompe, der die moderne Medizin in Japan eingeführt hat?“ Er darauf: ‚Ja, der bin ich.“ Ich erzählte ihm, daß der ehrwürdige Herr Matsumoto[(40)] bei bester Gesundheit und mein Vater selbst indirekt ein Schüler von ihm, das heißt Pompe, sei. Dann verabschiedeten wir uns. Am Nachmittag, um 3 Uhr, nahmen Ishi, Taniguchi und ich als Abgeordnete der japanischen Regierung am Internationalen Kongreß teil. Stolberg hatte den Vorsitz inne. Ein berühmter Arzt unter den Kongreßteilnehmern dürfte auch *Sir Thomas Longmore*[41] sein, ein hoch aufgeschossener Herr mit einem hageren Gesicht, ein typischer Engländer. In seinem Gesicht trägt er jedoch stets ein Lächeln. Darin unterscheidet er sich von einem kaltblütigen Gentleman. Seine karmesinrote Uniform ist alt und an einigen Stellen ausgeblichen, was ihn noch interessanter macht. Er ist Generalstabsarzt und gleichzeitig Professor an einer Universität. Auch der preußische Generalstabsarzt Coler und der bayrische Generaloberstabsarzt Lotzbeck waren anwesend. Der Kongreß findet im *Ständehaus* statt. Die oberen Plätze sind für den Adel. Auch der Großfürst und seine Gattin waren erschienen. Stolberg hielt die Eröffnungsrede und erwähnte Japan dabei besonders. Ich sagte Ishi, daß er sich erheben und erkenntlich zeigen müsse. Auch stellte ich ihn den Herren Moynier und Longmore vor. Sie wechselten ein paar Worte miteinander, die ich dolmetschte. Abends um 8 Uhr waren wir zu Minister Turban eingeladen. Der Großfürst und die Großfürstin begrüßten Ishi. Ich dolmetschte. Wir sprachen auch mit Miss Barton. Frau Turban ist eine hübsche junge Frau mit roten Wangen und hat eine überaus herzliche Art, mit den Gästen umzugehen. Mit mir unterhielt sie sich sehr lange.

23. September

Ab 10 Uhr vormittags nahmen wir an den Beratungen teil. Heute ging die Diskussion darum, ob es ratsam sei, in der Armee antiseptische Heilverfahren anzuwenden. Ich berichtete im Namen des japanischen Kommissionsmitgliedes, daß es in der japanischen Armee eine offizielle gesetzliche Anordnung für die Anwendung dieses Verfahrens gibt und daß die Armee auch mit den notwendigen Materialien hierfür ausgestattet ist. Am Nachmittag um halb drei schauten wir bei Übungen des *Karlsruher Krankenträger Corps* zu. Es ist eine private Vereinigung, aber es heißt, daß die Dienstbekleidung der Pfleger von Seiner Kaiserlichen Majestät persönlich festgelegt worden sei. Um 5 Uhr 30 begaben wir uns in die Residenz des Großfürsten. Wir unterhielten uns mit *Prinz Karl* und seiner Gattin, der *Gräfin von Rinard.* Sie ist überaus redegewandt, hat viele Reisebeschreibungen über orientalische Länder gelesen und weiß daher auch über mein Heimatland gut Bescheid. Die Großfürstin äußerte sich Ishi gegenüber mit anerkennenden Worten darüber, daß die japanische Armee die antiseptische Heilmethode bereits überall eingeführt hat. Um 8 Uhr gingen wir zum Karlsruher Treffen der Militärärzte ins *„Hôtel Grosse“.* Ishi hielt dort eine Rede, die ich dolmetschte. Heute wurden wir auch von *Don Pedro*(42)*,* einem weißhäuptigen älteren Herrn aus *Brasilien,* empfangen. Man sagt von ihm, er kenne sich gut in alten Sprachen aus. Ich unterhielt mich auch mit dem Italiener *Chevalier Guelfo von Sommer.* Er erzählte mir: „Ich habe Ihre Abhandlung über die Ernährung in der japanischen Armee übersetzt und in einer neuen Zeitschrift veröffentlicht. Ein Exemplar habe ich Ihnen zugesandt.“ Ich sagte ihm, wie froh ich darüber sei, daß wir uns nun so zufällig hier begegneten, und schenkte ihm dann einige Exemplare des Aufsatzes *„Zur Nahrungsfrage in Japan“*(43)*,* den ich für den Kongreß in Wien verfaßt hatte.

24. September

Ab 10 Uhr vormittags nahmen wir an den Beratungen teil. Heute ging es bei der Diskussion darum, ob es notwendig sei, daß die Internationale Genfer Gesellschaft die Zustimmung aller Regierungen erhalte. Der Vortrag von Professor *Schulze* von der *Heidelberger* Universität, der die Frage von der Grundlage des Internationalen Rechts ausgehend erschöpfend erörterte und positiv beantwortete, versetzte die meisten der Zuhörer in Erstaunen. Der *Preußische Legationsrath Dr. R. Hepke* widersprach ihm. Dabei wurde er leicht ausfallend. Um 2 Uhr nachmittags erläuterte *Professor Graske* im Kongreßsaal die Theorie eines neuen Geschosses *(Lorenz's Compound Bullet).* Hierbei handelt es sich um eine mit einer dünnen Metallmembran überzogene Gewehrkugel, die, nachdem sie in einen Körper eingedrungen ist, nur in den seltensten Fällen explodiert und den Körper deformiert. Angeblich ist die Wunde daher dann auch ganz unkompliziert und leicht zu kurieren. Um 3 Uhr besuchten wir die *Deutsche Metall-Patronen-Fabrik Lorenz,* wo wir bei Schießversuchen mit dem neuen Geschoß zusahen. Auch Longmore war mit seiner Gattin gekommen. Um 7 Uhr hörten wir in der *Museums-Gesellschaft* ein Konzert. Die Schauspielerin, die *Scheffels „Lied der Margaretha"*[(44)] vortrug, hatte eine sehr schöne Stimme. Auch in ihrer gesamten Erscheinung übertraf sie alle anderen.

25. September

Zur Zeit finden die *Baden-Badener* Festspiele statt. Um 10 Uhr verließen wir mit dem Zug Karlsruhe und kamen mittags in Baden-Baden an. Die Geschichte der Stadt geht bis in die Zeit des Römischen Reiches zurück *(Civitas Aurelia aquensis).* Die hiesigen Heilquellen sind in ganz Europa berühmt und ziehen unzählige Besucher an. Vom Bahnhof aus fuhren wir mit einer Droschke zur alten Burg von *Hohenbaden,* die sich auf einer Anhöhe erhebt. Im 17. Jahrhundert wurde sie von französischen Truppen zerstört. Nur die äußere Mauer ist bis in die Gegenwart erhalten geblieben. Am Fuße der Anhöhe liegen zerstreut ein paar Privathäuser – das ist *Oosthal.* Wir fuhren daran vorbei und genossen dann eine wundervolle Aussicht. Der Stadtpräfekt empfing uns im *Schloßhof* Während wir gemeinsam mit ihm speisten, wurde musiziert. Danach besichtigten wir das *Friedrichsbad,* wo ich Frau Lotzbeck wiederbegegnete. Um 6 Uhr abends versammelten wir uns im *Conversationssaal.* Hier wurden auserlesene Speisen gereicht, während im Vorgarten dazu eine große kreuzförmige Laterne angezündet wurde. Auf der Rückfahrt unterhielten wir uns mit Pompe. Er meinte zu uns: „Mori ähnelt im Gesicht Hayashi Osamu(45). Dieser ist in Holland und hatte wohl einige Ungelegenheiten, besonders mit Frauen. Dabei übertrug er mir die Rolle des *Deus ex machina.* Haben Sie vielleicht nicht auch in Ihrem Charakter Ähnlichkeit mit ihm?“ Weiter sagte er: „Was ich vor Jahren in Ihrem Vaterland leisten konnte, ist jetzt nur noch von historischem Wert. Aber damals hatte ich äußerst schwierige Probleme zu bewältigen.“

26. September

Ab 10 Uhr vormittags nahmen wir an den Beratungen teil. Auf der Tagesordnung stand die Frage, ob die europäischen Verbände im Falle eines Krieges außerhalb von Europa den Verwundeten Hilfe leisten sollten oder nicht. Das war eine übereilte und nicht besonders gut überlegte Frage, die da von der holländischen Zentrale aufgeworfen wurde. Sie hatte einzig und allein die Kolonien der Europäer im Auge. Ich bat Ishi um sein Einverständnis und ergriff dann das Wort: „Mit dieser Fragestellung werden nur die europäischen Verbände als diejenigen betrachtet, die Hilfe leisten könnten. Wenn es zu einer Beschlußfassung kommen sollte, wäre es für die japanischen Vertreter unmöglich, sich an der Abstimmung zu beteiligen.“ Die amerikanischen Vertreter schwiegen. Es wurden dann noch unzählige Argumente vorgebracht. Auf einen Beschluß konnte man sich jedoch nicht einigen.

27. September

Ab 10 Uhr vormittags nahmen wir an den Beratungen teil. Die Diskussion des Vortags wurde fortgesetzt. Mit Erlaubnis von Ishi ergriff ich das Wort: „Die japanischen Vertreter bleiben bei ihren gestern geäußerten Ansichten. Um es kurz zu machen: Wenn es darum geht, ein Diskussionsthema für diesen Kongreß vorzugeben, dann sollte dieses doch besser in ‚Der Rot-Kreuz-Verband eines Kontinents im Falle eines Krieges auf einem anderen Kontinent' oder so ähnlich umformuliert werden. Das soll kein Revisionsvorschlag sein. Es müßte genügen, wenn ich es hier so sage. Betrachtet man nämlich das Ganze einmal von der anderen Seite aus, das heißt: Wenn es in einem anderen Land außerhalb Asiens zum Krieg kommt, dann erachten es die japanischen Verbände durchaus für notwendig, Unterstützung zu leisten." Alle Anwesenden riefen:

„Bravo!" und *„Hört nur!"* Hinter mir schaute ein Vorstandsmitglied auf der Teilnehmerliste nach und sagte: „Das ist *Dr. Rintaro Mori.* Einer mit Universitätsbildung, na das war klar." usw. Zufällig kehrte gerade Pompe vom Platz des Schriftführers auf seinen eigenen zurück. Als er an mir vorbeikam, klopfte er mir auf die Schulter, lachte und ging dann weiter. Der Franzose *Elissen,* der das Amt des Schriftführers innehat, kam zu mir und bat mich um das Manuskript meiner Rede. Da ich mir aber alles eben erst aus dem Stehgreif überlegt hatte, verfügte ich auch über kein Manuskript. Als ich ihm das erklärte, erwiderte er: „Ihre Meinung ist uns sehr wichtig und das, was Sie eben gesagt haben, ist durchaus wert, im Protokoll festgehalten zu werden." Der russische *Wirkliche Staatsrath von Jusevovitsch* lobte meine Rede. Er ist von so

zarter Statur, wie man sich einen Petersburger Adligen vorstellt. Der Deutsche *Weber* meinte: „Das Thema ist noch völlig unausgereift. Vielleicht sollte man es besser auf den nächsten Kongreß vertagen." Ich fügte hinzu: Nach alter Gewohnheit werden die Kontinente einfach nur nach geographischen Gesichtspunkten eingeteilt, was aus ethnologischer Sicht gar keinen Sinn hat. Und gibt es nicht außerhalb von Europa solch bedeutende Länder wie die USA? Das Verhalten der europäischen Verbände im Fall von Kriegen in Ländern außerhalb von Europa ist doch nur die eine Seite der Medaille. Man hätte diese Frage daher gar nicht auf die Tagesordnung dieses Kongresses zu setzen brauchen." usw. Schließlich wurde beschlossen, dieses Problem auf den nächsten Kongreß zu vertagen. Dann ging es in der Diskussion um die Art und Weise und die Mittel für die Bekanntmachung des Genfer Vertrages in der Armee. Nach kurzer Absprache mit Ishi gab ich einen Bericht darüber, wie in Japan der Genfer Vertrag, versehen mit Erläuterungen, an die Unteroffiziere und Soldaten verteilt worden war, und legte dem Kongreß einige Broschüren vor. Alle hörten aufmerksam zu. Jusevovitsch tippte mich von hinten mit dem Finger an und erklärte, daß er voller Bewunderung sei. Von da an änderte sich auch insgesamt die Meinung, die die Kongreßteilnehmer von der japanischen Delegation hatten. In den heutigen Diskussionen kamen wir unter anderem auf die Frage, ob in Genf ein Denkmal errichtet werden sollte. Die Rede des *Cabinetsrathes von dem Knesebeck* dazu erntete großen Beifall. Er sagte: „Der Gedanke der Errichtung eines Denkmals ist wohl einer Augenblicksschwärmerei entsprungen. Aber ich nehme an, daß Sie Genf ein Andenken in Ihrem Herzen *(ein Monument im Herzen)* bewahren werden, einen Gedenkstein aus Stein und Metall dagegen nicht besonders achten würden." Schließlich wurde beschlossen, den Vorschlag abzulehnen. Kurz darauf folgte die Abschlußfeier.

Als wir heute den Kongreßsaal verließen und in eine Droschke stiegen, nahm Ishi meine Hände in seine und sagte: „Vielen, vielen Dank!“ Es gibt eine Broschüre, in welcher außer dem, was ich bereits hier notiert habe, noch Ishis Manuskript, welches ich übersetzt habe, abgedruckt ist, und die an alle Kongreßteilnehmer verteilt wurde. Das ist die *„Vorgeschichte des Rothen Kreuzes in* Japan[(46)]. Ishi vermerkte am Ende seines amtlichen Berichtes: „Ich beherrsche die deutsche Sprache nicht. Auch andere Sprachen wie zum Beispiel Französisch habe ich nie gelernt. Daher nahm ich auf diesem Kongreß oft die Hilfe von Taniguchi Ken und Mori Rintarô in Anspruch. Mit den Fragen und Antworten im Verlauf des Kongresses hatte ich Mori Rintarô beauftragt“ usw. Im Rausch sagte später Taniguchi zu mir: „Auf diesem Kongreß hast du stets dein Bestes gegeben. Ich weiß, daß ich nicht so gut bin wie du. Aber wenn ich nicht gewesen wäre, wer hätte sich dann um Ishiguros persönliches Wohl gekümmert?“ Am Nachmittag machte ich Abschiedsbesuche. Anschließend nahm ich an einer Abendgesellschaft am Königlichen Hof teil. Die Großfürstin wandte sich mir mit lobenden Worten zu.

28. September

Mit dem *Orient-Expreß-Zug* verließen wir Karlsruhe wieder. Am Abend trafen wir in Wien ein und stiegen im *„Hôtel Victoria* “in der *Favoriten-Straße* ab. Nach Wien fuhr ich als Begleiter von Ishi, der als Vertreter der japanischen Regierung an der Internationalen Hygiene-Konferenz teilnehmen sollte. Die delegierten Beamten des Innenministeriums, Kitazato Shibasaburô und Nakahama Tôichirô, waren schon da. Taniguchi und ich, wir nahmen als Privatpersonen an dieser Konferenz teil. Daher hatten wir während der Zeit unseres Aufenthaltes in Wien auch dienstlich keine weiteren Aufgaben.

29. September

Ich wollte Roth und Coler im „Tegethof" besuchen, traf sie aber nicht an. Dafür bin ich Maruyama Sakuraku(47), Ariga Nagao(48) und anderen begegnet.

30. September

Heute früh sandte ich zweihundert Exemplare meiner Studie *„Zur Nahrungsfrage in Japan"* an das *Secretariat* der Internationalen Konferenz und ließ es an die Teilnehmer verteilen. Einige Exemplare davon werden im *Lesezimmer* der Konferenz ausgestellt. Sie sind mit einem Vorwort von Ishi versehen. Nakahama und Kitazato kamen zu uns, und gemeinsam nahmen wir an der Konferenz teil. Ich habe mit Pettenkofer und Roth gesprochen und auch *Soyka, Schuster(49), Löffler(50)* u. a. gesehen. *Wolffhügel* traf ich heute zum ersten Mal. Vicomte Matsudaira trennte sich heute von uns und zog in den „Tegethof" um.

1. Oktober

Heute früh hat uns Maruyama Sakuraku besucht. Er informierte Ishi von der Tätigkeit des Verlags Meijinippô(51). Völlig neu für mich war, das Ishii Nankyô(52) diesen leitet. Ich habe an den Beratungen teilgenommen.

2. Oktober

Ich habe bei Tanahashi Gunji mit Abendbrot gegessen und dabei auch seine Frau kennengelernt. Hofarzt 1tô und Dr.phil. Ariga waren auch da.

3. Oktober

Tanahashi ging mit Ishi zum Kriegsministerium. Wir begleiteten die beiden. Sie führten ein Gespräch mit Generalmajor *von Hold.* Auch *Feldmarschall-Lieutenant von Merkel* machten wir unsere Aufwartung.

4. Oktober

Wir besichtigten das Militärkrankenhaus. Es gibt hier noch Überreste vom *Josephinum.* Die Generaloberstabsärzte *Wenzel* und *Hoor* führten uns. Beide hatten als Geschäftsboten der österreichischen Regierung und des Kriegsministeriums am Internationalen Kongreß des Roten Kreuzes teilgenommen. Daher kannte ich sie schon von Karlsruhe her. Von zu Hause ist Post gekommen.

5. Oktober

Wir besichtigten die Kasernen der Infanteristen am *Rennweg.* Regimentsarzt *Faulhaber* gab uns das Geleit. Auch den Kasernen der Artilleristen neben dem *Arsenal* statteten wir einen Besuch ab. Geführt wurden wir von Generalmajor *Sponner.* Hauptmann *Heißig* und Regimentsarzt *Zocher* begleiteten uns. Zocher ist ein beleibter älterer Herr. Er schnauft wie ein Wasserbüffel.

6. Oktober

Ich hatte gehört, daß Generalmajor Nogi im „Tegelhof" wohnt und wollte ihn besuchen, traf ihn aber nicht an. Ich habe mit Kusunose [(53)] gesprochen.

7. Oktober

Wir besichtigten das Chemielabor im Militärkrankenhaus und das Wachsfigurenkabinett.

8. Oktober

Um 9 Uhr abends verließen wir Wien. In Dresden trennten wir uns von Taniguchi. Er fährt nach *Magdeburg,* um sich dort mit der Schwägerin von Tanahashi zu treffen, die er vielleicht heiraten wird.

Anhalter Bahnhof

9. Oktober

Am Sonntagvormittag kehrten wir nach Berlin zurück.

10. Oktober

Ich habe mit meinen Versuchen im Hygiene-Institut begonnen.

11. Oktober

Von zu Hause ist Post gekommen. Am Abend wollte ich Kamei besuchen. Er war nicht zu Hause.

12. Oktober

Kusunoki Hidetarô war bei mir. Von Shimizu Kakuryô und Kameis Diener ist Post gekommen. Ich habe Antwortbriefe geschrieben und sie der Dienstpost mitgegeben.

18. Oktober

Heute bin ich zum ersten Mal Takahashi Shigeru begegnet. Er stammt aus Kumamoto und studiert in Straßburg Medizin. Kobayashi, ein Medizinstudent aus Nagaoka, ist mit seiner japanischen Frau nach Berlin gekommen und in „Töpfers Hôtel" abgestiegen. Er trägt stets japanische Kleidung, findet aber unter den Japanern keine Freunde, da er ein etwas seltsames Leben führt. Ich habe ihn einfach einmal besucht. Er hat mir erzählt, daß er bald nach Leipzig fahren wird, um dort Medizin zu studieren. Seine Frau kennt Tokujirô[(54)]. Sie hat mich gefragt: „Sind Sie der Bruder von Herrn Mori aus Senjû? Sie haben ja gar nicht so ein langes Gesicht wie Tokujirô."

19. Oktober

Von zu Hause ist Post gekommen.

20. Oktober

Zeitungen und Zeitschriften sind gekommen. Die Zeitschrift „Rômaji-zasshi“[(55)] (Nr. 11, 26) enthält Artikel meiner Schwester.

21. Oktober

Am Abend ging ich zu einer Veranstaltung der Wissenschaftlichen Gesellschaft für Militärmedizin. Den Vorsitz hatte Generalstabsarzt *Wegener* inne. Er ist der Hofarzt des deutschen Kronprinzen. Dieser hatte am Kehlkopf eine Geschwulst, die von dem englischen Arzt *Mackenzie*[(56)] behandelt wurde. Wegener war mit keinem einzigen Handschlag beteiligt. Das ist ihm vor der Öffentlichkeit peinlich. Der berühmte Internist *Leiden* hielt einen Vortrag über *Neuro-Pathologie.* Das ist wahrscheinlich sein Lieblingsthema. Seine Rede war langweilig, und die Zuhörer konnten sich das Gähnen nicht verkneifen. Sein Gesicht wirkte schon irgendwie taub. Mir kamen Zweifel an dem von ihm Vorgetragenen.

22. Oktober

Ich habe Fukushima in seiner neuen Wohnung besucht und erfahren, daß er eine Krankheit hat, über die man nur hinter vorgehaltener Hand spricht. Wie konnte Taniguchi sich nur solch eine Person zum Freund wählen?!

23. Oktober

Taniguchi ist nach *Magdeburg* gefahren. Ich war auf einer Feier bei Hayakawa. Unter anderem waren auch die beiden Generalmajore, Noda, Fukushima, Kusunose und Yamane da. Hauptmann Ijichi sprach über *Metaphysik.* Es war einfach lächerlich. Kusunose sagte zu mir: „Ich habe gehört, daß du Ogura Shôtarô Geld geborgt hast. Hast du dir das schon zurückgeben lassen?“ Ich antwortete: „Ich habe niemandem Geld geliehen." Daraufhin er: „Ogura hat behauptet, daß er dir Geld zurückgeben will und sich von mir 120 Mark geborgt." Der hier genannte Ogura Shôtarô ist der Diener der beiden Generalmajore. Als er nach Deutschland kam, gab er zuerst vor, er studiere Politologie. Er hat ein sehr hübsches Gesicht und ist ein guter Redner. Doch ist er zu arm, um studieren zu können. Ein General hatte Mitleid mit ihm und unterstützte ihn finanziell. Eines Tages besuchte Ogura mich und sagte: „Ich war früher an der Universität in *Thübingen* und habe Schulden aus jener Zeit. Jetzt muß ich 120 Mark zurückzahlen. Es fällt mir schwer, so plötzlich dieser Forderung nachzukommen. Wenn Sie vielleicht etwas Geld erübrigen könnten, wäre ich in der Lage, das in Ordnung zu bringen." Ich willigte ein. Ogura bat mich: „Ich möchte Sie bitten, das für sich zu behalten. Sie dürfen es niemandem sagen." Ich versprach es ihm. Später, ich war in Wien, kam ein Brief von Ogura, in welchem er schrieb:

„Ich habe gehört, daß Sie zur Zeit mit Generalmajor Nogi in Wien weilen. Wenn der Generalmajor Sie nach dem Geld, das ich mir geliehen habe, fragen sollte, sagen Sie ihm bitte, daß ich es Ihnen schon zurückgegeben habe. Ich wage es, Sie darum zu bitten." Daraufhin schrieb ich ihm in einem Antwortbrief: „Ihren Hinweis habe ich verstanden. Da ich es Ihnen versprochen habe, niemandem zu sagen, daß ich Ihnen Geld geliehen habe, schweige ich auch wie ein Fisch. Weiß denn der Generalmajor überhaupt von der Sache? Ich glaube nicht. Wenn ich Ihren Charakter nicht kennen würde, könnte ich möglicherweise Zweifel hegen und zu Nogi sagen: „Ogura lügt. Er hat das Geld von seinem Herrn genommen und verschwendet." Aber ich weiß, daß Sie nicht so sind. Ich habe genügend Geld. Bitte machen Sie sich keine Sorgen!"

Auf dem Heimweg ging ich mit den beiden Generalmajoren ins *„Café Schiller"*.

24. Oktober

Ich wollte Frank besuchen, traf ihn aber nicht an.

25. Oktober

Ich war im Berliner *Betriebsbureau* für das 5. Kanalisationsleitungssystem, um Materialien für meine Hygiene-Experimente anzufordern. Ich sprach dort mit Direktor *Goldowsky.* Am Abend besuchte ich Ishi. Er berichtete mir folgendes über Saitô Shûichirô(57) und Nakahama Tôichirô. Zum ersten: *Siebold*(58) sei zur Zeit in Berlin. Eines Tages habe er Ishi besucht und ihm folgendes erzählt: „Gestern abend war ich in einem Café und sah einen Japaner, der aussah wie Saitô Tôichirô. Auf dem Kopf trug er einen roten Hut, an dem vorn ein funkelnder goldner Stern als Abzeichen steckte. Vom Oberkellner, der sehr liebenswürdig war, erfuhr ich, daß dies ein junger Adliger aus Japan sei. Alle im Raum schauten befremdet auf diesen Japaner. Ein Offizier erklärte: ‘Jener Hut, den er da trägt, ist ein Hut der russischen Kavallerie, und der Stern vorn am Hut ist ein russischer Orden!'" Ob jener Mensch tatsächlich Saitô war? Und jener Stern tatsächlich ein russischer Orden, der vom russischen Zar verliehen wird? Das wäre ja ein furchtbarer Mißbrauch! Wenn der russische Zar davon erführe und ihm den Orden wegnähme, was wäre das für eine Schande für Japan! Über Nakahama hat Ishi mir erzählt, daß er vor einiger Zeit in Berlin war und vorübergehend bei Ishi wohnte. Er hatte ein Verhältnis mit einem Freudenmädchen, das ihm, nachdem er das Haus von Ishi verlassen hatte, einen Brief schrieb. Dieser Brief fiel Ishi in die Hände. Aber er wußte nicht, an wen er gerichtet war. So fragte er alle möglichen Leute. Möglicherweise wußten sie es, aber gesagt haben sie es ihm jedenfalls nicht. Schließlich war Katô Terumaro bei ihm und hat es ihm verraten. Ishi schrieb daraufhin einen Brief an Nakahama und zog ihn zur Rechenschaft.

26. Oktober

Ich habe Takeshima Tsutomu getroffen. Er war früher Assistenzarzt und studiert jetzt auf eigene Kosten im Ausland. Sein Geld ist nicht eingetroffen. Daher befindet er sich in arger Bedrängnis. Nun will er sich bei seinem Familienoberhaupt beschweren. Das hat Fukushima gehört und ihm den Befehl erteilt, nach Japan zurückzukehren. Ishi war bei Takeshima und teilte ihm mit, daß er von seinem Amt zurücktreten solle. Einige meinten dazu, daß es eben doch manchmal passiere, daß man finanziell in die Klemme gerate, daß Takeshima jedoch seine Stellung auf Grund von Verleumdungen verloren habe. So wird es wohl auch gewesen sein. Tsutomu hat einen starken und unbeugsamen Charakter. Sein Auftreten ist nicht mit dem der Kinder Nagura Kôsaku's zu vergleichen. Takeshima nimmt immer lebhaften Anteil an Diskussionen und ist wirklich ganz liebenswert.

27. Oktober

Ich war auf einer *Abwasser-Pumpstation* und bat *Betriebsinspector Paul Laschke* um seine Unterstützung. Dann fuhr ich zum Zentral-Viehhof, wo ich Abwasserproben entnahm, die mir als Material für meine Experimente dienen sollen. Um 6 Uhr nachmittags hatte Ishi Unterricht bei Scheibe. Taniguchi und ich haben gedolmetscht.

28. Oktober

Ich habe Inoue Sonken getroffen. Er ist zur Zeit Lehrer am Berliner Orientalischen Seminar und gibt zusammen mit *Lange*(59) Japanisch. Er hat mir ein Foto geschenkt.

29. Oktober

Ich war im Yamato-Club.

30. Oktober

Ich werde Französisch lernen. *Bernhard Beck (Schmidstraße Nr. 8)* wird mich unterrichten. Er nimmt kein Honorar. Um mich erkenntlich zu zeigen, werde ich ihm Japanisch beibringen. Wir verabredeten, uns von nun an jeden Sonntagvormittag zu treffen. Am Abend sah ich mir im Kaiserlichen *Schauspielhaus* das Stück *„Hamlet"* von *Shakespeare* an.

31. Oktober

Ich habe Müller besucht und mit dem Bildhauer Tako gesprochen. Er hat mir folgendes erzählt: „Ogura Shôtarô studierte früher in Thübingen. Er nannte sich Graf Soundso, behauptete, sein Vater sei der japanische Finanzminister und trug eine falsche Uniform. Eines Tages beauftragte Tako Ogura damit, die Verwaltung von öffentlichen Geldern und Wechseln in einer Höhe von 400 Mark zu übernehmen. Er wußte ja nicht, daß Ogura auf diese Weise betrügt. Dieser nahm das Geld einfach an sich und verschwand."

1. November

Am Abend traf ich mich mit dem Polizeibeamten Toshizaki im „Café Krebs".

2. November

Am Abend traf ich mich mit Takahashi Shigeru und Inoue Tetsujirô im Restaurant „Klette".

3. November

Inoue Katsunosuke(60) eröffnete anläßlich des Geburtstages des Tennô in der Gesandtschaft ein Bankett. Ich ging in meiner Paradeuniform dorthin. Unter anderem sah ich dort den Konsul *Wolfsohn* (Er ist Jude. Manche sagen, daß seine

Frau eine Schönheit sei), Siebold und Saitô Shûichirô. Auch Vicomte Kamei war da. Er sah aus wie das blühende Leben. Während des Essens sagte er zu Ishi und Nogi: „Moris Uniform wurde noch nach einem alten Modell angefertigt. Sie hat keine Epauletten und keinen Gürtel. Taniguchis neue Uniform dagegen ist viel prächtiger. Daher dachte ein jeder, wenn sie auf Reisen waren, daß Taniguchi der Obermilitärarzt sei und Mori nur Militärarzt." Nogi drehte sich zu mir um und meinte: „Aber das ist vielleicht auch nicht so ganz ohne Nutzen." Ich antwortete sofort: „Das weiß ich doch schon längst und habe es auch ausgenutzt." Alle lachten. Hijikata berichtete, daß er eine Prüfung gemacht habe und durchgefallen sei. Er erzählte: „Unter den Fragen waren auch solche wie die, ob Ausländer an der Militärschule zugelassen werden sollten oder nicht. Da ich Ausländer bin, kann ich auf diese Frage nicht antworten. Das ist die Schuld des Prüfers." Ich habe mir gesagt: Wenn es so wäre, dann könnte man Li Si[(61)] auch nicht den Vorwurf machen, daß er Menschen verjagt habe, weil sie Ausländer waren.

4. November

Am Abend habe ich für Ishi etwas übersetzt.

5. November

Ogura war bei mir. Er hat sich entschuldigt und erklärt:

„Die Gerüchte stimmen wirklich nicht. Ich bitte Sie darum, daß Sie ihnen keinen Glauben schenken."

Ich habe erwidert:

„Auch ich hoffe, daß sie nicht wahr sind. Worum ich Sie aber bitten möchte, ist, daß Sie Ihren Lebenswandel ändern und nicht wieder andere Leute für sich schwindeln lassen. Wenn sich jedoch jemand bei mir über Sie erkundigen sollte, werde ich immer nur antworten, daß ich nichts weiß. Ich bitte Sie, machen Sie sich keine Sorgen.“ Dann hat er sich wieder verabschiedet. Von zu Hause ist Post gekommen.

6. November

Am Abend habe ich Müller besucht. Wir haben über Gesetzesgrundlagen diskutiert.

7. November

Am Vormittag war ich in der Gesandtschaft und sprach mit Arimori(62). Vom Charakter und seiner patriotischen Gesinnung her ist er einfach liebenswert. Abends im Yamata-Club habe ich zufällig Ichinose(63) getroffen. Er hat ein erfreulich heiteres Naturell. Bedauerlicherweise scheint er die Angewohnheit zu haben, anderen Leuten gegenüber Hochmut an den Tag zu legen. Beide sind Rechtswissenschaftler.

8. November

Am Abend traf ich mich mit Hirashima, Hirai und anderen im „Klette“. Hirashima ist grob und ungehobelt, seine Umgangsformen lassen sehr zu wünschen übrig. Hitai ist sanft und wenig ehrgeizig. Auch sie sind beide Rechtswissenschaftler.

9. November

Ich habe Inoue Sanken nach seiner Meinung gefragt was wohl besser sei, der Buddhismus oder das Christentum. Im großen und ganzen hat er mir folgendes geantwortet: „Für Buddha gibt es kein Menschenleben. Er ist dem christlichen Gott überlegen. Das Mahayana des Buddhismus predigt die Kausalität. Und die Betonung liegt nicht auf dem Leben nach dem Tode. Darin besteht der Unterschied zum Hinayama. In der Zukunftslehre ist der Buddhismus dem Christentum überlegen. Buddha ist der Erleuchtete. Das ist mehr als sich

Jesus Christ zu nennen." Ich fragte weiter: „Sieht es nicht so aus, als gäbe es zur Zeit niemanden, der die Philosophie als eine feststehende Theorie anerkennt?" Er erwiderte:

„Diejenigen, die heute in fast allen Wissenschaften Fuß gefaßt haben, sind allesamt Philosophen. Zudem sind *Fechners Psychologie* und *Kants Ethik* durchaus schon allgemein anerkannte Theorien."

10. November

Ich habe mit Ishi im „Klette" Abendbrot gegessen.

11. November

Am frühen Abend hielt Scheibe einen Vortrag. Ich traf mich mit Takeshima.

12. November

Am Abend wurde anläßlich des Abschieds von Shiba Junrokurô[64], der nach England geht, im Saal des Yamato Clubs ein Abschiedsfest gegeben. Während des Essens unterhielt ich mich mit Hiyama über Fragen der Rechtswissenschaft. Hiyama lobte vor allem *Iherini*[65] aus *Göttingen* und erzählte: „Als ich Ihering Ihren Artikel zeigte, in dem Sie Naumann kritisieren, lobte er die Ausgewogenheit des Artikels. Auch Miyazaki Tsujiro achtet diesen Mann mehr als andere Lehrer. Wie ist es, wollen Sie nicht ein paar Werke von ihm lesen?" Ich freute mich und bejahte seine Frage.

13. November

Am Abend habe ich Müller besucht.

14. November

Ich habe Guttmann besucht. Er ist Redakteur der Deutschen Medizinischen Wochenschrift. Ich bat ihn darum, einen Artikel zu veröffentlichen, in welchem ich den in Yokohama lebenden Amerikaner *Simmons*(66) kritisiere. Guttmann sagte sofort zu und erzählte mir: „Dr. Kitazato war auch schon hier. Er hat versprochen, Artikel an unseren Verlag zu schicken. Würden Sie auch für uns als Korrespondent arbeiten?" Ich antwortete: „Ja, das würde ich schon." Wir verabredeten den nächsten Termin, und ich kehrte nach Hause zurück. Am Abend besuchte ich Ishi. Er hatte einen Brief von Koike Masanao für mich und erzählte: „Von Obermilitärarzt Adachi(67) ist ein Brief gekommen, der einen Hinweis von Generaloberstabsarzt Hashimoto enthält. Dieser lautet wie folgt: 'Man Rintarôs Reise nach Europa hat auch das Studium des Verwaltungswesens zum Ziel. Vor seiner Rückkehr nach Japan sollte man ihn unbedingt einmal das Amt eines Militärarztes bei der Armee ausüben lassen. Wenn er dies nicht tut, wird er einen schlechten Ruf am Kriegsministenium haben.'" Ich antwortete darauf: „Ich befolge nur Befehle. Eine eigene Meinung habe ich nicht zu haben." Ishi gab mir recht und sagte: „Auf jeden Fall solltest du dich mit Fukushima beraten." Nach Hause zurückgekehrt, öffnete ich den Brief von Koike. Er schreibt: „Du bist ein Militärangehöriger. Taniguchi ist vor allem Ishis Assistent. Es ist der Wunsch des Staatssekretärs, daß ihr beide das deutsche Verwaltungswesen untersucht. Doch vielleicht geschah es auf Bitten Taniguchis? Gib bei dieser heimtückischen Schlange auf alles acht! Wenn man nicht aufpaßt, wird man von ihrem Stachel getroffen. Im geheimen: Kürzlich war ich in Wien. Taniguchi war betrunken und erzählte mir folgendes: ‚Auf Ihre Empfehlung hin bin ich in den Stab der Militärärzte gelangt. Und schließlich hatte ich das Glück, den Befehl zu erhalten, nach Deutschland zu gehen. Bei der Armee stand ich in der Gunst von Generaloberstabsarzt Hashimoto, außerhalb der Armee fand ich Unterstützung bei Miura. So kam ich schließlich nach Berlin. Aber Sie waren der erste, der ein Wort für mich eingelegt hat, und Sie haben mir damit sehr geholfen. Ich habe das immer geheimgehalten. Auch kann ich mich nicht darum kümmern, ob ich anderen Leuten Schaden zufüge, wenn das Ergebnis doch für mich von Vorteil ist. Doch daß ich betrüge, verrate ich nur Ihnen.“ Wenn ich nun Koikes Vermutung Glauben schenkte? Daß Taniguchi weder zum Schwert greift noch Gift verstreut, sondern sich einfach von mir fernhält, liegt demnach womöglich daran, daß wir früher einmal Freunde gewesen sind.

15. November

Am Nachmittag ist der erste Schnee gefallen. Abends war ich im Yamato-Club.

16. November

Mit dem Betniebsinspektor der städtischen Kanalisation Laschke war ich in der Roßschlächterei in der *Greifswalderstraße.* Dort entnahm ich Abwasserproben als Material für meine Hygiene-Experimente. Am Abend habe ich Kumakawa getroffen und von ihm erfahren, daß er Experimente mit japanischen Nahrungsmitteln plant. Ich habe ihn dafür gelobt.

17. November

Ich war am Abend im Yamato-Club, traf aber niemanden an. So saß ich allein herum und las im Zhuangzi(68). Um Mitternacht kehrte ich schließlich nach Hause zurück.

18. November

Abends habe ich Ishi besucht. Auch Shiba war gerade da. Er hat mir erzählt, daß er morgen abend Berlin verläßt.

19. November

Am Abend war ich im *„Café Josty"*

20. November

Am Abend habe ich Müller besucht. Auch Tetsujirô war da. Wir diskutierten über orientalische Sprachen. Danach unterhielt ich mich mit Senga, einem Korrespondenten der Zeitung „Hibi-Shinbun". Er studiert Ökonomie und erklärte: „Deutsche Wissenschaftler haben die Angewohnheit, zu klassifizieren und zu systematisieren. Das geht so weit, daß sie in Ökonomie-Artikeln Produktion und Konsumtion in zwei verschiedenen Abschnitten behandeln. Ist das nicht sinnlos?"

21. November

Ich habe Ishi besucht. Ein Brief von Matsudaira aus Wien ist eingetroffen. „Es scheint so, als ob aus Taniguchis Hochzeit nichts wird", schreibt er. Ich hörte, daß Generalmajor Kawakami an Albuminunie erkrankt sei.

22. November

Von zu Hause ist Post gekommen. Ich wollte Generalmajor Kawakami besuchen, traf ihn aber nicht an.

23. November

Von zu Hause ist Post gekommen. Ich habe Scheibe besucht. Die Nichte seiner Frau war auch da. Sie ist ein hübsches junges Mädchen von etwa siebzehn Jahren.

24. November

Ishi hat mir mitgeteilt: „Militärarzt Eguchi ist gekommen. Wir sind für morgen abend verabredet. Wie ist es, willst du nicht mitkommen?"

25. November

Wir haben uns mit Eguchi bei Ishi zu Hause getroffen. Gemeinsam waren wir bei Katayama Kuniyoshi.

26. November

Im Yamato-Club fand eine ordentliche Sitzung statt. Ich hielt eine Rede, in der ich in etwa folgendes sagte: „Meine Herren! Nachdem die letzte Versammlung sich aufgelöst hatte, unterhielt ich mich noch mit Ounabara Naoyoshi. Es gab einiges, was mich doch sehr zum Nachdenken angeregt hatte. Auch einige andere Herren waren der gleichen Meinung. So trugen wir alle Ideen zusammen. Heute möchte ich Sie nun um Ihre werte Aufmerksamkeit dafür bitten. Ich bin in diesem Verein auf einen Mangel gestoßen. Würde man diesem abhelfen, nähme der Verein bald einen raschen Aufschwung. Zuvor gestatten Sie mir aber bitte noch ein Wort zu einem terminologischen Problem. Ob es sich nun um Gesellschaften, Konferenzen, Versammlungen oder gesellige Zusammenkünfte handelt, immer wird dazu einfach nur Zusammenkunft(69) gesagt. Obwohl für alles nun ein und dieselbe Bezeichnung verwendet wird, existieren doch in Wirklichkeit Unterschiede. Entsprechend den Statuten des Yamato-Clubs(70) wird bei seinen Zusammenkünften zwischen außerordentlichen und ordentlichen Sitzungen unterschieden. Der Unterschied besteht darin, daß die einen regelmäßig und die anderen bei unvorhergesehenen Ereignissen stattfinden. Dies ist ein Kriterium. Ich bin der Meinung, daß sich in all diesen Zusammenkünften immer zwei Faktoren gegenüberstehen und sich beide durchzusetzen versuchen. Den einen Faktor bildet das gesellige Beisammensein, das dazu dient, daß die Mitglieder zusammenkommen, Freundschaften schließen und sich vergnügen. Der zweite Faktor ergibt sich aus den Versammlungen. Wo ein Club existiert, da ergeben sich auch Aufgaben, die zu lösen sind. Dazu zählen entsprechend den Statuten des Vereins die Aufrechterhaltung der Ordnung, die Einhaltung der Gesetze des Auslandes sowie die Festigung der Positionen des Clubs. Außerdem gehören dazu auch Förderung und Ausschluß von Mitgliedern, Einnahmen und Ausgaben. Für die Erfüllung dieser Aufgaben sind Versammlungen notwendig. Was nun jene zwei Faktoren angeht, bedeutet der eine Vergnügen, der andere dagegen Arbeit. Vergnügen, das heißt:

Kritik und Diskussion sind verhaßt, während der Vorträge anderer wird gegessen und getrunken, es wird geflüstert und sogar laut miteinander geschwatzt. Ja, es geht so weit, daß manche sich sogar von ihren Plätzen erheben und miteinander Ringkämpfe austragen! Die Arbeit wird durch diese Störenfriede behindert. Es kann sich keine Meinung durchsetzen. Es wird lange und umständlich drumherum geredet, und keine richtige Diskussion kommt zustande. So prallen diese beiden Faktoren, die so entgegengesetzt geartet sind, zu gleicher Zeit am gleichen Ort aufeinander. Unser Wunsch ist es, daß unser Verein blüht und gedeiht. Wie könnten wir das jedoch erreichen? Es ist eine dringende Aufgabe unseres Clubs, diesem Übel abzuhelfen. Für die Maßnahmen zur Realisierung dieser Gedanken habe ich folgendes vorzuschlagen. Der Yamato-Club sollte seine Zusammenkünfte in zwei Gruppen unterteilen: in die Versammlungen und die geselligen Zusammenkünfte. Wenn gearbeitet wird, denkt keiner an das Vergnügen, und wenn man sich vergnügt, wird die Arbeit vergessen. Auf diese Weise können beide Seiten zu ihrem Recht kommen. Wenn nun zum Beispiel für eine ordentliche Sitzung drei Stunden veranschlagt werden, könnte eine Stunde davon für die Versammlung und die anschließenden zwei Stunden für Vergnügungen genutzt werden. Während der Versammlung müßte Ruhe und Ordnung herrschen und es dürfte nicht zugelassen werden, daß die Seite der geselligen Zusammenkunft Einfluß nimmt und Unruhe und Durcheinander mit sich bringt. Bei der geselligen Zusammenkunft könnte man sich dann ohne großartige Argumentationen sowohl Geschmacks- und Modefragen als auch dem Ringkampf oder der Fechtkunst widmen, sich also ganz nach Belieben vergnügen. Wenn es nichts zu beraten gibt, können alle drei Stunden für eine gesellige Zusammenkunft genutzt werden. Manche werden sagen: ‚Die Geselligkeit ist das Hauptanliegen des Yamato-Clubs. Wir wollen nicht, daß, wenn es auch nur ein Drittel der Zeit ist, die Zusammenkünfte des Vereins für ernsthafte Versammlungen genutzt werden und wir so an unsere Plätze gefesselt werden.' Aber der Yamato-Club der Japaner, die in Deutschland leben, müßte so werden, wie die Nationalvereine der in Deutschland weilenden Russen oder Italiener. Das Ziel eines jeden dieser Vereine besteht darin, daß die im Ausland Weilenden die Liebe für ihr Vaterland bewahren und nicht vergessen und den Nationalgeist ihres Landes hochhalten. Dies ist bei den Russen der Slawismus, bei den Italienern der Romanismus und bei den Japanern der Yamato-Geist. Wie könnten da Trinkgelage das Hauptanliegen des Vereins sein? Außerdem gibt es in den Statuten das Wort ‚Kameradschaftlichkeit'. Kameradschaftlichkeit kann man von Freundschaft und gegenseitiger Unterstützung nicht trennen. Kameradschaftlichkeit heißt auch Pflichten übernehmen. In den Vereinsstatuten steht, daß die Mitglieder einander kritisch ihre Meinung sagen sollen, und es gibt einen Paragraphen über Verbote und Ausschluß. Schließlich ist der Yamato-Club kein gewöhnlicher Geselligkeitsverein. Bei einem solchen genügt es einfach, die Etikette zu wahren. Er ist auch direkt den polizeilichen Gesetzen des Landes untergeordnet. Für den Yamato-Club trifft dies beides nicht zu. Er bildet ein einheitliches Ganzes, hat sich seine Organe geschaffen, und es gibt Statuten. Dies alles ist organisch miteinander verbunden und wird in dieser Form bewahrt. Daher können wir Diskussionen über Vereinsangelegenheiten auch nicht umgehen. Wenn Sie unbedingt meinen, daß der Yamato-Club ein ganz gewöhnlicher Geselligkeitsverein sei, dann möchte ich Sie doch darum bitten, sich darüber klar zu werden, daß Sie dann auch gleich die Vereinsstatuten abschaffen und den Yamato-Club ganz einfach als einen bunt zusammengewürfelten Eß- und Trinkverein bezeichnen können. Einige wiederum werden sagen: „Für die Vereinsaufgaben gibt es doch einen Vorstand. Es ist ja auch nicht immer so, daß die Aufgaben mit allen beraten werden. Die Zeit der Zusammenkünfte können wir ruhig ausschließlich für Geselligkeiten nutzen." Aber das stimmt ja überhaupt nicht! Bisher habe ich zwar erst an drei oder vier Zusammenkünften teilgenommen, aber jedesmal, wenn die Tagesordnungspunkte verlesen wurden, kam es zu Diskussionen und Empörung. So ist es bisher immer gewesen. Man sollte doch darüber nachdenken, wie es in Zukunft weitergehen soll. Wenn wir bei unseren Diskussionen nie zum Wesentlichen vordringen, liegt das nicht zuletzt an Mängeln in den Vereinsstatuten. Soll ich gleich einmal ein Beispiel dafür anführen? Der Yamato-Club regelt seine Finanzen durch regelmäßiges Einsammeln der Beiträge. Man könnte ihn mit dem Edo-Kind vergleichen, das nicht einen einzigen Sen gespart hat(71). Wenn man, wie Arimori beim letzten Mal vorgeschlagen hat, eine Yamato-Club-Kasse einrichten würde, so müßte man in den Statuten auch festlegen, wie diese zu handhaben sei. Das ist von höchster Wichtigkeit für die Lösung der Club-Aufgaben und wäre ein Tagesordnungspunkt, der sich auf die Vereinsstatuten bezieht. Arimori hat in seinem Vorschlag das Vermögen des Vereins mit ‚Kapital' bezeichnet. Manche Leute haben sich darüber aufgeregt:

‚Das sieht ja so aus, als sollten mit dem Verein Geschäfte gemacht werden!' Dabei bedeutet Kapital doch nur so viel wie *Fonds.* Wieso denken Sie, daß Kapital Geschäftemachen bedeute? Betrachtet man desweiteren die Vereinsstatuten, stellt sich die Behauptung, daß mit einem Vorstand Beratungen überflüssig werden, als unhaltbar heraus. Die Statuten besagen: ‚Der Vorstand übernimmt das sämtliche Geschäft des Vereins.' Es steht nicht da, daß er Beschlüsse faßt. Beschlüsse werden nach ihrer Annahme verwirklicht, und dann erst übt der Vorstand seine Kontrollfunktion aus. Und die Beschlußfassung ist ein Ergebnis der Versammlungen. Es genügt also zu wissen, daß in den Vereinsstatuten die Notwendigkeit von Versammlungen anerkannt wird. Manche werden nun wieder sagen: „Wenn wir dem Vorstand die Beschlußfassung überlassen würden, könnten wir uns die anstrengenden Versammlungen ersparen." Dafür gäbe es nun wieder zwei Möglichkeiten: Entweder wir überlassen ihm alles, oder wir überlassen ihm in Abhängigkeit von den jeweiligen Problemen nicht alles. Im letzteren Fall wären Beratungen notwendig. Das wäre also auf alle Fälle recht umständlich. Und wenn wir ihm alles überließen? Das würde die Grundlagen unseres Vereins in Frage stellen. Die Mitglieder sind alle gleichberechtigt, und der Vorstand hat nur die vom Verein getroffenen Entscheidungen durchzusetzen. Diese Ordnung der Gleichberechtigung kann aber nicht mit dem Prinzip Jeder überläßt alles dem Vorstand' gleichgesetzt werden. Wenn dieses Prinzip durchgesetzt werden würde, würde das nicht wiederum die Ordnung zerstören? Man könnte wohl damit rechnen, daß die Vereinsmitglieder sich der Leitung des Vorstandes fügen würden. Das heißt: Wenn sie den Vorstand einmal gewählt haben, dann lassen sie sich in seiner Amtszeit auch von ihm leiten. Und der Verein kann dann nichts mehr dagegen unternehmen. Das ist wie in der Geschichte vom Zauberlehrling, der seine Besen für sich arbeiten läßt. Ich habe auch gehört, daß nicht selten Vereine des Deutschen Reiches auf Grund der Souveränität des Sekretärs keine gute Arbeit leisten können. Sogar in wissenschaftlichen Vereinen soll das vorkommen. Das liegt wohl daran, daß die Vereine seit 1848 den Reichstag nachahmen. Wenn nun auch der Yamato-Club von diesem Übel befallen wird, was können wir dann noch tun, wenn die Intellektuellen uns auslachen? Es ist gut und richtig, die Geschäfte des Vereins dem Vorstand zu überlassen. Nur ist es notwendig, seinen Aufgabenbereich eng abzugrenzen.Je enger dieser Bereich ist, umso zahlreicher werden die Tagesordnungspunkte in den Versammlungen des Vereins. Die Verhältnisse erfordern es so. Deshalb sage ich: Daß es in diesem Verein Versammlungen gibt, ist eine selbstverständliche Sache. Nur sollte man die Versammlungen empfehlenswerterweise von den geselligen Zusammenkünften trennen und so verhindern, daß es zu einer gegenseitigen Störung kommt. Wenn darüber diskutiert wird, sollten auf alle Fälle zuerst einmal Statuten für die Versammlungen festgelegt und die mangelhaften Vereinsstatuten noch einmal gründlich überprüft werden. Verzeihen Sie mir meine Offenheit!“

27. November

Am Abend hatte ich ein Gespräch mit dem Tierarzt Yokura in „Töpfers Hotel“.

28. November

Mit Ishi zusammen suchte ich Coler auf und teilte diesem mit, daß ich beabsichtige, in die preußische Armee einzutreten, um das Verwaltungswesen in den Truppenverbänden zu studieren.

30. November

Scheibe ist gekommen.

2. Dezember

Auf Einladung von Scheibe und Werner war ich mit Ishi und Taniguchi zu einer Besichtigung in der Berliner Desinfektionsanstalt und im 1. Berliner Systemklärwerk. Beides befindet sich in der *Reichenbergerstraße.* Auch ein norwegischer Militärarzt war mit dabei.

3. Dezember

Am Abend traf ich mich mit Sonken. Er kam in Begleitung des deutschen Dichters *Karl Adolf Florenzi*[72], eines noch sehr jungen Mannes. Dieser hat mir seine Gedichtentwürfe gezeigt. Darunter ist ein Werk über *Uhland,* in welchem er diesen mit *Heine* vergleicht. Den ersteren lobt er und rückt er ins Licht, den letzteren stellt er in den Schatten. Das Gedicht ist durchaus wert, vorgetragen zu werden. Er erzählte mir: Ich bin im Begriff, einen Band übersetzter orientalischer Gedichte herauszugeben. Zur Zeit bin ich dabei, Gedichte von Li Taibo[73] und Inoue Sanken zu übertragen.“ Ich dachte so bei mir:

Wenn Europäer orientalische Gedichte übersetzen, bleibt es bei den chinesischen meist bei den klassischen Gedichten und bei den japanischen bei den Frühlingsgedichten aus der „Gedichtsammlung der Lieder aus alter und neuer Zeit“[74]. Florenz‘ Vorhaben ist wirklich bemerkenswert. Aber Li Taibo und Inoue einander gegenüberzustellen, ist doch zu sonderbar. Von Florenz erfuhr ich noch, daß er sowohl Sanskrit als auch die chinesischen Zeichen beherrscht.

6. Dezember

Von zu Hause ist Post gekommen. Heute morgen war

Kitazato bei mir und hat mir erzählt: „Ich habe gehört, daß sich bei Fukushima in der letzten Zeit endlich sein schlechtes Gewissen geregt hat und er bereut, daß er Takeshima verleumdet hat.“

9. Dezember

Ich habe gehört, daß Oberst Yamaguchi(75) und Hauptmann Ishii nach Berlin gekommen und im *„Kronprinzenhôtel“* abgestiegen sind, und sie besucht.

10. Dezember

Der Bevollmächtigte Gesandte Saionji(76) ist angekommen. Ich war zu seinem Empfang auf dem Bahnhof. Mit Hijikata, Sasaki und anderen traf ich mich in *der„ConditoreiJosy (Potsdamerplatz)“*. Dort bin ich zum ersten Mal Saigôs Sohn(77) begegnet.

12. Dezember

Ich war im Kriegsministerium und habe auf Anweisung von Ishi mit Scheibe den Kauf von Instrumenten besprochen. Auch den kranken Hayakawa habe ich besucht. Vor einigen Tagen hat er sich einen Polypen aus der Nase operieren lassen, aber es ist noch nicht wieder verheilt. Am Abend habe ich Fukushima besucht. Ishi wird dieser Tage zusammen mit Professor Taguchi nach *Stettin* fahren.

14. Dezember

Ishi ist mit Taguchi nach Stettin gefahren, wo sie auch *Schultze*(78), der früher einmal in Tôkyô gelebt hat, besuchen werden.

15. Dezember

An den Alljapanischen privaten Hygiene-Kongreß habe

ich einen Brief[79] geschickt. Ishi und sein Begleiter sind zurückgekehrt.

18. Dezember

Ich habe mit Senga über Philosophie diskutiert.

19. Dezember

Taguchi hat mir ein Exemplar eines Aufsatzes über Syphilis-Bakterien, der in einem Universitätsbericht abgedruckt war, als Geschenk mitgebracht. Scheibe will seine Schwiegereltern in *Magdeburg* besuchen. Er kam zu mir, um sich zu verabschieden.

20. Dezember

Kitazato war bei mir. Er hat erklärt, daß Eguchi nicht den geringsten wissenschaftlichen Ehrgeiz besitzt und nur dummes Zeug redet.

23. Dezember

Eine funkelnagelneue Uniform ist eingetroffen.

24. Dezember

Heute ist Heiligabend. Ich habe mich mit Eguchi, Katayama und anderen bei Ishi getroffen. Es gab japanisches Essen.

25. Dezember

Am Abend habe ich Kumakawa besucht. Er führt in letzter Zeit Experimente am eigenen Körper durch und ißt nichts anderes als Gemüse. Das ist mutig und äußerst lobenswert.

26. Dezember

Ich war im Yamato-Club. Der neu ernannte Gesandte

Saionji Kinmochi wurde begrüßt und Anegakôji, der in die Heimat zurückkehrt, verabschiedet.

27. Dezember

Am Abend habe ich Müller besucht.

28. Dezember

Der Gesandte gab ein Bankett und hatte alle Landsleute eingeladen. Auch ich war dabei. Die Begrüßungsrede von Generalmajor Nogi war äußerst stockend und unverständlich. Ishi versetzte mit seiner Redegewandtheit alle in Erstaunen. Im wesentlichen sagte er folgendes: „In den Reden, die Herr Yokoyama im Yamato-Club dem Gesandten gegenüber hielt, hieß es bisher immer, daß die Gesandten aus dem Osten, die in Europa sind, wenig Amtsgeschäfte haben und sich daher mit der finanziellen Unterstützung der Studenten befassen können. Aber wenn erst einmal die russische Eisenbahnlinie fertiggestellt sein wird, können Sie gewiß sein, daß die Beziehungen zwischen dem Orient und dem Oxident enger werden. Dann muß sich der Gesandte auch noch um zahlreiche Geschäfte kümmern. Ich kann mir nur wünschen, daß er dabei noch Zeit dafür finden wird, die Studenten zu unterstützen." Der Gesandte erwiderte: „Da ich mich durch keine großen Fähigkeiten auszeichne, die Verantwortung aber sehr groß ist, werde ich mir wohl von früh bis spät in die Nacht Gedanken machen müssen."

30. Dezember

Ich habe Ishi besucht.

31. Dezember

Mit Freunden zusammen habe ich Silvester gefeiert.

1. Januar 1888

Ishi, Taniguchi und ich, wir mieteten uns eine Droschke und machten Neujahrsbesuche.

2. Januar

Heute zur Neujahrsfeier im Yamato-Club hielt ich eine Rede in deutscher Sprache[(1)]. Der Bevollmächtigte Gesandte Saionji Kinmochi erhob das Glas und sagte:

„Jemandem, der in der Kenntnis der Sprache eines fremden Landes ein solches Niveau erreicht, kann ich meine Hochachtung nicht verwehren.“

3. Januar

Kusunose hat mich besucht.

4. Januar

Ich war auf einem Bankett bei Vicomte Kamei. Der Vicomte wird sich demnächst in der Universität einschreiben. Er ist wieder gesund.

8. Januar

Ich habe Generalmajor Kawakami besucht. Er ist krank. Ich habe erkannt, daß es Albuminurie ist. *Gerhard*[(2)] hat das einmal diagnostiziert und mit Ishi und Taniguchi behandelt. Kawakami zog mich an sein Bett und sagte: „Im Militär unseres Landes wurden bisher die Finanzbeamten hoch bezahlt, die Militärärzte jedoch benachteiligt. Das ist ein schlechter Brauch, den man auf alle Fälle ändern sollte.“ Kawakami erzählte auch davon, daß er früher einmal mit Saigô zusammen am Nordmeer war. Dabei erinnerte er sich an Nanshû[(3)] und regte sich mächtig auf. Gegen Mitternacht verabschiedete

1888 in Berlin
vord. Reihe von links: Kômoto Jûjirô, Yamane Masanori, Taguchi Katsuyoshi, Katayama Kuniyoshi, Ishiguro Tadanori, Kumakawa Muneo, Osawa Shuichi
mittlere Reihe von links: Ôgai, Takeshima Tsutomu, Nakahama Tôichirô, Sakata Senzô, Shimada Takehide, Taniguchi Ken, Hitose Shôshi, Kitazato Shibasaburô, Eguchi Noboru
hintere Reihe von links: Hamada Norikatsu, Katô Terumarô, Kitakawa Otojirô

ich mich und kehrte nach Hause zurück.

9. Januar

Ich habe für Takahashi Shigeru eine Abschiedsfeier organisiert. Von den Medizinern waren alle da. Ishi hielt eine Rede. Im großen und ganzen sagte er etwa folgendes:

„Sie haben Ihr Studium hier beendet und werden nach Osaka zurückkehren. Wir gratulieren Ihnen dazu. Es ist sehr zu begrüßen, daß in Osaka Methoden der deutschen Medizin eingeführt werden. Ich verfüge über keine großen Fähigkeiten, doch habe ich selbst in Japan zur Einführung von Methoden der deutschen Medizin beigetragen. Deshalb lassen Sie mich anstelle von Glückwünschen folgende Gedanken äußern: Während der japanischen Nord-Ost-Kämpfe(4) gab es keine Möglichkeiten für eine gute ärztliche Behandlung der Soldaten. Auf Empfehlung des englischen Bevollmächtigten Gesandten *Parkes*(5) wurde *Uhlis*(6) berufen. Uhlis lehnte ein Gehalt ab, bot alle seine Kräfte auf und leistete große Hilfe. Damit gewann die englische Medizin das Vertrauen der japanischen Regierung. Kurze Zeit später wollte sie Professoren für die Universitäten engagieren. Sagara(7) und ich, wir sollten uns von *Ferbeck*(8) beraten lassen. Ferbeck ist ein Holländer, der in Amerika lebt und bereits mehrmals in Japan weilte. Aber er ist unparteiisch. Er lobte die Preußen und sagte: ‚Wenn die deutsche Wissenschaft in Japan eingeführt wird, dann könnte das japanische Volk einen Einblick in die deutsche Staatsform gewinnen. Das würde die kaiserliche Macht stärken.‘ Wir befolgten seinen Rat und unterbreiteten dem Kabinett diesen Vorschlag. Die Kabinettssitzung nahm den Vorschlag an. Und schon bald berief die Regierung die beiden Herren *Müller* und *Hoffmann* und sandte außerdem Studenten zum Studium ins Ausland. Ikeda(9), Ôsawa u.a. studierten in Europa. Das war der Beginn der Einführung der Methoden der deutschen Medizin in Japan.“ usw.

10. Januar

Am Abend habe ich mit Ishi gesprochen.

11.Januar

Ich war im *Deutschen Theater,* wo ich *„Don Carlos“* sah. Den größten Beifall verdienten die Schönheit der *Geßner* und das Können *Posas.*

12. Januar

Arthur Heine ist gekommen. Er ist ein armer Student und soll Reinschriften von Manuskripten anfertigen. Am Nachmittag war ich mit Ishi in der Gesandtschaft.

16. Januar

Kitazato und Hayakawa waren bei mir.

17. Januar

Ich habe Ishi besucht.

18. Januar

Am Abend war Hayakawa bei mir. Ich hielt ihm einen Vortrag über ein militärisches Buch von *Clausewitz*[(19)]. Diesen Mann könnte man auch als Militärphilosophen bezeichnen. Seine Aufsätze haben einen tiefen Sinn. Die japanischen Offiziere, die in Deutschland studieren, verstehen diesen oft nicht. Von jetzt an werde ich zweimal wöchentlich für Hayakawa Vorträge halten.

19. Januar

Zusammen mit Ishi und Taniguchi besichtigte ich die

Kasernen des 3. Infanterieregiments der Kaiserlichen Garde.

20. Januar

Wir besichtigten die Kasernen des 2. Kavallerieregiments der Kaiserlichen Garde und das Militärgefängnis.

23. Januar

Takahashi ist abgefahren. Er hat mir die Publikation seiner Schriften anvertraut.

24. Januar

Wir besichtigten die Kasernen des 2. Feldartillerieregiments der Kaiserlichen Garde und das Invalidenhaus. Der Direktor des letzteren Armeehauptmann *von Welfen,* hat uns begleitet und in ein Zimmer geführt, das sehr hübsch eingerichtet war. In einer Ecke befand sich eine Marmorbüste von ihm. Während des Gesprächs hat er gesagt: „Dieses Invalidenhaus wurde von *Friedrich dem Großen* gegründet. Es trägt die Inschrift: ‚Den verwundeten, aber nie besiegten Soldaten.'

Sind das nicht belebende, herzerfrischende Worte?" Zufällig kam gerade Müller, derjenige, der früher in Japan war.

29. Januar

Ich war im *„Café Schiller'*

30. Januar

Hayakawa war bei mir.

31. Januar

Am Abend habe ich im *Architectenhaus (Friedrichstraße)* ein Konzert gehört.

14. Februar

Kitazato, Eguchi, Katayama, Kumakawa waren bei mir. Eguchi ist leichtfertig und oberflächlich. Auch wenn er sich in den Gefilden europäischer Kunst und Literatur bewegt, heißt das doch nicht im mindesten, daß er dabei groß Blumen pflücken und Früchte ernten könne. Er ist nur dadurch zu Ruhm und Ehre gelangt, daß er sich auf bequeme und geschickte Art und Weise bei den Beamten eingeschmeichelt hat und damit zu Patienten gekommen ist. Wissenschaftler sind beleidigt, wenn sie mit ihm auf eine Stufe gestellt werden. Die Leute sehen das und verachten ihn. Eines Tages war Kaieda krank. Er holte Eguchi. Dieser kam und wollte mit schönen Worten und Redfertigkeit dessen Gunst erkaufen. Kaieda stammt aus Satsuma und hat einen starken Charakter. Eguchis Schmeicheleien waren ihm ausgesprochen zuwider. Er schickte ihn weg und ließ Satô Tsunehisa[(11)] rufen. Ein anderes Mal war Saitô Shûichirô von Läusen befallen. Ishi behandelte ihn und kehrte nach Hause zurück. Eguchi besuchte Saitô, hörte sich das an und sagte: „Wenn Ishis Medizin nicht anschlägt, dann biete ich Ihnen eine andere Medizin an, wenn Sie wollen!" Saitô erwiderte: „Wenn die erste Medizin von Ishi nicht anschlägt, werde ich eine zweite von ihm versuchen. Vielen Dank für Ihr Anerbieten!" Eguchi errötete vor Scham. Ich sollte darüber einmal nachdenken und meine Schlußfolgerungen ziehen. Am Abend war ich auf einem Bankett in der Gesandtschaft.

15. Februar

Von zu Hause ist Post gekommen. Ich habe die Übersetzung einer Abhandlung über die Medizin in Korea[(12)] beendet.

16. Februar

Ich habe eine Korrespondenz *mit J.J. Rein*[(13)] aufgenommen.

Rein ist Herausgeber von Büchern über das Leben und die Natur Japans. Zuvor hatte sich nämlich Yokoyama Matajirô an mich gewandt und sich bei mir nach der Adresse des Deutschen *Lischke* erkundigt, der früher über japanische Muscheln publiziert hat. Weil ich die Adresse auch nicht wußte, habe ich mich bei verschiedenen Leuten erkundigt. Rein wußte von jener Debatte mit Naumann. Er hat mir einen sehr ausführlichen Antwortbrief geschrieben, in welchem steht, daß Lischkes Gebeine längst friedlich unter der Erde ruhen.

17. Februar

Von *Hilgendorf*(14) ist ein Antwortbrief gekommen. Er schreibt das gleiche wie Rein.

18. Februar

Ich habe mich mit Kitazato, Eguchi bei Katayama getroffen. Kitazato hat mir erzählt, daß er mit *Pekelharing*(15) eine Debatte über Beriberi-Bakterien führen wird.

21. Februar

Zusammen mit Ishi habe ich Coler und Scheibe besucht.

22. Februar

Vormittags hat Ishi mich besucht.

23. Februar

Hayakawa war bei mir. Unter anderem hat er mich gewarnt: „Man sollte vorsichtig gegenüber dem sein, was so einer wie Eguchi sagt und tut."

29. Februar

Ich habe Hayakawa besucht.

8. März

Von zu Hause ist Post gekommen. Sie bitten mich um meine Zustimmung zur Hochzeit meiner Schwester mit Professor Koganei[16]. Ich habe ein Telegramm geschickt, in welchem ich mich damit einverstanden erkläre. Anschließend ging ich zur Medizinal-Abteilung des Heeresministeriums. Ich wollte mit Coler sprechen, der aber nicht da war. So habe ich es bei ihm zu Hause versucht und ihn dort auch angetroffen. Wegen Fukushima war ich in der Gesandtschaft. Da er nicht da war, habe ich ihm einen Brief hinterlassen und bin wieder gegangen. Diese beiden Besuche stehen mit meiner Aufnahme in die Armee im Zusammenhang. Am Nachmittag habe ich eine Meldung gehört, daß der deutsche Kaiser lebensgefährlich erkrankt ist. Die ganze Stadt ist in heller Aufregung.

9. März

Der deutsche Kaiser Wilhelm 1. ist verschieden.

10. März

Ich habe den Befehl erhalten, in medizinischen Angelegenheiten im 2. Preußischen Infanterieregiment der Kaiserlichen Garde zu dienen, und mein „TAIMU-NIKKI“[17] begonnen.

1. April

Ich bin umgezogen, und zwar in ein Zimmer im dritten Stock in der *Großen Präsidentenstraße* Nr. 10 an einer Ecke am *Haacke'schen Markt.* Das Zimmer ist sehr hübsch eingerichtet. Auf dem *Balkon* steht eine große Metallschale mit Blumen. Über den Balkon windet sich Efeu. Ein Bücherregal ist mein Privatbesitz. Ich habe es gekauft, weil es so billig war. Die neu erworbenen Bücher habe ich hineingestellt. Manchmal nehme ich mir eins heraus, dessen Inhalt mir besonders gut gefallen hat, und lese darin. So vertreibe ich mir die Langeweile. In der letzten Zeit bin ich meist um 6 Uhr 30 aufgestanden, habe mich gewaschen, gegurgelt, angezogen und um 7 Uhr gefrühstückt (Kaffee und Brot). Um 7 Uhr 30 bin ich in die Pferdebahn vor dem Haus gestiegen und kurz vor 8 Uhr dann in der Kaserne des 1. und 2. Bataillons des II. Preußischen Infanterieregiments der Kaiserlichen Garde in der *Friedrichstraße* angekommen. Hier habe ich den sogenannten *Revierdienst* geleistet. Später bin ich dann in die Kaserne des 3. Bataillons in der *Karlstraße* umgesetzt worden. Die Aufgaben, die ich hier zu erledigen habe, ähneln denen in der Friedrichstraße. Der Revierdienst entspricht dem, was bei uns in der Armee Morgendiagnose genannt wird. Seit einiger Zeit esse ich auch in „Töpfers Hôtel" Mittag. Hier treffe ich jeden Tag Ishi. Auch Professor Taguchi ißt dort Mittag. Nachmittags gehe ich manchmal zu Regiments-Sanitätsoffizier *Rudolph Köhler,* der am *Reichstagsufer* wohnt, um dort meine Befehle in Empfang zu nehmen. Der Revierdienst findet auch an Sonn- und Feiertagen statt, das heißt es gibt keine freien Tage. Ich habe eine neue Abhandlung geschrieben *(Über pathogene Bacterien im Canalwasser)*[(18)]. Professor Koch hat sie in seiner Zeitschrift *(Zeitschrift für Hygiene)* veröffentlichen lassen.

14. Mai

Ich habe den aus dem Süden zurückgekehrten berühmten Wissenschaftler *Virchow*[(19)] in seiner Wohnung in der *Schellingstraße 10* besucht. Meine Studie über japanische Wohnhäuser[(20)] hatte ich mitgenommen, um ihn zu bitten, sie sich einmal durchzulesen. Virchow ist zurückgekehrt, weil die Abgeordneten des Parlaments ihn gebeten haben, über die Unvollkommenheit des *Etatsgesetzes* einen Vortrag zu halten. Zudem wird von ihm erwartet, daß er die Untersuchung des verstorbenen Kaisers vornimmt, auch wenn dieser hauptsächlich von dem englischen Arzt *Mackenzie* behandelt worden ist. Obwohl Virchow aus diesen Gründen alle Hände voll zu tun hat, hält er trotzdem wieder seine Vorlesungen. Das erregt das Erstaunen der Leute. Und nun kommt da so ein grünschnabeliger Student wie ich daher, der sich von ihm seine ungeschickten und mangelhaften Aufsätze durchsehen lassen will. Doch Virchow hat mich freundlich empfangen und sich einige Stunden mit mir in aller Ruhe unterhalten. Schließlich hat er das Manuskript dabehalten und mir versprochen, es nach der Durchsicht an die *Anthropologische Gesellschaft* zu schicken und drucken zu lassen. Von ihm kann man wirklich sagen, daß er umso mehr schafft, je mehr Arbeit er hat. Nach dem Gespräch hat er mir gesagt, daß er ein neues Buch von Miura zugeschickt bekommen hat, und dessen Liebe zur Wissenschaft gelobt. Ich habe ihm von der Abhandlung über Medizin in Korea erzählt, die ich übersetzt hatte, und ihn nach seiner Meinung dazu gefragt. Seine Antwort lautete: „Diese Übersetzung sollten Sie dem Direktor des *Ethnologischen Museums Bastian*(21) geben. Er müßte dann entscheiden, wie weiter damit verfahren werden kann." Am nächsten Tag war ich im Museum bei Bastian. Wir haben über die Ursprünge der asiatischen Menschenrasse und deren Religion diskutiert. Die Übersetzung über die Medizin Koreas habe ich ihm gegeben und bin dann nach Hause zurückgekehrt.

Sieben Gedichte auf Berliner Frauen

Nr. 1
Probiermamselle
Bezaubernde Blume
Probiermamselle
in neuester Mode
welch launischer Luxus
Eine vornehme Dame
nach ihren Worten
doch nicht von Geburt an
in prächtigen Kutschen

Nr. 2
Sodaliska
Lächelnd stillt sie
den stärksten Durst
Zum einfachen Kleid
leicht geschminkt
kühl und dennoch
mit feinem Charme
jene Sodaliska
der Hauptstadt

Nr. 3
Kellnerin
Im Viertel der roten Lichter
edle Getränke
lauter kleine Zimmer
warm wie gedämpftes Feuer
Ihre Neigung so anders
wie seltsam
nur mir, dem Studenten
ein Lächeln

Nr. 4
Soubrette
Mit bezaubernder Stimme
die neuesten Verse
Improvisationen
gleich einem seltenen Design
Wozu tausende Bücher
ein einzig Lied
uns lächeln läßt
Freude schenkt

Nr. 5
Mädchen für alles
In schleppenden Gewändern
einmal Herrin sein
alles vergessen
über einem schneidigen Hut
Wer weiß
vom Lammfleisch in der Küche
eine Scheibe
für den Liebsten

Nr. 6

Die Gefallene

Schon mit sechzehn
müde und verfallen
wie raffiniert
Schimpf und Tadel aus dem roten Mund
In Berlin
anders als in Paris
verkauft sie den Leib
nicht die Seele

Nr. 7

Hökerin

Ein Vermögen erspart
für die Bildung der Kinder
im Alter kaum Freude
mit dem nach Fisch stinkenden Korb
steht sie
an der Straße
bis zwölf Uhr Glockenschlag
Laternen verlöschen

Ein junger Japaner im Deutschland Bismarcks

„Derjenige, der nun in den Osten zurückkehrt, ist nicht mehr derselbe, der damals gen Westen fuhr. Noch immer kann ich mich mit dem, was ich mir an Wissen angeeignet, nicht zufrieden geben. Sowohl die Schattenseiten des Lebens als auch die Unbeständigkeit des menschlichen Herzens, ja auch meines eigenen, habe ich erfahren. Wem könnte ich wohl all das anvertrauen, was ich hier über meine augenblicklichen Gefühle niederschreibe, wo sie doch das, was sie gestern noch bejahten, heute schon verneinen?“ [1)]

So beschreibt der 26jährige Mori Ôgai[2)] in seinem Erstlingswerk „Maihime“ (1890, Das Ballettmädchen) die Gedanken, die ihn bewegen, als er im Jahre 1888 nach einem vierjährigen Studienaufenthalt in Deutschland in seine Heimat zurückkehrt. Welche Einsichten und Erlebnisse füllten die Jahre im fremden Land? Was für eine Bewegung brachten sie in die Gedankenwelt des jungen Mannes, und welche Spuren hinterließen sie in seinem Denken, Fühlen und Handeln? Um dies genau zu erkunden, um all das, was sich wandelte während der Zeit in der Fremde, genau zu erfassen und auszuloten, erweist es sich als notwendig, einen Blick in seine Kindheit und Jugend zu werfen.

Mitten in einer Zeit gesellschaftlicher Umbrüche in Japan und nur wenige Monate, bevor der erste ständige Vertreter Preußens in Japan eintrifft, genau gesagt, am 19. Januar 1862 erblickt in Tsuwano, einem kleinen Städtchen in der heutigen Präfektur Shimane, der kleine Mori Rintarô als der älteste Sproß von Shizuo und Mine Mori das Licht der Welt.

Da es der Familie Mori, einer dem niederen Feudaladel angehörenden Arztfamilie, die bereits seit elf Generationen im Dienst der Fürstenfamilie Kamei steht, an männlichem Nachwuchs mangelte, waren sowohl der Großvater Hakusen als auch der Vater Shizuo in die Familie Mori adoptiert worden. Daher ist die Freude doppelt groß, als sich nun ein Sohn einstellt, und man empfindet dies wie „einen hellen Lichtblick“[3].

In den ersten Kindheitsjahren Ôgais studiert sein Vater auf Befehl des Fürsten in Edo, später dann in Sagura Holländische Medizin. So obliegt die Erziehung und Ausbildung des Sohnes zunächst der Mutter, die ihn bereits vor dem Schulbesuch in die Kunst des Lesens und Schreibens einfacher Silbenzeichen einweiht. Mit sechs Jahren nimmt Ôgai bei einem Verwandten die ersten Lektionen im Lesen der Werke des Mencius, klassischer chinesischer Schriften. Dabei „liest er nicht wie die anderen Kinder den chinesischen Text einfach nur laut vor, sondern er scheint dabei auch größtenteils dessen Bedeutung zu verstehen.“[4] Auch der Vater, eben erst von seiner Studienreise zurückgekehrt, tut das seine, um den Sohn so früh wie möglich zum Lernen anzuhalten, indem er ihn in den Anfangsgründen der holländischen Grammatik unterweist. Später schickt er ihn dann parallel zum Schulbesuch zum Privatunterricht in holländischer Sprache.

Ôgai fällt das Lernen nicht allzu schwer. Offensichtlich von hoher Auffassungsgabe fühlt er sich zudem auch von Lob und anerkennenden Worten ermuntert und angespornt. „Wenn es lobend hieß: Ja, das ist ein Wunderkind, war ich voller Freude und lernte unermüdlich.“[5]

Die geistige Grundlage für die Erziehung des jungen Ôgai bildet der Neokonfuzianismus mit seinen ethischen und moralischen Normensetzungen, strengster Pietät und Loyalität.

„Seit meiner Kindheit hatte ich stets die Worte der Älteren befolgt, hatte brav gelernt und gearbeitet. Daß mir alles gut gelang, lag nicht etwa an meiner Energie und Willenskraft. Auch wenn ich den Eindruck erweckte, sehr ausdauernd und fleißig beim Lernen zu sein, täuschte ich damit doch nur mir selbst und den anderen etwas vor. In Wirklichkeit bin ich jedoch immer nur dem Weg gefolgt, den andere mir wiesen."[6)]

Der Geist der Unterordnung schlägt tiefe Wurzeln und wird in seinem ganzen Leben die entscheidende Ausgangsbasis und zugleich auch den Maßstab für all sein Denken und Handeln bilden. Da indes eine solche Grundhaltung der freien Entwicklung des Individuums entgegenstehen muß, ist hiermit für Ôgai, der sich recht bald seiner eigenen Individualität bewußt werden wird, der Grundstock für harte innere Kämpfe und Widersprüche gegeben, die ihn bis zu seinem Lebensende begleiten und quälen werden.

Von frühester Kindheit an übt die Literatur eine magische Anziehungskraft auf ihn aus. „Ich wurde zu einer Zeit geboren, in der es noch keine Zeitschriften für Kinder und auch noch nicht die Kinderbücher von Iwaya Sazanami gab. So las ich denn solche Bücher wie ‚Die hundert Gedichte', das meine Großmutter als Braut mitgebracht haben soll, Jôruri-Textbücher, die noch Erinnerungsstücke aus der Zeit waren, da mein Großvater sie rezitierte, und Bilderbücher, die den Handlungsablauf von Nô-Stücken darstellten. Nicht ein einziges Mal ließ ich Drachen steigen oder die Kreisel tanzen. Ebenso ging ich auch keine engere Freundschaft zu den Jungen in der Nachbarschaft ein. Mehr und mehr wurde ich von meinen Büchern in Anspruch genommen."[7)]

Von 1869 bis 1872, den ersten Jahren der Meiji-Zeit, die der Restauration der Macht des japanischen Kaiserhauses folgen und die durch Reformen, aber auch durch zahlreiche Bauernaufstände und erste Streiks geprägt ist, besucht

Ôgai das Yôrôkan[8], die Schule des Fürstentums, wo er wie auch im Elternhaus ganz im Geist neokonfuzianischer Moralnormen erzogen wird.

Da die klassische Sinologie, ein traditionelles Fach an japanischen Schulen, einen nicht geringen Raum in der Ausbildung einnimmt, lernt Ôgai bereits in jungen Jahren, klassisches Chinesisch zu beherrschen. Wie gut er es auch versteht, sich selbst schriftlich in dieser Sprache auszudrücken, zeigen seine ersten Übersetzungen aus dem Deutschen, die er nicht in seiner Muttersprache, sondern in klassischem Chinesisch verfaßt.

Zudem hat sich am Yôrôkan die Lehre der Nationalen Schule durchgesezt, die in Reaktion auf den wachsenden Einfluß der Sinologie und in der Besinnung auf eigene nationale Werte und Traditionen begründet worden ist und die die Restauration der Macht des japanischen Kaiserhauses anstrebt. Zugleich prägt aber auch ein Geist der Offenheit gegenüber dem Ausland die Atmosphäre an dieser Schule, wenn auch mit Einschränkungen. So meint man hier, daß die ausländische Wissenschaft durchaus auch das eigene Land stärken könne und daher in der Ausbildung nicht fehlen dürfe. So wird, wie auch an einer Reihe anderer progressiver Fürstenschulen, in Tsuwano schon seit Jahren die Holländische Medizin gelehrt. Doch während man die ausländische Wissenschaft preist und lehrt, bekennt man sich zugleich zu jener Bewegung, die unter der Losung steht: „Ehrt den Kaiser, vertreibt die Barbaren!“[9]

Als im Jahre 1871 in Japan der hohe Feudaladel entmachtet, Tsuwano wie jedes andere Fürstentum auch aufgelöst und das Land in Präfekturen eingeteilt wird, verlegt Fürst Kamei seinen Wohnsitz nach Tôkyô. Dadurch ergibt sich eine günstige Gelegenheit für die Familie Mori, ebenfalls in die neue Hauptstadt des japanischen Kaiserreiches überzusiedeln.

Im letzten Jahr der Ausbildung am Yôrôkan erhält Ôgai als Auszeichnung ein Buch der klassischen chinesischen Literatur. Seine Schwester Kimiko schreibt über jenen Tag:

„Großmutter schickte sich eilends an, dem Hausaltar eine Kerze zu opfern. Das tat sie stets, wenn sie glücklich oder auch wenn sie traurig war, immer wenn ein tiefes Gefühl sie ergriffen hatte *[...]* Mutter zog meinen Bruder ganz dicht zu sich heran und sprach voll Liebe und Güte zu ihm: ‚Wir sind alle sehr froh darüber, daß du beim Lernen immer der Erste bist. Auch dein Großvater ist sicher voller Freude über dich. Nur darfst du jetzt aber nicht eingebildet und überheblich werden. Es wäre doch schade, wenn diejenigen, die dich heute gelobt haben, sich in ihrem Urteil geirrt hätten. Du bist noch klein, und selbst wenn du in unserem Fürstentum der Erste bist, so wird dich doch, wenn du in die große weite Welt hinaustrittst, niemand kennen. Ich möchte, daß du dir fortan große Mühe gibst und alles darein setzt, wie eine Perle unter vielen Steinen am Strand ein Auserwählter unter den Menschen zu werden. Bald wirst du mit deinem Vater nach Tôkyô gehen und dort gemeinsam mit den Menschen vieler Völker leben und Gelegenheit haben, dich in deinen Leistungen auszuzeichnen. Ich bitte dich, halte dabei stets den Namen unserer Familie und unseres Landes in Ehren.[10)]

In Tôkyô besucht Ogai zunächst die Shinbungakusha, eine private Sprachschule, wo er bis 1874 in Vorbereitung auf ein Medizinstudium, denn er soll natürlich die Familientradition fortführen, die deutsche Sprache erlernt. Dies erweist sich als notwendig, da der Einfluß der deutschen Medizin in diesen Jahren in Japan stark zugenommen hat. So sind 1871 auf Ersuchen der japanischen Regierung die beiden Ärzte L. Müller und 1. E. Hoffmann nach Tôkyô gekommen, um, wie Rudolf Hartmann in einer Studie über jene Zeit schreibt, den Grundstein dafür zu legen, „daß in den folgenden Jahrzehnten die japanische Medizin fast völlig nach deutschem Muster aufgebaut“ wird. Das erfolgt „in einem solchen Maße, daß für dieses Fachgebiet die deutsche Sprache wichtiger“ wird „als Latein.“[31)]

Nach dem Besuch der Shinbungakusha wird Ogai in die Vorbereitungsschule der Tôkyôter Medizinischen Akademie aufgenommen. Zu jung an Jahren – er ist gerade zwölf –, gibt er ein falsches Geburtsjahr an, und man trägt 1860 statt 1862 in das Register ein. Kurz nach seiner Immatrikulation im Jahre 1877 werden die Tôkyôter Medizinische Akademie und die Kaiseigakkô[2)] zur Medizinischen Fakultät der Kaiserlichen Universität vereinigt, an der sich Ôgai mit großem Eifer seinem Medizinstudium widmet. Im Juli 1881 schließt er es als Achtbester seines Jahrgangs ab.

Auch in Tôkyô füllt die Lektüre schöngeistiger Literatur all seine Mußestunden. Er liest die Werke Bakins, Kyôdens und anderer Autoren der volkstümlichen Erzählprosa des 18. und 19. Jahrhunderts. „Die darin beschriebenen Liebesaffären zwischen Männern und Frauen schwebten gleich schönen Träumen in meinen Gedanken.“[13)] Er besucht Varieté-Theater, lauscht den Geschichtenerzählern, den Rakugo-Komikern und auch den Balladensängerinnen. In diese Zeit fällt auch seine erste Begegnung mit der europäischen Literatur, durch die er auch erste tiefere Einblicke in die Kultur anderer Länder gewinnt. Zu einem Freund äußert er einmal: ‚Jenes Europa ist so weit weg. Das Klima, die Sitten und Bräuche, auch das Essen, die Kleidung und das Handwerk, alles ist so anders als bei uns. Können wir denn da die gesamte europäische Medizin so ohne weiteres in blindem Glauben übernehmen? Allerdings wurde diese Wissenschaft in Europa bereits vor langer Zeit begründet, und man verfügt dort bereits über große Erfahrung. Daher meine ich: Sollten wir nicht zuerst einmal eine Zeitlang von

Europa lernen und dann eines Tages auf der Grundlage des Gelernten unsere eigene Lehre aufbauen?“ [14)]

Als im Zuge der Modernisierung des gesamten Verwaltungsapparates der japanischen Regierung in den 70er und 80er Jahren des 19. Jh. zahlreiche Wissenschaftler zum Studium in die USA und nach Europa gesandt werden, beschließt auch der junge Ôgai, sich für ein Studium in Deutschland zu bewerben. Trotz aller Bemühungen wird er jedoch abgelehnt. So tritt er auf Wunsch seiner Familie in den Dienst des Kriegsministeriums. Mit diesem Schritt beginnt für ihn, der bereits durch seine Herkunft dazu privilegiert ist, eine Laufbahn innerhalb der herrschenden Schicht seines Landes. Gerade in dieser Zeit setzt sich in Japan der Einfluß Deutschlands auch auf dem Gebiet des Militärs durch. Als die japanische Regierung im Jahre 1883 den Beschluß faßt, einen Militärarzt zum Studium nach Deutschland zu entsenden, fällt die Entscheidung auf Ôgai.

Betraut mit dem Auftrag, Hygiene zu studieren und das Militärsanitätswesen Deutschlands zu untersuchen und voller Erwartungen trifft Ôgai im Oktober 1884 in Deutschland ein. Die erste Begegnung mit Berlin, der neuen Hauptstadt des deutschen Kaiserreiches, dessen wirtschaftliche Situation durch die Hochkonjunktur der sogenannten Gründerjahre bestimmt wird, wird für den erst 22jährigen Ôgai zu einem überwältigenden und unvergeßlichen Erlebnis. Noch nach Jahren erinnert er sich: „… auf einmal stand ich inmitten dieser modernen europäischen Großstadt. Was war das für ein Glanz, der da meine Augen blendete! Was für eine Farbenpracht, die versuchte, mein Herz zu betören! Übersetzt man ‚Unter den Linden‘ ins Japanische, denkt man unwillkürlich an ein stilles idyllisches Fleckchen Erde. Aber kommen Sie auf diese Hauptstraße ‚Unter den Linden‘ und sehen Sie nur die Herren und Damen, wie sie in Gruppen die gepflasterten Fußwege zu beiden Seiten der Straße entlangspazieren. Es war noch zu der Zeit, als Wilhelm 1. ans Fenster gelehnt das Treiben auf der Straße beobachtete. Die Offiziere mit ihrer stolz herausgestreckten Brust und gehobenen Schultern in ihren Paradeuniformen in den verschiedensten Farben und wunderhübsche Mädchen, geschmückt nach der Pariser Mode, mußten einem das Auge einfach entzücken. Dazu kamen noch die verschiedensten Kutschen und Droschken, die auf der asphaltierten Straße völlig geräuschlos dahinrollten. Und an einem freien Platz zwischen den in die Wolken emporragenden Palästen entzückte das Rauschen eines Springbrunnens, dessen Wasserschwall mit einem solchen Lärm herabstürzte, daß man glaubte, es sei ein Gewitterguß aus heiterem Himmel. Weit in der Ferne hinter dem Brandenburger Tor konnte man die wie aus dem Gezweig der grünen Bäume in halber Höhe auftauchende Statue der Göttin auf der Siegessäule erblicken. All diesen Sehenswürdigkeiten stand man im selben Augenblick ganz hautnah gegenüber; da war es kein Wunder, wenn jemand, der zum ersten Mal hier weilte, all diese Eindrücke nicht auf einmal erfassen konnte.“ [15)]

In Berlin wird Ôgai dem Gesandten Aoki Shuzo vorgestellt. Nach einem kurzen Gespräch gibt dieser ihm folgenden Rat:

„Hygiene zu studieren ist eine gute Sache. Aber es dürfte wohl nach Ihrer Rückkehr in Japan sehr schwierig für Sie werden, das Gelernte sogleich in die Praxis umzusetzen. Das japanische Volk, das noch in Holzsandalen mit Riemen zwischen den Zehen herumläuft, braucht keine Abhandlungen über Hygiene. Wissenschaft besteht nicht nur aus Bücherlesen. Wenn Sie aber genau beobachten, wie die Menschen in Europa denken, wie sie leben und miteinander umgehen, dann kann Ihr Aufenthalt hier durchaus von Nutzen sein.“ (13.10.) [16)]

Die folgenden Jahre werden zeigen, wie Ôgai, der sich mit größter Intensität und Leidenschaft seinen wissenschaftlichen Studien widmet, zugleich auch den Ratschlag seines Gesandten beherzigt und sich die Kultur Deutschlands zu eigen macht, über das er selbst schon im zweiten Jahr seines Studienaufenthaltes sagen wird, daß es „vielen Japanern ein zweites geistiges Vaterland geworden ist“[17]. Die Jahre in Deutschland sind voller neuer Eindrücke, Erlebnisse und Erfahrungen, die im einzelnen und in ihrer Gesamtheit entscheidenden Einfluß auf seine weitere Entwicklung, insbesondere auch auf seine literarische Entwicklung nehmen werden. Sein Tagebuch, in das er fast täglich seine Erlebnisse und Gedanken notiert, und zwar in klassischem Chinesisch, dokumentiert seine Aufgeschlossenheit dem fremden Land, seiner Kultur und Wissenschaft gegenüber und seine Bereitschaft, sich alles Neue und noch Unbekannte zu erschließen und anzueignen. In „Môsô“ (1911, Wahn) reflektiert er später: „Ich war kaum zwanzig Jahre alt und reagierte auf die verschiedensten Ereignisse mit einer Sensibilität wie ein junges Mädchen, während ich im Innern über eine bisher noch nie gebrochene Kraft verfügte.“[18]

Sein Weg führt ihn zunächst nach Leipzig, wo er am 22. Oktober eintrifft. Pflichtbewußt und beseelt von dem Wunsche, nun endlich mit seinen Studien beginnen zu können, eilt er gleich am nächsten Morgen zu Prof. Hofmann, unter dessen Anleitung er in Leipzig studieren wird. Erst danach nimmt er sich Zeit für die Zimmersuche. Schließlich bezieht er Logis bei der Witwe Wohl in der Thalstraße unweit der Johanniskirche, deren Glockenschläge er in seinem neuen Quartier hören kann. An viele Dinge muß sich der junge Japaner erst gewöhnen, nicht nur daß die Umgebung eine völlig neue ist und er fortan auch die ihm noch ungewohnte europäische Kleidung zu tragen hat. Auch die Eßgewohnheiten sind ihm fremd:

„Zum Frühstück gibt es nur Kaffee und Brot." (23.10.) Die übrigen Mahlzeiten wird er in der Pension von Frau Vogel in der Liebigstraße zu sich nehmen. Diese Pension ist bei den Studenten sehr beliebt, auch viele Ausländer speisen hier, und es herrscht eine warmherzige und familiäre Atmosphäre, so daß sich Ôgai hier rasch heimisch fühlt.

Auch Leipzig beeindruckt den jungen Ogai, wenn auch auf eine ganz andere Weise als Berlin: „Unter allen Großstädten Deutschlands gibt es wohl keine zweite, die so viele Fabriken wie Leipzig hat. Ruß und Rauch verhüllen den Himmel wie mit einem Schleier. Die weißen Wände der Häuser scheinen sich von Tag zu Tag dunkler zu färben." (24.10.)

Täglich führt ihn sein Weg ins Hygiene-Institut der Universität von Leipzig, wo er hingebungsvoll und gewissenhaft seinen Studien nachgeht.

Kaum drei Tage in Leipzig, notiert er in sein Tagebuch:

„Ich habe beschlossen, mich an den Abenden in die Werke deutscher Dichter zu vertiefen." (24.10.) Voll Feuereifer geht er daran, sich die ihm noch fast fremde Kultur zu erschließen, um schon anderthalb Jahre später begeistert festzuhalten: „Besteht die wahre europäische Kultur nicht in der Erkenntnis der Freiheit und Schönheit in reinstem Sinne des Wortes?"[19)]

Sorgfältig trägt er in sein Tagebuch oder in gelesene Bücher das Datum des Tages, an dem er diese zu Ende gelesen hat, und meist auch seine Eindrücke ein. So können wir relativ genau nachvollziehen, welcherart Bücher er wann gelesen hat.

Im Frühjahr 1885 zieht ihn die von Paul Heyse und Hermann Kurz herausgegebene 24-bändige Ausgabe des „Deutschen Novellenschatzes" in ihren Bann, und das in einem Maße, daß er von April bis August fast sämtliche 84

Novellen geradezu verschlungen hat. Die Novellentheorie Paul Heyses, die sogenannte „Falkentheorie"[20], für die diesem im Jahre 1910 als erstem deutschen Schriftsteller der Nobelpreis verliehen wird, findet in jenen Jahren große Beachtung und Verbreitung, so daß es wohl ganz natürlich ist, daß sie auch Ôgais Interesse weckt. Trotzdem scheint für ihn von der Novelle eine ganz besondere Faszination auszugehen.

Am 24. Juni notiert er in sein Tagebuch: „Heute ist der sogenannte Johannistag, ein Feiertag schon seit der Zeit vor Christi. Am längsten Tag des Jahres wurde ein Feuer angezündet, verbunden mit dem Wunsch, daß dieser Tag recht lang werden möge. Das war das Johannisfeuer. Auch von Taira Kiyomori wird berichtet, daß er sich an diesem Tag der untergehenden Sonne zuwandte und sie beschwor zurückzukehren. Der Brauch des Feuers lebt in München bis heute fort. Hier ist der Johannistag jetzt ein Feiertag, an dem die Ahnen geehrt werden. Er ähnelt ein wenig dem buddhistischen Allerseelenfest. Die Damen und Herren der ganzen Stadt versammeln sich auf dem Friedhof und legen aus Blumen gebundene Kränze auf die Gräber In vielen anderen Städten Deutschlands wird ebenfalls dieses Fest begangen, aber wo gibt es schon noch ein Johannisthal und ein Johannismännchen? *[...]* Das Johannismannchen lebt im Garten des Johannishospitals in der Nähe des Tals und ist der Schutzgott des Feuers, der sich nach althergebrachtem Brauch an diesem Tag den Menschen zeigt." (24.6.)

Mit seinen Freunden aus der Pension Vogel oder auch mit Kommilitonen unternimmt er oft Ausflüge oder geht er ins Konzert. Auch das Biertrinken lernt er in Deutschland.

Von einer Abschiedsfeier für zwei Assistenten berichtet er: „Die Kommilitonen tranken Bier in erstaunlichen Mengen. Deutsche Biergläser fassen in der Regel einen halben Liter. Es ist durchaus keine Seltenheit, daß jemand mehr als 25

Gläser trinkt. Das sind dann 12,5 Liter. Ich habe kaum drei Gläser geschafft. Das ist wohl auch mein Maximum. Dem Spott der Kommilitonen konnte ich nicht entgehen.“ (27.6.)

Mit einem weiteren hochsommerlichen Vergnügen der Leipziger Studenten schließt Ôgai, wenn auch zunächst unfreiwillig, erste Bekanntschaft. Nachdem er sich noch ein paar Tage zuvor gebrüstet hat, daß er an den Bootsfahrten seiner Kommilitonen auf der Pleiße nicht teilnimmt, „schleppen“ diese ihn an einem Tag Ende Juli „mit Macht an die Pleiße. Sie erklärten, daß ich auch nicht zu rudern bräuchte, sie würden das schon übernehmen *[...]* In nicht wenigen Booten saßen schöne Frauen. Manche spielten Harmonium, andere wiederum sangen Lieder. Wir hatten bereits zwei Brücken unterquert, als der Fluß ein wenig breiter wurde. Da erblickten wir auf einmal ein etwa 15jähriges Mädchen, eine ausgesprochen vornehme Erscheinung. Sie führte selbst das Ruder. Meine Freunde schauten auf mich und lästerten: ‚Schämst du dich denn gar nicht vor dem Mädchen?‘ Aus Spaß griff ich nun zum Ruder, doch es wollte mir nicht so recht gelingen, beide Arme gleichzeitig durchzuziehen *[...]* Aber nach zwanzig, dreißig Minuten hatte ich es geschafft.“ (30.7.) So genießt Ogai in vollen Zügen das ungezwungene Studentenleben.

Im August füllen sein Regal bereits mehr als 170 Bücher. „Wenn ich zuweilen ein Buch zur Hand nehme und darin lese, ergreift mich ein unbeschreibliches Glücksgefühl. Die ernsten und feierlichen Dramen der großen Griechen Sophokles, Euripides und Aeskylos sind mein. Wunderschön sind die Liebesgeschichten der französischen Meister Ohnet, Halevy und Greville. Dantes tiefsinnige ‚Göttliche Komödie‘ hat mich ganz und gar in Entzücken versetzt. Großartig und erhaben dünken mich Goethes ‚Sämtliche Werke‘. Wer kommt und teilt mit mir das Vergnügen?“ (13.8.)

Auch Balzacs Werke schließt er in sein Herz.[21] Sie rufen in ihrer Vielgestaltigkeit und ihrem Kolorit seine aufrichtige Bewunderung und Begeisterung hervor. Am Ende eines Bandes, der die Romane „Honorine“ und „Oberst Chabert“ enthält, begegnet uns die Notiz Ôgais: „Oh welch unvergleichliche Größe!“[22]

Am 28. September nimmt Frau Dr. Niedermüller, die Tochter von Frau Vogel, ihn zur 13. Generalversammlung des „Allgemeinen Deutschen Frauenvereins“ mit. Über diesen Verein notiert er in sein Tagebuch: „Er wurde 1865 von Louise Otto-Peters, einer Verwandten von Frau Vogel, gegründet *[...]* Männlichen Gästen ist die Teilnahme nur am heutigen Tag und am morgigen Nachmittag gestattet. Unter Hunderten von Teilnehmern konnte ich nur zehn Männer entdecken. Die Worte der Rednerin, Fräulein Marie Calm aus Cassel, haben das Publikum tief bewegt. Sie hat erklärt, daß das Hauptanliegen des Vereins darin bestehe, Unterstützung und Krankenpflege zu leisten.“ (28.9.) Auch am folgenden Tag fehlt Ôgai nicht auf der Versammlung, deren Thematik ihn brennend interessiert. Jahre später, als er längst in seine Heimat zurückgekehrt ist, wird er sich mit der Problematik der Erziehung und Ausbildung junger Mädchen in Japan befassen, wobei er sich möglicherweise auch an dieses Erlebnis zurückerinnert. Vermutlich geht überhaupt sein Interesse an dieser Problematik bis auf diese Zeit zurück.

In Leipzig lernt Ôgai den Generalstabsarzt Dr. Wilhelm Roth kennen, einen führenden Militärmediziner jener Zeit in Deutschland. Diese Bekanntschaft wird für den weiteren Verlauf von Ôgais Studienaufenthalt von großer Bedeutung sein. Dr. Roth lädt ihn zu Verwundetentransportübungen nach Dresden ein, wo er ihn zugleich in die höheren Kreise des Militärs einführt. Er ist es auch, der Ôgai die Teilnahme an den Herbstmanövern des Sächsischen Armeecorps 1885 ermöglicht. Bei diesen gewinnt Ôgai einen kleinen Einblick in das Leben der Soldaten, aber auch in das Leben der Menschen auf dem Lande, wobei er allerdings das wirkliche Leben der letzteren nie kennenlernt. Mit aufmerksamem Blick nimmt er auch die neue Umgebung in sich auf Neben Beschreibungen einzelner strategischer Operationen füllen poetische Landschaftsschilderungen die Seiten seines Tagebuchs. Während der Manöver erhält er auch Gelegenheit, König Albert von Sachsen persönlich zu begegnen. Bei einem Essen im Schützenhaus von Grimma „trat der König auf mich zu, worauf ich ihm die Ehrenbezeigung erwies. Auf seine Frage, was für Gefühle mich bewegten, seit ich in Deutschland bin, und was das Ziel meines Aufenthaltes sei, antwortete ich ihm mit einigen wenigen Worten. Dr. Roth führte mich dann zu Prinz Georg, mit dem ich ebenfalls ein paar Worte wechselte. Auch fand ich Gelegenheit zu einem Gespräch mit dem Kriegsminister von Fabrice.“ (6. 9.)

Auf Anraten Dr. Roths nimmt Ôgai von Oktober 1885 bis Februar 1886 an einem Winterkursus für Militärmedizin in Dresden teil. Nach einem festen Stundenplan werden unter anderem Lehrveranstaltungen in den Fächern Transport, Reiten, Hygiene und Hygienechemie gegeben. Unter Dr. Roths Anleitung inspizieren die Kursusteilnehmer eine Wäscherei, eine Bäckerei, ein Gefängnis, ein Wasserwerk und weitere Einrichtungen.

Wissenshungrig stürzt sich Ôgai zudem auf jede Gelegenheit, sich auch auf anderen wissenschaftlichen Gebieten über die neuesten Erkenntnisse zu informieren: „Nach den Vorlesungen gingen wir in die Fabrik ‚Gehe und Comp.‘. Die Mörser zur Medizinpulverherstellung werden dort alle mit Dampfmaschinen angetrieben. Das ist höchst erstaunlich. Am Abend war ich im Polytechnicum und hörte einen

Vortrag von Hagen" zum Thema „Der neueste Stand auf dem Gebiet des elektrischen Lichts". (7.12.)

Drei Tage nur sind seit seiner Ankunft in Dresden vergangen, da eilt er auch schon in die Gemäldegalerie, die er bereits bei seinem ersten Dresden-Besuch ins Herz geschlossen hat, wie sein Tagebuch berichtet: „Besonders von der ‚Sixtinischen Madonna' von Raffaelo hatte ich schon seit langem geträumt. Doch jetzt war ich nun wirklich selbst da, und ein Traum ging für mich in Erfüllung." (13.5.) Diese Begeisterung findet auch Niederschlag in der Novelle „Utakata no ki" (1890, Wellenschaum), die zu großen Teilen autobiographische Elemente enthält. Immer wieder zieht es ihn, mit oder ohne Begleitung, in Ausstellungen und Galerien. Dank der Freundschaft Dr. Roths findet er auch in dieser Zeit Zugang zu den höchsten gesellschaftlichen Kreisen, in denen er viele neue Freunde gewinnt, die ihn zu Bällen oder auch ins Theater einladen.

Die Weihnachtsfeiertage verbringt er jedoch in Leipzig im vertrauten Kreise der Pension Vogel. Am 27. Dezember trifft er sich mit Inoue Sonken Tetsujirô[23)], den er bereits im Oktober persönlich kennengelernt hat. Inoue hatte sich vor einem Jahr dafür eingesetzt, daß die Übersetzung Ôgais von Wilhelm Hauffs „Geschichte von der abgehauenen Hand" aus der „Karawane", die dieser auf dem Schiffswege nach Deutschland vollendet hatte, im Januar 1885 in einer Tôkyôter Zeitschrift erschien[24)]. Er weilt wie Ôgai zu einem Studienaufenthalt in Deutschland, studiert Literatur und Philosophie und wird im Winter 1886/87, eingeladen von dem Japanologen Rudolf Lange, am Orientalischen Seminar der Berliner Universität Japanisch unterrichten.

„Am Abend war ich mit Inoue im ‚Auerbachs Keller'. Wir sprachen darüber, wie man Goethes ‚Faust' in chinesische Verse übersetzen könnte. Schließlich schlug Sonken mir vor, es doch einmal zu versuchen. Aus Spaß willigte ich ein.“ (27. 12. 1885) Zu diesem Zeitpunkt ist Ôgai mit Goethes Werk bereits vertraut. Im Januar 1886 wird er dann in seine Faust-Ausgabe eintragen, daß er das Werk zu Ende gelesen hat. Zahlreiche Eintragungen am Rande legen beredt Zeugnis davon ab, wie intensiv Ôgai sich mit diesem Werk beschäftigt. Er wird sein Versprechen halten, ganz wie es seiner Art entspricht. Jahre, nachdem er nach Japan zurückgekehrt ist, vollendet er seine, allerdings japanische „Faust“-Übersetzung, die 1922 als die erste vollständige Übersetzung dieses Werkes in Japan erscheint.

In Gesprächen mit seinem deutschen Freund Wilke, der ihm auch Spanisch beibringt, und mit Pena y Fernandes erwacht in Ôgai das Interesse für die alte spanische Literatur. Er erwirbt eine sechsbändige Reklam-Ausgabe mit Werken Calderôns in deutscher Übersetzung, in welcher er mit dem größten Vergnügen liest. [25)] Nur wenige Monate später besucht er im Dresdener Residenztheater eine Vorstellung von Calderôns „La dama duende“ (14.3.1886) und nur wenige Tage darauf entschließt er sich zum Kauf des Buches „Die spanische Nationalliteratur“ von Ernst Dolm. [26)]

Auch für das Werk Lessings und Schillers entdeckt Ôgai sein Herz. So liest er unter anderem „Lessings Leben und Werke“ von H. Zimmern[27)] und das Drama „Nathan der Weise“, das er sich ein halbes Jahr später ebenfalls im Theater ansieht. (13.8.1886)

Kurz vor Jahresende 1885 treibt es Ôgai wieder nach Dresden, ist er doch zum Neujahrsempfang am Königshof eingeladen. Auch in den folgenden Wochen ist er häufiger Gast bei Bällen am Hofe. Besonders interessiert verfolgt der wissensdurstige Ôgai in Dresden auch die Vorträge des Dresdener Vereins für Erdkunde. Auf einer Veranstaltung am 29. Januar hält er selbst einen Vortrag über japanische

Wohnhäuser und vermutlich damit die erste öffentliche Rede eines Japaners in deutscher Sprache[28)].

Am 20. Januar gibt Dr. Roth in seinem Hause eine Geburtstagsfeier für Ôgai. 20 Gäste sind geladen. „Roth führte mich zu einem gedeckten Tisch und hielt eine Rede. Auf dem Tisch fand ich Geschenke für mich *[...]* und das Buch ‚Geschichte der deutschen Literatur' von König." (20.1.)

Angeregt dadurch beginnt Ôgai sich selbst eine Sammlung historischer Abrisse anzulegen, zu der schließlich über 30 literaturgeschichtliche und -theoretische und über 30 philosophische Abhandlungen, diverse Handbücher, Lexika u.a. zählen werden. Diese zahlreichen theoretischen Werke verschiedenster Thematik bestimmen mehr oder weniger maßgeblich das Bild mit, das Ôgai im Laufe seines Studienaufenthaltes von der europäischen Kultur gewinnt.

Dank der Empfehlungen Dr. Roths verkehrt Ôgai hier in Dresden fast ausschließlich in gehobenen Kreisen, was sein Selbstbewußtsein ungemein stärkt. Einen Einblick in diese Zeit gibt seine Novelle „Fumizukai" (1891, Der Briefbote), in der er zahlreiche eigene Erlebnisse, auch aus der Zeit der Herbstmanöver, verarbeitet.

Ôgais Aktivitäten in Dresden werden indes von seinen Vorgesetzten in Tôkyô mit äußerst kritischen Augen verfolgt. Am 3. Januar erhält Ôgai einen Brief von Ishiguro Tadanori, in welchem dieser Ôgais Aktivitäten kritisiert und ihn zur Konzentration auf sein Hygienestudium anmahnt. Offensichtlich agiert der junge Ôgai seiner Ansicht nach bereits viel zu selbständig. Zwei Tage vor seiner Abreise aus Dresden, am 6. März, besucht Ôgai die Jahresfeier des Vereins für Erdkunde:

„Der Vortrag des heutigen Abends trug das Thema ‚Japan'. Der Redner war Edmund Naumann, der lange Zeit in Japan weilte und dort sogar mit dem Asahi-Orden ausgezeichnet worden ist. Irgendwie machte er aber einen recht unzufriedenen Eindruck. Vor über 300 Männern und Frauen sprach er über die geographische Lage. Sitten und Bräuche, Politik und Kunst Japans. Dabei übertrieb er hin und wieder maßlos und wurde direkt ausfallend. So sagte er z. B.: ‚Werte Anwesende! Wenn man die derzeitige Situation Japans betrachtet, das sich im Prozeß der Modernisierung befindet, dann merkt man doch, daß die Europäer den Japanern in ihrem Zivilisationsgrad weit überlegen sind. Und glauben Sie nicht, daß die Japaner sich nun etwa selbst bemühen würden, eine Atmosphäre des Fortschritts zu schaffen! Diese ist ihnen nämlich von außen aufgezwungen worden. So kam es denn ganz notgedrungen zu dieser Entwicklung.'" Ôgai fühlt sich zutiefst betroffen: „Als ich das hörte, konnte ich mich kaum noch beherrschen. Aber da es sich um den Festvortrag des heutigen Abends handelte, waren kritische Meinungen nicht erwünscht. Ich litt entsetzlich." (6.3.)

Beim anschließenden geselligen Beisammensein bemerkt Naumann über den Buddhismus: „Ich war sehr lange in Asien, habe mich aber vom Buddhismus nicht bekehren lassen. Denn dieser besagt: Frauen haben keine Seele. Verehrte Damen! Das kann ich nicht glauben!" (6.3.) Diese Gelegenheit ergreift Ôgai beim Schopfe und setzt nun doch noch zur Verteidigung an:

„Verehrte Anwesende! *[...]* Ich bin ein Mensch buddhistischen Glaubens, und als ein solcher muß ich jetzt einfach etwas sagen. Nach den Worten Naumanns behaupten die Buddhisten, die Frauen hätten keine Seele *[...]* Buddha – wer ist das eigentlich? Buddha – das ist der Erleuchtete. In der buddhistischen Lehre gibt es auch viele Frauen, die Buddha geworden sind *[...]* Wie konnten sie dazu in der Lage sein ohne Seele?! Verehrte Damen! Ich wollte hier nur den Beweis erbringen, daß die Anhänger des Buddhismus fälschlicherweise beschuldigt worden sind und daß sie, was die Verehrung der Damen angeht, den Christen in keiner Weise nachstehen. Werte Anwesende! Ich möchte Sie bitten, mit mir das Glas auf die schönen Seelen der Frauen zu leeren!" (6.3.)

Am 8. März trifft Ôgai in München ein. Hier beginnt er unter der Anleitung von Max von Pettenkofer, dem Begründer der experimentellen Hygiene, erstmalig mit systematischen wissenschaftlichen Experimenten. Binnen kürzester Zeit gelingt es ihm, sich die grundlegenden Fähigkeiten und Fertigkeiten anzueignen, wovon eine Reihe erfolgreich abgeschlossener Experimente zeugt, deren Ergebnisse in Form von wissenschaftlichen Abhandlungen in deutscher Sprache kurze Zeit später veröffentlicht werden.

Auch in München steht Ôgai in Verbindung zu zahlreichen bekannten Wissenschaftlern und Militärärzten wie z.B. Carl Voit und Generaloberstabsarzt von Lotzbeck. Gleich am 10. März besucht er eine Versammlung des „Ärztlichen Vereins von München", wo er „Ziemssen, Winckel und andere Doktoren" kennenlernt. (10.3.)

In dieser Zeit schließt er sich aber auch wieder enger an seine japanischen und deutschen Kommilitonen an. Erstaunt nimmt er den Brauch der Studentenduelle zur Kenntnis. Nachdem er einmal selbst dabeigewesen ist, beschreibt er alles ausführlichst in seinem Tagebuch und stellt abschließend fest:

„Viele deutsche Studenten sind in irgendwelchen sogenannten Corps oder Burschenschaften organisiert, tragen aus diesem Grunde seltsame Kleider und sprechen eine sonderbare Sprache. Das ist wohl ein Überbleibsel mittelalterlicher Bräuche. Ich kann nichts Gutes daran finden. Obendrein hat es noch übelste Folgen [...]. Natürlich kann man jungen Männern nicht verbieten, mit Schwertern zu spielen. Aber oft geraten sie bei einem hitzigen Gefecht derart in Erregung, daß sie die Entscheidung durch ein Duell herbeiführen wollen, obwohl Duelle eigentlich gesetzlich verboten sind *[...]* Nicht auf die Stimme des eigenen Gewissens zu hören und sich dem Zwang der Korporation zu unterwerfen, ist wohl eines der Grundübel an den deutschen Universitäten." (22.5.)

Wie er später in einem Gespräch äußert, stellen diese Duelle für ihn „nichts weiter als Kinderspiele" dar. „Was die eigene Ehre angeht, habe ich eine völlig andere Auffassung." (18.8.)

Der Ehrbegriff ergibt sich für den aus dem japanischen Kriegeradel stammenden Ôgai aus den Moralnormen, die seine Erziehung seit seiner frühsten Kindheit geprägt haben und sein ganzes Denken bestimmen. Die Bedeutung und der Einfluß dieser Erziehung werden später in „Maihime" als entscheidende Faktoren bei der Herausbildung des Ehrbegriffs der Hauptfigur dargestellt.[29)]

In München lernt Ôgai auch den jungen Kunststudenten Harada Naojirô kennen, mit dem ihn bald eine enge Freundschaft verbindet, die auch nach ihrer Rückkehr nach Japan nicht abbricht. Harada zeigt Ôgai seine eigenen und zum Teil noch unvollendeten Bilder, was von dem Vertrauen zeugt, das zwischen ihnen herrscht. Durch Harada gelangt Ôgai auch in die Kreise deutscher Kunststudenten und Maler. So schließt er Bekanntschaft mit Gabriel Max, dem Lehrer seines Freundes, und Julius Exter, einem Kommilitonen Haradas, der uns später unter seinem wirklichen Namen in der Novelle „Utakata no ki" wiederbegegnen wird, in der ein anschauliches Bild vom Leben in den Künstlerkreisen Münchens in jenen Tagen gegeben wird. In der Erinnerung an Exter schreibt Ôgai später:

„Es gibt ein lebensgroßes Ölportrait von Harada (…) Der Maler heißt Exter. Exter war ein Kommilitone Haradas und damals ebenso unbekannt wie dieser (...) Ich sehe ihn heute noch lebendig vor mir, wie er in seinem abgewetzten braunen Samtanzug auf dem Sofa in Haradas Zimmer sitzt und Kaffee trinkt. Heute jedoch ist er einer der führenden Maler der neuen Schule in Süddeutschland."[30]

Nicht nur die schönen Künste haben es dem jungen Ôgai angetan, auch das Theater zieht ihn in seinen Bann. Nicht ohne Einfluß darauf ist sicher seine Freundschaft mit Wahlberg, einem finnischen Militärarzt. „Wahlberg ist Arzt und zugleich auch Dichter. Er schreibt phantastische Geschichten und Dramen, von denen viele an den Theaterhäusern Finnlands aufgeführt wurden und großen Beifall fanden. Trotz seiner fünfzig Jahre ist er temperamentvoll wie ein junger Bursche." (7.3.1886)

Aber auch Tanaka Shôhei, ein Physiker, der ebenfalls in Deutschland weilt, begleitet Ôgai oft ins Theater. Er schenkt Ôgai eine zweibändige Theatergeschichte[31], die neben vielen anderen Werken zur Theaterproblematik, wie z.B. die „Geschichte des neuen Dramas", die „Aufgaben des modernen Theaters" und eine ganze Reihe verschiedener Untersuchungen zu Goethes „Faust" die theoretische Grundlage für eine weitergehende Auseinandersetzung Ôgais mit der Dramatik auch nach seiner Rückkehr nach Japan bilden wird.

Auch der Novelle wendet sich Ôgai wieder zu. Hier in München sind es der „Neue Deutsche Novellenschatz" und der „Novellenschatz des Auslands" [32] , die sein Interesse fesseln. Wie intensiv er nicht nur die zahlreichen Novellen liest, sondern sich auch mit der Theorie Paul Heyses auseinandersetzt, widerspiegelt seine Abhandlung „Ima no shoka no shôlsetsuron wo yomite" (1889, Über die Ansichten verschiedener Gegenwartsautoren zur Erzählprosa[33], die er kurz nach der Rückkehr in die Heimat abfaßt und veröffentlicht.

In jener Zeit erschließt sich Ôgai auch das Werk Turgenjews, das seit den 60er Jahren in Deutschland große Verbreitung findet und auch von der einfacheren Bevölkerung gern gelesen wird, wie auch folgende Tagebuchnotiz Ôgais anschaulich zeigt:

„Am Nachmittag war ich mit Kaji im Café ‚Krebs' (Neue Wilhelmstraße). Dort gibt es viele schöne Frauen, angeblich Freudenmädchen. Ein Mädchen war dabei, das kannte sogar Romane des Russen Turgenjew. Da kann man sich nur wundern." (28.5.1887)

Der „Novellenschatz des Auslands" enthält zwar nur eine Novelle Turgenjews, die „Erste Liebe", aber zu Ôgais Besitz zählen außerdem acht Reklam-Taschenbücher mit deutschen Übersetzungen von Turgenjew. [34)]

Ein weiterer Schriftsteller, dessen Werke in jenen Jahren in Deutschland ein breites Leserpublikum findet, wird auch von Ôgai hoch geschätzt: Alphonse Daudet. In Ôgais Bücherregal stehen fünf Bücher mit Übersetzungen von Werken Daudets. Rückgekehrt nach Japan, wird Ôgai verschiedene Werke Daudets wie auch Turgenjews übersetzen[35)] und in einem Artikel in der Literatur-Zeitschrift „Shigaramizôshi" [36)]. Daudet als *den* Vertreter Frankreichs anführen, der wie der Russe Lermonow und der Däne Andersen außerhalb bestimmter Modeströmungen zu den Reihen der Dichter zähle, die sich durch ihre Meisterschaft einen guten Ruf erworben haben.[37)] Eine Grundlage für eine solche Einschätzung bilden sicher auch einige literarische Abhandlungen wie die „Gesammelten kleinen Schriften" von Wilhelm Ritter von Hamm[38)], in deren erstem Band unter anderem die Essays „Ein Abend mit Alphonse Daudet" und „Zwei Poeten" enthalten sind, aus denen Ôgai später auch einige entsprechende Abschnitte übersetzt[39)].

In München stößt Ôgai erneut auf den Geologen Naumann. Am 26. und am 29.Juni 1886 veröffentlicht dieser in der „Allgemeinen Zeitung“ einen Artikel unter der Überschrift „Land und Leute der japanischen Inselkette“. Nur wenige Tage später erscheint in derselben Zeitung ein Resümee eines Vortrags zum selben Thema, den er am 25. Juni vor der Anthropologischen Gesellschaft in München gehalten hat. Daß Ôgai all dies nicht entgeht, zeigen uns seine Tagebuchnotizen. Am 14. September heißt es dort:

„Ich habe mit dem Manuskript für eine Anti-Naumann-Schrift begonnen, in der Absicht, diese später einmal zu veröffentlichen.“ (14.9.) Und am 17. Dezember notiert Ôgai:

„Prof. Pettenkofer hat mich eingeladen. Vor einiger Zeit hatte ich ihm meinen Anti-Naumann-Artikel anvertraut, den Versuch eines Angriffs auf Naumanns Artikel in der ‚Allgemeinen Zeitung‘ ‚Land und Leute der japanischen Inselkette‘ und seinen Vortrag ‚Über Japan‘ vor der Münchener Anthropologischen Gesellschaft […]. Der Inhalt des Artikels von Naumann stimmt im großen und ganzen mit dem seiner Festrede im Dresdener Verein für Erdkunde überein. Nun verbreitet er dieses lügenhafte Geschwätz wohl noch in allen möglichen Städten Deutschlands. Dabei bleibt es nicht einmal beim bloßen Reden, nein, diese Lügen gelangen sogar in die ‚Allgemeine Zeitung‘, die in der Welt der deutschsprachigen Wissenschaften über einen guten Ruf verfügt [...].Wie beklagenswert! Meine Gegenschrift hatte ich erst von einem Freund verbessern lassen und sie dann Prof. Pettenkofer mit der Bitte anvertraut, daß er sie in seinen Mußestunden einmal durchsehen und, wenn es möglich wäre, sie an seinen Freund Braun, den Herausgeber der ‚Allgemeinen Zeitung‘ schicken möge.“ (17.12.)

Ôgai erhält von Prof. Pettenkofer seinen Artikel korrigiert zurück, dazu einen Empfehlungsbrief an Braun und den Rat, sich persönlich an diesen zu wenden: „Auch Braun wird sich sicher freuen, einen solch seltenen Literaten kennenzulernen.“ (17.12.) Noch am selben Tag eilt Ôgai zu Braun, und bereits am 29. Dezember kann er in seinem Tagebuch festhalten:

„Meine Anti-Naumann-Schrift ist in der Zeitung (Nr. 360) erschienen.“ (29.12.) Zum Anliegen dieses Artikels heißt es in der Einleitung:

„...es ist mir unbegreiflich, wie ein Forscher, der sich selbst mehrere Jahre lang in Japan aufhielt, in seinen Schilderungen solche Irrtümer begehen und solche Trugschlüsse ziehen konnte [...]. Indem ich hier die Gelegenheit ergreife, mich gegen Hr. Dr. Naumann auszusprechen, bemerke ich ausdrücklich, daß mir keinerlei persönliche Beziehungen die Veranlassung gegeben haben. Es geschieht nur im Interesse meines Vaterlandes und meiner – besonders in Deutschland sich aufhaltenden – Landsleute.“ [40)]

Der erst 24jährige Ôgai identifiziert sich bereits in einem solchen Maße mit seinem Heimatland, daß er jedwede Kritik an diesem als persönlichen Angriff empfindet und sich persönlich dafür verantwortlich fühlt, ein seiner Meinung nach entstelltes Bild von Japan in der Öffentlichkeit zu korrigieren.

Zwar stellt Naumanns Artikel kein Konglomerat von „lügenhaftem Geschwätz“, „Irrtümern“ und „Trugschlüssen“ dar, doch gibt es in seinen Ausführungen eine Reihe Ungenauigkeiten, insbesondere in den Fragen der historischen Entwicklung der Religion, der Kultur und anderer, die von Naumann noch dazu in recht abfälliger Weise dargestellt werden. Gerade das ist es wohl, was den jungen Japaner reizt:

„Ich weiß nicht, ob ich es unternommen hätte, im Folgenden eine Anzahl herausgegriffener Irrtümer Naumanns nachzuweisen, wenn er diese Irrtümer nicht dazu benützte, um sich in eigentümlich sarkastischer Weise über Japan auszusprechen.“[40]

So ist wohl auch die Reaktion Ôgais auf die Behauptung Naumanns „Im Innern des Landes geht man fast nackt,“ [41] zu verstehen. Er stellt die Frage: „Kennt denn Naumann das japanische Gesetz nicht, worin sogar die Entblößung der unteren Extremitäten oberhalb der Knie mit Geldbuße bedroht wird?“[42] Ôgais Hauptangriff richtet sich aber gegen folgende Aussagen Naumanns:

„Gewöhnlich nimmt man an, daß die Japaner sich uns als den Überlegeneren im Bewußtsein eigener Unvollkommenheit genähert hätten, und pflegt man diese Annäherung als einen Beweis für die guten Eigenschaften und die Intelligenz des Volkes hinzunehmen. Aber diese Anschauung trifft nicht das Rechte. Das Land ist nicht von innen her geöffnet, sondern von außen erschlossen worden. Die Japaner folgten nur dem immer intensiver hervortretenden Verlangen fremder Mächte mit ihnen in Verkehr zu treten, und es geschah dies keineswegs ohne Blutvergießen. Als die Mikadoherrschaft wieder hergestellt war, stand man der Notwendigkeit einer neuen Organisation des Staatswesens gegenüber. Was war da bequemer, als westländische Einrichtungen zu kopieren? Das Prinzip kritikloser Nachahmung ist noch jetzt gang und gäbe. Da ist es denn nicht zu verwundern, wenn die Geschichte neben unleugbaren Fortschritten so manchen Mißgriff, den Schiffbruch so mancher Unternehmung verzeichnet.“ [34]

Wenn diese Bemerkungen Naumanns auch in mancherlei Hinsicht nicht ohne Berechtigung sind, so fühlt sich doch der junge Ôgai nicht zuletzt auch wegen des leicht übertriebenen Verallgemeinerungsgrads und auch der Überheblichkeit in der Darstellung tief verletzt, obgleich er sich der Kritikwürdigkeit bestimmter Zustände in seinem Heimatland durchaus bewußt ist. So versucht er, eine Erklärung zu finden, und erwidert, „daß sich die japanischen Verhältnisse gegenwärtig in einem Übergangszustande befinden; neben alten Sitten und Traditionen tritt überall das Bestreben hervor, die Fortschritte der europäischen Zivilisation möglichst rasch einzuführen – ein Bestreben, das der Natur der Sache nach nicht immer gleich das Richtige trifft [...]. Naumann [scheint] die geistige Inferiorität noch damit beweisen zu wollen, daß die Japaner die europäischen Staatseinrichtungen nachahmten. Er sagt ‚Was war bequemer, als sie zu kopieren!' – Ich sage: ‚Was war natürlicher, als sie zum Vorbild zu nehmen!' Ein Staat, welcher noch nicht am Welthandel beteiligt war, fängt an, an demselben teilzunehmen; hätten etwa die Einrichtungen, die dazu notwendig sind und die in allen am Welthandel beteiligten Ländern bereits in sehr ähnlicher Weise getroffen worden sind, in diesem neuen Handelsstaate neu erfunden werden sollen? Naumann aber spricht von kritikloser Nachahmung. Welche von den eingeführten Einrichtungen waren kritiklos? Welche haben Japan geschadet? Naumann führt kein einziges Beispiel an, um diese schweren Anschuldigungen zu beweisen." [44)]

Ausgesprochen überheblich behandelt Naumann auch die Frage nach der Zukunft Japans.

„Der Blick in die Zukunft ist etwas trüb geworden. Deshalb möge zum Schluß ein heiteres Geschichtchen folgen. In den Jahren der Restauration hatten sich die Japaner ein hübsches Dampfschiff gekauft. Dasselbe wurde durchweg mit Eingeborenen bemannt, denen in der Kunst der Schiffahrt eine etwas oberflächliche Lektion zuteil geworden war. Die Probefahrt wurde angetreten und unter lustig flatternden Wimpeln dampften die kühnen Schiffer stolz hinaus ins weite Meer. Als sie zurückkamen, ergab sich, daß man wohl wußte, wie die Maschine in Gang zu setzen war, den

Kunstgriff des Abstellens aber nicht kannte. So bleib denn nichts weiter übrig, als im Hafen von Yokohama im Kreise herum zu fahren, bis die Maschine von selbst aufhörte zu gehen.

Ich hoffe, […], daß das japanische Staatsschiff vor einem ähnlichen Schicksal bewahrt bleiben möge, vor dem Schicksal nämlich, im Kreise herumfahren zu müssen, bis das Feuer ausgeht.“ [45)]

Erbost darüber, daß für ein so ernstes Thema wenig Ernsthaftigkeit an den Tag gelegt wird, bezeichnet Ôgai die Behauptungen Naumanns als „geistreiche Erfindungen“ und erklärt:

„Es mögen wohl unter den vielen Neuerungen der letzten Zeit einige der Naumann‘schen Fabel ähnliche Fälle in der Tat vorgekommen sein, und wo ist das Land in der ganzen Geschichte, das bei so schnellen Reformen, wie sie in Japan durchgeführt wurden, nicht einiges Unpraktische und Törichte versucht hätte?“ [46)]

Auch auf Naumanns Äußerungen zur Frage der Einführung der europäischen Kultur in Japan reagiert Ôgai:

„Ferner sagt er wörtlich: ‚Die reine Annahme der europäischen Kultur würde die Japanesen schwächen statt stärken und den Untergang des Volkes herbeiführen.‘ Was soll die sogenannte europäische Kultur sein, mit deren Annahme die Gefahr verbunden ist, ein Volk zu Grunde zu richten? Besteht die wahre europäische Kultur nicht in der Erkenntnis der Freiheit und Schönheit im reinsten Sinne des Wortes?“ [46)]

Der junge Ôgai, offensichtlich begeistert von der europäischen Kultur und bestärkt in der eigenen neu gewonnenen Erkenntnis von Schönheit und Freiheit, wenn letztere für einen Stipendiaten der japanischen Regierung im Bismarckschen Deutschland auch nur eine relative sein kann, scheint Europas Kultur und ihrer Übernahme durch

Japan unkritisch gegenüberzustehen. Doch daß dem ganz und gar nicht so ist, haben wir bereits gesehen, als er sich zu diesen Fragen noch vor seiner Abreise nach Europa geäußert hat. Auch seine Angriffe auf bestimmte Erscheinungen der Zivilisation in Europa, wie z. B. „Branntwein, Opium und gewisse häßliche Infektionskrankheiten“ [46)] sprechen dagegen. Bereits frühzeitig hat er erkannt, daß eine „reine Annahme der europäischen Kultur[47)] nicht das erstrebenswerte Ziel sein kann, sondern daß es vielmehr darum geht, das der japanischen Kultur Eigene, Spezifische, das die Traditionen einer langen Geschichte in sich trägt, organisch mit dem für Japan Neuen, aus Europa Kommenden zu verbinden, und zwar niemals mit dem Ziel der Aufgabe der traditionellen Kultur, sondern immer im Hinblick auf deren Weiter- und Höherentwicklung und immer reichere Entfaltung. Deutlich wird dies auch in der Argumentation Ôgais in seinem Artikel:

„In Bezug auf japanische Malerei bemerkt Naumann, daß die Ölmalerei den Verfall derselben herbeiführen wird. Dessen bin ich gewiß, daß die Japaner durch Einführung europäischer Ölmalerei einen höheren Kunstsinn durch Erkenntnis wahrer Schönheit erhalten, und daß infolgedessen einige charakteristische Züge der bisherigen japanischen Malerei allmählich erblassen werden. Aber liegt das Wesen der japanischen Malerei in diesen Zügen in dem, was durch den höheren Kunstsinn zu Grunde geht? Im Gegenteil. Durch diesen neuen Erwerb wird sich die japanische Malerei wahrscheinlich erst im vollen Glanze zeigen! [...]

Vielleicht meint aber Naumann den Verfall der japanischen Wasserfarbenmalerei, Tuschzeichnungen etc. [...]. Ich dächte, eine Kunst, wie die japanische Wasserfarbenmalerei, deren Motive in Europa so eifrig nachgeahmt werden, könnte über ihre Existenz ruhig sein![48)]

Naumann fühlt sich bemüßigt, auf die leidenschaftliche Argumentation des jungen Japaners zu reagieren. Er schreibt erneut einen Artikel für die „Allgemeine Zeitung“, der am 10. Januar 1887 unter der Überschrift „Rintaro Mori‘s, Wahrheit über Japan‘ “, erscheint. Ôgai selbst gibt eine treffende Einschätzung dieser Erwiderung in seinem Artikel „Noch einmal ‚Die Wahrheit über Japan‘ “ vom 1. Februar 1887:

„Naumann hat mir auf meinen Protest […] in doppelter Weise geantwortet. Einmal spricht er mir in sehr hohem Tone die Fähigkeit ab, ihn zu verstehen – im gleichen Atem schlägt er aber gegen mein Vaterland und mein Volk einen so freundlichen Ton an […], daß ich ihm alles verzeihe, was er Ungünstiges über mich und meine Fähigkeiten hat drucken lassen. In dieser neuesten Kundgebung heißt es [...]: ‚Eine altehrwürdige Kultur, eine Achtung erheischende Gesittung, die Kunst, welche für das müde Europa zum erfrischenden Born geworden, das sind Besitztümer, die Sympathien (der Europäer) wachrufen müssen [...]‘.Von der trüben Zukunft des Landes ist nun keine Rede mehr […]. Es finden sich in dem neuen Aufsatze Naumanns verschiedene Korrektionen an dem bewußten Referat, die ebenso viele Bestätigungen für die Berechtigung meiner Erwiderung sind [...].

Aus dem Erwähnten geht hervor, daß in den meisten von mir angegriffenen Punkten sich meine Ansichten mit der wirklichen Anschauung Naumanns, wie er sie in seinem neuen Aufsatze bekannt macht, decken [...]

So bin ich nun mit Hrn. Naumann zu meiner aufrichtigen Freude in den Hauptsachen einig geworden, und damit könnten wir unsere Fehde für geschlossen halten.“ [49)]

Die offene und kritische Auseinandersetzung zeigt zum einen sein Verantwortungsbewußtsein für sein Heimatland und zugleich seine hohe Empfindsamkeit gegenüber jedweder Kritik sowie seinen leicht verletzbaren Nationalstolz, zum anderen aber auch seine gewachsene Persönlichkeit und sein gestiegenes Selbstbewußtsein.

Einen großen Teil seiner Mußestunden verbringt Ôgai gemeinsam mit seinen deutschen und japanischen Kommilitonen an den reizenden Ufern des Starnberger Sees in der Umgebung Münchens.

Gerade in dieser Zeit geschieht es auch, daß sich der bayrische König Ludwig II. im Starnberger See das Leben nimmt. Dieses Ereignis bewegt Ôgai sehr. In aller Ausführlichkeit beschreibt er in seinem Tagebuch und auch in der Novelle „Utakata no ki“ die Umstände und viele Details um den Tod des Königs.

Wie auch in diesem Falle verfolgt Ôgai stets aufmerksam die Presse. In „Maihime“ reflektiert er dazu: „... was die Verbreitung von Wissen unter dem Volk angeht, ist Deutschland in Europa sicher unübertroffen. Indem ich mit meinem während des häufigen und regelmäßigen Universitätsbesuchs geschulten Blick die oft auf außerordentlich hohem Niveau stehenden Abhandlungen, die in Hunderten von Zeitungen und Zeitschriften erschienen, immer wieder las und Notizen daraus machte, wurde mein Wissen, das sich bisher völlig eingleisig entwickelt hatte, immer umfassender und erstreckte sich alsbald sogar auf Gebiete, an die die meisten der japanischen Studenten und meiner anderen Landsleute wohl im Traum nicht dachten. Gab es doch unter ihnen noch so manch einen, der nicht einmal den Leitartikel einer Zeitung richtig lesen konnte.“ [50)]

Auch für soziale Probleme interessiert sich der junge Ôgai. „Ich besuchte auch Versammlungen der Sozialistischen Partei, wo sich die Arbeiter zu Vorträgen und politischen Diskussionen trafen. Nur, und das, so hoffe ich, bleibt unter uns. Als dann am nächsten Tag die Zeitung darüber schrieb, wäre ich vor Scham am liebsten im Erdboden versunken.“ [51)]

Diese Reaktion kann uns angesichts der strengen Handhabung des Sozialistengesetzes in jenen Tagen nicht verwundern. Gerade Ôgai, dessen Haltung zur sozialen Problematik stark von den Prinzipien des Konfuzianismus geprägt ist, kann es nicht wirklich darum gehen, sich einer Partei anzuschließen, die der Politik ihrer Regierung kritisch gegenüber steht. Vielmehr ist es vermutlich eher seine unersättliche Wißbegier, die ihn auch an solcherart Versammlungen teilnehmen läßt.

Wie aufmerksam Ôgai die Presse verfolgt, zeigt uns auch folgende Tagebucheintragung:

„Auf Einladung der Gattin des Generaloberstabsarztes von Bayern, Frau Anna von Lotzbeck, besuchte ich ein Kindermaskenfest. Dort begegnete ich dem Nuncius, dem Gesandten des Papstes. Sein Name hat gegenwärtig in der politischen Welt einen guten Ruf. Seit dem Jahreswechsel sind die Herzen der Menschen auf dem europäischen Kontinent voller Unruhe. Sie erwarten, daß heute oder morgen der Kriegsbeginn proklamiert wird. Im Osten ist es im Zusammenhang mit Bulgarien zwischen Österreich und Rußland unruhig, im Westen in Frankreich ist die Kriegsrüstung in vollem Gange. Der Kriegsminister Boulanger predigt scheinheilig den Frieden, lauert aber insgeheim auf eine Unachtsamkeit seitens Deutschlands. Das deutsche Parlament indes hat Bismarck zu seinem Führer ernannt und dafür gestimmt, daß die Truppenstärke in Friedenszeiten erhöht werden muß. Dazu hat der Führer der Oppositionspartei Windhorst erklärt, daß man es nicht nötig habe, dies anzuerkennen. Die Debatte zog sich über mehrere Tage hin, und schließlich gewannen die Oppositionsparteien die Mehrheit. Daraufhin hat Bismarck vor dem Parlament einen Erlaß Kaiser Wilhelms verlesen und das Parlament aufgelöst. Das war am 14. Januar. Der Papst in Rom, der zu jener Zeit mit Bismarck in geheimer Verbindung stand, ließ daher den Cardinal Jacobini einen Brief an den derzeitigen Münchener Gesandten Pietro senden, in welchem er den Katholiken rät, Bismarck Folge zu leisten. Der Gesandte, den ich nun kennenlernte, ist derjenige, der diesen Brief erhalten hat. Um es kurz zu sagen: Der Papst ist nicht mehr als eine Marionette in den Händen Bismarcks. Demzufolge kann also der Gesandte nur eine Marionette in den Händen einer Marionette sein. (13 .2.1887)

Am 16. April 1887 kommt Ôgai wieder nach Berlin. Bei Prof. Robert Koch am Hygienischen Institut der Kaiserlichen Friedrich-Wilhelm-Universität widmet er sich nun dem Studium der Bakteriologie.

In Berlin, wo viele Japaner studieren, unter anderem auch ehemalige. Freunde Ôgais oder auch der berühmte Bakteriologe Kitazato Shibasaburô, schließt sich Ôgai noch enger an seine japanischen Kommilitonen an. Regelmäßig besucht er den Yamato-Club, einen Verein der in Deutschland lebenden Japaner.

Noch in München hatten ihn die Nachricht von der Gründung des Yamato-Clubs und auch die Statuten des Vereins erreicht. Für Ôgai, der sich in wachsendem Maße mit seinem Heimatland identifiziert und für die Aufklärung über die wahre Situation in Japan engagiert, bei all seinen Aktionen bisher jedoch stets mehr oder weniger allein agiert hat, bedeutet die Gründung des Yamato-Clubs die Verwirklichung eines „lang gehegten Wunsches", des „Japanischen Nationalvereins" [52]. In Berlin nun besucht er eifrig die Clubveranstaltungen, wobei er sich vehement für die Schaffung einer Geschäftsordnung einsetzt. Trägt ihn doch die Hoffnung, daß ein „beispielloser Aufschwung" dieses Vereins der Japaner „in diesem Jahrhunderte in der

Weltgeschichte mit Flammenschrift aufgeschrieben zu werden verdient" und daß der Club zu einem „Verein derjenigen Japaner" wird, „welche zur Vollkommenheit Japans die Vollkommenheit Europas hinzufügen, derjenigen Japaner, welche dem altehrwürdigen Orient die occidentale Kunst und Wissenschaft zuführen und welche sich zu den Grundpfeilern des künftigen Japans machen sollen" [53]. Er selbst identifiziert sich mit diesen Zeilen: „Stets war es mein heißester Wunsch, dieser Entwicklung nach Kräften zu dienen".[54]

Immer wieder kritisiert er die seiner Meinung nach „mangelhaften Statuten" und erklärt er, daß der Club doch kein Geselligkeitsverein sei, sondern „vielmehr einen hohen und edlen Zweck" verfolge, „die Aufrechterhaltung und Hebung der Japanischen Nationalität" [55]. Eine seiner Reden, die er in deutscher Sprache im Club hält, schließt mit den Worten: „In die Nacht von verworrenem Ringen kleinlicher Interessen herein erblicke ich mit meinen geistigen Augen schon das Morgenroth des neu erwachenden Nationalgeistes".[56]

Trotz großer Bemühungen gelingt es ihm aber nicht, den Club entsprechend seiner Vorstellungen umzugestalten. Schweren Herzens läßt er sich schließlich davon überzeugen, daß der Yamato-Club „nichts anderes ist und sein kann als eine Reihe Versammlungen, die die einfachen Freundschaftsbezeugungen der hier lebenden Japaner bezwecken." [57] Seine Abschiedsrede jedoch, die er kurz vor seiner Abreise im Club halten wird, gibt uns noch einmal ein Bild von seinen Vorstellungen von einem „Japanischen Nationalverein":

„Vor allen materiellen und vor allen idealen Interessen schien mir ‚das nationale Interesse' das geeignetste zu sein, um tatkräftige Männer verschiedenen Berufs und von verschiedenen Gesellschaftsklassen zu einer würdigen Gemeinschaft zusammenzuführen. Entstünde nicht auf diese Weise im großen ein Nationalstaat und im kleinen – ein Nationalverein!

Das Band, welches uns miteinander verbinden soll, sollte jene bei allen Völkern Europas als das höchste Irdische geschätzte Nationalitätsidee sein, welche in unsrer japanischen neuen Zeit ernst uns entgegentritt, und welche sowohl im geistigen als auch im sozialen Leben fortwährend in Bildung und Entwicklung begriffen ist.

Mit jener Beredsamkeit, welche ‚dem Lande des göttlichen Sprachgeistes' (Kotodama no sakihahu kuni) eigen, sollte jeder von uns Erlebnisse und Erkenntnisse zu gemeinsamen Nutz und Frommen der Landsleute hier mitteilen, sei es aus dem täglichen Leben, sei es aus dem Gebiete der Wissenschaft und der Kunst, damit vollkommene Harmonie in allen unsren nationalen Bestrebungen herrsche, denen wir hier im Auslande, fern von der Heimat dienen." [58)]

Anschließend meint Ôgai zwar dazu: „Derartig waren meine Irrtümer und Fehler", bezeichnet diese aber gleich darauf als seine „schönsten Träume" [59)], was uns zeigt, daß er seine Hoffnungen durchaus nicht aufgegeben hat und von der Richtigkeit seiner Vorstellungen überzeugt ist, es aber zu seinem größten Bedauern nicht in seiner Macht gelegen hat, diese zu realisieren.

Als am 17.Juli 1887 Ôgais Tôkyôter Vorgesetzter Ishiguro in Berlin eintrifft, ist für Ôgai die Zeit ungestörten Forschens zu Ende. Er übernimmt fast die vollständige Betreuung seines der deutschen Sprache nicht mächtigen Vorgesetzten. Er begleitet ihn auch zu zwei internationalen Kongressen, zum VI. Kongreß des Internationalen Roten Kreuzes, der vom 22. bis zum 27. September in Karlsruhe stattfindet, und zum VI. Internationalen Kongreß für Hygiene und Demographie vom 26. September bis zum 1. Oktober in Wien. Jedesmal macht der nunmehr 26jährige nicht nur durch hervorragende Dolmetschleistungen auf sich aufmerksam, sondern auch durch seine Persönlichkeit und eigene interessante Standpunkte.

Am 26. September notiert er in sein Tagebuch über die Diskussionen des Internationalen Roten Kreuzes:

„Ab 10 Uhr vormittags nahmen wir an den Beratungen teil. Auf der Tagesordnung stand die Frage, ob die europäischen Verbände im Falle eines Krieges außerhalb von Europa den Verwundeten Hilfe leisten sollten oder nicht. Das war eine übereilte und nicht besonders gut überlegte Frage, die da von der Holländischen Zentrale aufgeworfen wurde. Sie hatte einzig und allein die Kolonien der Europäer im Auge. Ich bat Ishi um sein Einverständnis und ergriff dann das Wort: ‚Mit dieser Fragestellung werden nur die europäischen Verbände als diejenigen betrachtet, die Hilfe leisten könnten. Wenn es zu einer Beschlußfassung kommen sollte, wäre es für die japanischen Vertreter unmöglich, sich an der Abstimmung zu beteiligen.‘ “ (26.9.1887)

Ôgai spürt, daß mit einer solchen Fragestellung Japan nur als ein Land, das Hilfe empfangen könnte, betrachtet wird, und fühlt sich in seinem Nationalstolz gekränkt. Er erklärt, daß auch die japanischen Verbände es für notwendig erachten, im Falle eines Krieges außerhalb Asiens Hilfe zu leisten, und schlägt vor, das Thema in „Das Rote Kreuz im Falle eines Krieges auf einem anderen Kontinent“ umzuändern. (27.9.)

Durch diese und andere Äußerungen trägt Ôgai dazu bei, das Ansehen des japanischen Roten Kreuzes zu erhöhen.

Ôgais Studienzeit in Berlin unterscheidet sich wesentlich von der übrigen. Zum einen stellt er sein gewachsenes Selbstbewußtsein und seine gewonnene Selbständigkeit unter Beweis, gleichzeitig aber steht er jetzt geradezu unter direkter Kontrolle seines Vorgesetzten und seiner Regierung, wodurch ihm ständig seine Grenzen bewußt gemacht werden. Auch wenn sein Vorgesetzter zum Beispiel Ôgais Beziehung zu Elise Wiegert, einem deutschem Mädchen, akzeptiert, ist das doch eine rein persönliche Übereinkunft, denn allen anderen gegenüber wird diese Beziehung geheimgehalten.

Ôgai ist sich dessen sehr wohl bewußt, daß er nicht als ein Individuum, das frei über sich entscheiden kann, sondern als ein Gesandter seiner Regierung in Deutschland weilt. In einem Gespräch sagt er dazu:

„Ich befolge nur Befehle. Eine eigene Meinung habe ich nicht zu haben." (14.11.1887)

Das, was er tut, nicht zuletzt auch in der Wissenschaft, entspringt nicht allein seinem Willen, sondern ist auch ein Beweis seiner Ergebenheit seinem Vorgesetzten und seinem Staat gegenüber:

„Wie durch irgend etwas mit der Peitsche angetrieben, mühe ich mich emsig um die Wissenschaft ab. Dabei hoffe ich, daß mich das voranbringt und in die Lage versetzt, bestimmte Aufgaben zu erfüllen. Dieses Ziel habe ich in gewisser Hinsicht sicher auch erreicht. Doch immer, wenn ich etwas tue, kommt es mir so vor, als sei ich lediglich ein Schauspieler, träte auf die Bühne und spielte Rolle um Rolle. Es scheint mir, als müßte es hinter diesen Rollen, die ich da spiele, irgend etwas geben. Doch da ich ständig von der Peitsche angetrieben werde, habe ich gar keine Zeit, jenes Etwas genauer zu erkennen. Angefangen mit dem lernenden Kind und dem lernenden Schüler, bis hin zum lernenden Beamten und lernenden Studenten im Ausland – das sind alles jene Rollen. Irgendwann einmal möchte ich mir das rot und schwarz geschminkte Gesicht waschen, kurz von der Bühne heruntersteigen und in Ruhe über mein Ich nachdenken; und ich möchte in das Gesicht jenes Etwas' im Hintergrund schauen. Doch während ich darüber nachdenke, trifft mich schon wieder die Peitsche des Regisseurs und ich spiele weiter Rolle um Rolle.“ [60]

So schreibt Ôgai später in seiner Erzählung „Môsô“ (Wahn, 1911), die stark autobiographische Züge trägt, über sein Verhältnis zu seiner Umwelt und seinen Vorgesetzten.

Am 10. März 1888 erhält Ôgai den Befehl zum Dienst in medizinischen Angelegenheiten im 2. Infanterieregiment der Kaiserlichen Garde, wo er sich auf Grund seines bescheidenen und vorbildlichen Auftretens und seiner hohen Auffassungsgabe größten Lobes von seiten seiner Vorgesetzten erfreut und wo er bis zum 1. Juli des Jahres dient.

Gemeinsam mit Dr. Ishiguro tritt er am 5. Juli 1888 seine Heimreise an, die sie über Holland, England, Paris, Marseille nach Yokohama führt, wo sie am 8. September eintreffen.

In „Môsô“ beschreibt er später seine Gedanken und Gefühle während der Überfahrt:

„Ich habe Sehnsucht nach meiner Heimat, nach meiner Heimat als dem Land meiner schönsten und vertrautesten Träume. Aber im Hinblick auf die wissenschaftlichen Forschungsaufgaben, die vor mir stehen, oder auf die Erschließung neuer Gebiete bedaure ich es sehr, daß ich in ein Land zurückkehre, wo es noch an den verschiedensten Bedingungen dazu mangelt. Ich sage mit Absicht ‚noch‘. Ein gewisser Herr, ein Deutscher, der lange Zeit in Japan war und von dem es heißt, daß er Japan von Grund auf kenne, hat erklärt, daß diese Bedingungen nicht nur fehlten, sondern in den Ländern Ostasiens wohl auch nie von selbst entstehen würden. Er hat behauptet, daß in Ostasien die Atmosphäre für eine Entwicklung der Naturwissenschaften gar nicht gegeben sei [...] Doch ich selbst meine, daß die Japaner kein solch hoffnungslos unfähiges Volk sind, und sage deshalb ‚noch‘. Ich selbst habe immer daran geglaubt, daß einst die Zeit kommen wird, wo Früchte der Forschungstätigkeit Japans nach Europa exportiert werden."[61]

Als ein stolzer und nationalbewußter Japaner, reich an Erfahrungen und Kenntnissen über die Wissenschaft und die Kultur Europas, so kehrt Ôgai im September 1888 nach Japan zurück. Doch bedeutet diese Rückkehr in die Heimat für Ôgai zugleich eine Rückkehr in eine Gesellschaft, in der im wesentlichen noch die feudalen Moralnormen die Beziehungen zwischen den Menschen bestimmen, in deren Sinne auch Ôgai erzogen worden ist. Der Widerspruch zwischen dieser Erziehung und den Konventionen seines Heimatlandes einerseits und den bürgerlichen Vorstellungen von Freiheit und Individualität, die er sich in Europa zu eigen gemacht hat, andererseits stürzt Ôgai in tiefe innere Konflikte. Es ist ihm bewußt, daß es von nun an wieder gilt, als gehorsamer Diener seines Staates diesem treu ergeben zu sein und all seine Kräfte dafür einzusetzen, nun die Hoffnungen zu erfüllen, die man mit seiner Entsendung nach Deutschland verbunden hat. Der Wunsch, diesen Hoffnungen entgegenzukommen, muß ihn in inneren persönlichen Zwiespalt bringen, denn er weiß, daß seine Beziehung zu Elise Wiegert, die ihm nach Japan gefolgt ist, nicht den Vorstellungen und Konventionen der japanischen Gesellschaft seiner Zeit entspricht. Seine Familie als ein Teil dieser Gesellschaft kann diese Beziehung nicht anerkennen, und Ôgai muß sich dem Willen seiner Familie beugen. Elise wird nach Deutschland zurückgeschickt und Ôgai mit der seinem Stand entsprechenden Tochter Toshiko des Vizeadmirals Akamatsu Sokuryô verheiratet.

Aus dieser Sicht *erscheint* Ôgais große Aktivität nach seiner Rückkehr in die Heimat fast wie eine Flucht vor seinen persönlichen Problemen, vor seinen innersten Gedanken und Gefühlen, die mit den ihm anerzogenen Moralnormen nicht mehr übereinstimmen. Die Konflikte in seinem Innern drängen nach einer Lösung, die ihm aber in seinem eigenen Leben unmöglich erscheint, zumal er auch in seinem beruflichen Leben als Militärarzt im Dienste der japanischen Regierung ständig auf unüberwindliche Barrieren stößt. Angeregt durch die intensiven literarischen Studien während seines Aufenthaltes in Deutschland, beschreitet er nun, da er erkannt hat, daß allein ein engagierter beruflicher Einsatz ihn bei der Lösung seiner Konflikte nicht vorwärts bringen kann, den Weg der Literatur. In der literarischen Auseinandersetzung mit den Fragen und Problemen, die ihn bewegen, kann er auf einen reichen Fundus angespeicherten Wissens – auch in Form von mitgebrachten Büchern und Materialien (zu seinem Heimfahrtsgepäck zählten etwa 450 Bände belletristischer Literatur)[62] – zurückgreifen.

In den folgenden Jahren setzt Ôgai neben seiner Tätigkeit als Militärarzt konsequent sein in Deutschland begonnenes Studium der Literaturtheorie und der Ästhetik fort. Darauf aufbauend verfaßt er erste eigene Abhandlungen, die in der Anfangsphase vor allem seiner literarischen Selbstfindung dienen und die er in Literatur-Zeitschriften veröffentlicht, die er gemeinsam mit gleichgesinnten Freunden gründet. Er übersetzt zahlreiche Werke der Erzählprosa, Lyrik und Dramatik Deutschlands und auch anderer europäischer Länder, engagiert sich aktiv in der Theaterbewegung Japans, und nicht zuletzt schreibt er seine drei Novellen „Maihime", „Fumizukai" und „Utakata no ki", die in die Geschichte der modernen japanischen Literatur eingehen werden.

Zum weiteren Lebensweg Ôgais

In seiner beruflichen Funktion nimmt Ôgai sowohl am Japanisch-Chinesischen als auch am Japanisch-Russischen Krieg teil. Im Jahre 1898 wird er im Zusammenhang mit Umstrukturierungen im Militärmedizinalstab am Kriegsministerium, dem Ôgai unterstellt ist, nach Kokura auf der Insel Kyûshû versetzt. Obwohl er sich hier in großer räumlicher Entfernung zum kulturellen und literarischen Zentrum jener Zeit befindet, gibt er seine Ideale nicht auf. Sein intensives Arbeiten – er hält z. B. Vorlesungen über Clausewitz, studiert Ethik, lernt Französisch und Sanskrit, gibt eine Literatur-Zeitschrift auch weiterhin heraus, übersetzt und studiert aufmerksam neueste Entwicklungen in der modernen europäischen Literatur – all das dient der Vorbereitung auf seine Rückkehr nach Tôkyô im März 1902. Kurz zuvor, im Januar hat Ôgai, der sich von seiner ersten Frau ein Jahr nach ihrer Hochzeit getrennt hatte, zum zweiten Mal den Bund der Ehe geschlossen, diesmal mit der 22 Jahre jungen Tochter Shige des Richters Araki Hiroomi.

Im Jahre 1907 wird Ôgai zum Generaloberstabsarzt der Kaiserlichen Armee Japans und zum Vorstand des Militärmedizinalstabs am Kriegsministerium ernannt. In dieser Stellung ist er bis zum Jahre 1916 tätig. Als Direktor des Kaiserlichen Museums und der Bibliothek bleibt er bis zu seinem Tod im Jahre 1922 ein treuer Beamter seiner Regierung.

Als einer der führenden Gegner des japanischen Naturalismus, der sich zu Beginn des 20.Jh. zu einer Hauptströmung der japanischen Literatur entwickelt hat, steht Ôgai stets auch im Mittelpunkt des Interesses literarischer Kreise. Er organisiert die Arbeit von Lyrik-Klubs, engagiert sich in der Modernisierung des japanischen Theaters, übersetzt und schreibt zahlreiche literarische Werke, wobei er sich mehr und mehr historischen Themen zuwendet.

Drei Tage vor seinem Tod vollzieht Ôgai das, was er elf Jahre zuvor in seiner Erzählung „Môsô“ wie folgt formuliert hat:

„Irgendwann einmal möchte ich mir das rot und schwarz geschminkte Gesicht waschen, kurz von der Bühne heruntersteigen und in Ruhe über mein Ich nachdenken; und ich möchte in das Gesicht jenes Etwas‘ im Hintergrund sehen.“[63)]

In seinem Testament, das er seinem besten Freund Kako Tsurudo diktiert, distanziert er sich von Staat und Regierung:

„Als bloßer Mori Rintarô aus der Provinz Iwami will ich sterben. Obgleich ich bisher mit dem Kaiserlichen Hofministerium und der Armee in enger Verbindung gestanden habe, lehne ich, in diesem Augenblick zwischen Tod und Leben, jede formelle Behandlung ab: als Mori Rintarô will ich sterben [...] Alle Zeichen der Ehre von Seiten des Kaiserlichen Hofministeriums weise ich entschieden ab.“[64)]

Die Mori Ôgai-Gedenkstätte

Die Mori-Ôgai-Gesamtausgabe und zahlreiche Bücher über Mori Ôgai sowie auch andere Werke der japanischen Literatur in Originalsprache und in deutscher Ubersetzung findet der Leser in der Mori-Ôgai-Gedenkstätte in Berlin (Luisenstraße 39, Ecke Marienstraße). Das sich innerhalb dieser Gedenkstätte befindende Gedenkzimmer ist die einzige erhalten gebliebene Wohnstätte Ôgais aus seiner Deutschlandzeit. Es wurde am 12. Oktober 1984 anläßlich der 100. Wiederkehr der Ankunft Mori Ôgais in Deutschland eröffnet. Die feierliche Eröffnung der Gedenkstätte, zu der außer dem Gedenkzimmer noch eine Bibliothek, ein Lesesaal sowie weitere Räumlichkeiten gehören, die zum Teil das Institut für Japanologie der Humboldt-Universität beherbergen, erfolgte im Jahre 1989. Initiator und Leiter der Gedenkstätte ist Prof. Dr. Jürgen Berndt, Geschäftsführerin Frau Beate Weber. Zu der unter vielen Mühen und mit großem persönlichen Einsatz ausgebauten und am Leben erhaltenen Gedenkstätte pilgern alljährlich tausende Bewunderer und Liebhaber Ôgais.

Verzeichnis der wissenschaftlichen Publikationen Ôgais, die während seines Deutschlandaufenthaltes 1884 – 88 entstanden

19. Nov. 1885	Vortrag über „Die Organisation des japanischen Sanitätscorps“ vor der Dresdener Sanitäts-Offiziers-Gesellschaft, erschienen in: Jahresbericht über die Leistungen und Fortschritte auf dem Gebiete des Militär-Sanitätswesens 1885
24. Jan. 1886	Vortrag über japanische Häuser vor dem „Verein für Erdkunde“, erschienen in: „Verhandlungen der Berliner anthropologischen Gesellschaft“ (Mai 1888) unter dem Titel „Ethnographisch-hygienische Studie über die Wohnhäuser der Nipponer“
Okt. 1886	Über die Kost der nipponischen Soldaten“, erschienen in: „Archiv für Hygiene“, Bd.V (später: „Japanische Soldatenkost vom Voit‘schen Standpunkte“)
29. Nov. 1886	Vortrag (durch K. Lehmann), „Über die diuretische Wirkung des Bieres“ vor der Gesellschaft für Morphologie und Physiologie in München, erschienen in: „Archiv für Hygiene“, Bd.VII, 1887
Nov. 1886	gemeinsame Arbeit mit Lehmann: „Über die Giftigkeit und Entgiftung der Samen von Agrostemma githargo (Konrade)“, erschienen in: ‚Archiv für Hygiene“, Bd. IX, 1889
29. Dez. 1886	Zeitungsartikel „Die Wahrheit über Japan“ (Kritik an Naumanns Artikel „Land und Leute der japanischen Inselkette“ in der Münchener „Allgemeinen Zeitung“ vom 26.06.), erschienen in: „Allgemeine Zeitung“ vom 29.12.1886
1. Feb. 1887	Zeitungsartikel „Noch einmal ‚Die Wahrheit über Japan‘ “ (Reaktion auf Naumanns „Rintaro Mori‘s Wahrheit über Nipon“ in der „Allgemeinen Zeitung“ vom 11.01.1887), erschienen in: ‚Allgemeine Zeitung“ vom 1.2.1887
Ende Sept./ Anf. Okt. 1887	Broschüre „Zur Nahrungsfrage in Japan“
Dez. 1887	Abhandlung „Beriberi und Cholera in Japan“ (Kritik an dem Artikel von D.B.Simmon „Die Cholera in Japan“ im „Centralblatt für Bacteriologie, Parasitenkunde und Infektionskrankheiten“, Nr. 14), erschienen in: „Deutsche Medizinische Wochenschrift“, Nr. 52
20. Apr. 1888	Abhandlung „Über pathogene Bakterien im Canalwasser“, erschienen in: „Zeitschrift für Hygiene“, Bd.IV

Sämtliche Publikationen sind in deutscher Sprache abgefaßt und können auch in Rintaro Mori: „Japan und seine Gesundheitspflege“, Tôkyô 1911 (hrsg. vom Medizinals3ab des Kriegsministeriums Japans), sowie in der Mori Ôgai-Zenshû (Mori-Ôgai-Gesamtausgabe), Tôkyô Verlag Iwanamishoten, 1974 nachgelesen werden.

Mori Ôgais Werk in deutscher Übersetzung

ABE ICHIZOKU
Der Untergang des Hauses Abe. Üb. von Walter Donat in Verbindung mit Yuzuru Kawai. In: Die fünfstöckige Pagode. Japanische Erzählungen des 20. Jahrhunderts (ausgewählt und übersetzt von Walter Donat in Verbindung mit Yuzuru Kawai), Düsseldorf, Verlag Diederichs 1960,S. 113–153. Das Geschlecht der Abe. Üb. von Kenji Koike. In: Das Geschlecht der Abc, Sarsshodayu,Tôkyô, Jap.-Deutsche Gesellschaft 1960, S.3–60.

ASOBI
So spielerisch leicht. Erzählung. Üb. von Eva Schönfeld, Berlin, Mori-Ôgai-Gedenkstätte, Heft 36, 2005

FUMI ZUKAI
Der geheime Briefträger. Üb. von Kenji Koike, Tôkyô, Verlag Nankodo 1917(?). In: Drei Blümchen aus den Schriften von Mori Ôgai, von G. Würfel revidierte u. neugedruckte Übersetzungen von K. Koike, Tôkyô, Verlag Ikubundô 1930,S. 1–72.
Der Bote. Üb. von Wolfgang Schamoni. In: Mori Ôgai. Im Umbau. Gesammelte Erzählungen (ausgewählt, aus dem Japanischen übersetzt u. erläutert von Wolfgang Schamoni), Frankfurt/Main, Insel Verlag 1989, S. 59–80.

FUSHINCHÛ
Im Wiederaufbau. Üb. aus dem Engl. von Monique Humbert. In: Nippon. Moderne Erzählungen aus Japan von Mori Ôgai bis Mishima Yukio (Auswahl u. Einleitung von Ivan Morris), Zürich, Diogenes 1965, 5. 45–52. In: Mond auf dem Wasser. Moderne japanische Liebesgeschichten (ausgewählt von Marianne Bretschneider), Berlin, Verlag Volk und Welt, 1972, 1973, 5. 187– 194.
Im Umbau. Üb. von Wolfgang Schamoni, Marburg, Privatdruck des Übersetzers, 1980. In: Neue Rundschau, Heft 3, 1983,S. 128–136. In: Mori Ôgai. Im Umbau. Gesammelte Erzählungen (ausgewählt, aus dem Japanischen übersetzt u. erläutert von Wolfgang Schamoni), Frankfurt/Main, Insel Verlag 1989, S.92–98.
Im Umbau. Üb. von Irmela Hijiya-Kirschnereit u. Claudia Schmolders. In: Japan, 1989, S. 93–100.

GAN
Die Wildgans. Üb. von Fritz Vogelsang, Frankfurt/Main, Insel Verlag 1962, 1991.
Frankfurt/Main, Suhrkamp Verlag 1984 (Bibliothek Suhrkamp 862).

HANAKO
Hanako. Ub. von Sachiyo Kaneko. In: HOL 3 (März 1985) [Dezember 1984], S.25–31.
Hanako. Üb. von Wolfgang Schamoni. In: Mori Ôgai. Im Umbau. Gesammelte Erzählungen (ausgewählt, aus dem Japanischen übersetzt u. erläutert von Wolfgang Schamoni), Frankfurt/Main, Insel Verlag 1989, S.99-106.

KANOYÔ NI
Als ob. Üb. von Christoph Neubert. In: Christoph Neubert: Mori Ôgai – Ka no yô ni. Die philosophischen, weltanschaulichen und politischen Implikationen, München 1987, S. I-XXXVI (unveröffentlichte Magisterarbeit).

KAMEN
Maske. Üb. von Kenji Koike. In: Maske, und Studienreise nach Tokyo, Tôkyô, Nankôdo 1917, S.l-150(?). In: Drei Blümchen aus den Schriften von Mori Ôgai, von G. Würfel revidierte u. neugedruckte Übersetzungen von K. Koike, Tôkyô, Verlag Ikubundô 1930, 5. 161 –218.

KANZAN JITTOKU
Hanshan und Shide. Üb. von Wolfgang Schamoni. In: HOL 5 (Sept. 1986), S. 24–35. In: Mori Ôgai. Im Umbau. Gesammelte Erzählungen (ausgewählt, aus dem Japanischen übersetzt u. erläutert von Wolfgang Schamoni), Frankfurt/Main, Insel Verlag 1989, S. 176–187.

MAIHIME
Die Tänzerin. Üb. von Kenji Koike. In: Die Tänzerin und der London Tower, Tôkyô, Verlag Nankodo 1917, S. ?. In: Drei Blümchen aus dm Schriften von Mori Ôgai, von G. Würfel revidierte u. neugedruckte Übersetzungen von K. Koike, Tôkyô, Verlag Ikubundô 1930, 5. 75–157.
Die Tänzerin. Üb. von Wolfgang Schamoni. In: Mori Ôgai. Im Umbau. Gesammelte Erzählungen (ausgewählt, aus dem Japanischen übersetzt u.erläutert von Wolfgang Schamoni), Frankfurt/Main, Insel Verlag 1989,S. 7–33.
Die Tänzerin, Üb. von Wolfgang Schamoni, Frankfurt/Main, Suhrkamp 1994
Das Ballettmädchen. Eine Berliner Novelle. Üb. von Jürgen Berndt, Berlin, edition q, 1994

MÔSÔ
Illusionen. Üb. von Hirokazu Akiba, unter Mitarbeit von Günter Zobel und Joachim Geffers. In: Jimbun shakai kagaku kenkyû 23, Ryûkyû Daigaku (Universität Ryûkyû) 1983,S. 163–195.
Täuschung (Teilübersetzung). Üb. von Viktoria Eschbach-Szabo. In: Viktoria Eschbach-Szabo: Temporalität im Japanischen, Wiesbaden, Harrassowitz 1986 (Veröffentlichungen des Ostasien-Instituts der Ruhr-Universität Bochum, Bd. 36), S. 352–355.
‚Môsô" – Illusionen. Üb. von Peter Pörtner. In: Kagami, Heft 1, 1984 [Erscheinungsdatum Okt. 1986], S.71–104.
Illusionen. Üb. von Wolfgang Schamoni. In: Mori Ôgai. Im Umbau. Gesammelte Erzählungen (ausgewählt, aus dem Japanischen übersetzt u. erläutert von Wolfgang Schamoni), Frankfurt/Main, Insel Verlag 1989,S. 107–127.

SAFURAN
Krokus. Üb. von Wolfgang Schamoni. In: Das Senfkorn, Nr. 18/19 (1984), S. 23–26.

SAIGO NO IKKU
Das letzte Wort. Üb. von Wolfgang Schamoni. In: Mori Ôgai. Im Umbau.
Gesammelte Erzählungen (ausgewählt, aus dem Japanischen übersetzt u. erläutert von Wolfgang Sehamoni), Frankfurt/Main, Insel Verlag 1989, S. 161– 175.

SAKAI JIKEN
Der Zwischenfall in Sakai. Üb. von Wolfgang Schamoni. In: Mori Ôgai. Im Umbau. Gesammelte Erzählungen (ausgewählt, aus dem Japanischen übersetzt u. erläutert von Wolfgang Schamoni), Frankfurt/Main, Insel Verlag 1989, S. 128–160.

SAKAZUKI
Becher. Üb. von Wolfgang Schamoni. In: Mori Ôgai. Im Umbau. Gesammelte Erzählungen (ausgewählt, aus dem Japanischen übertragen und erläutert von Wolfgang Schamoni), Frankfurt/Main, Insel Verlag 1989, S. 81–85.

SANBASHI
Die Landungsbrücke. Üb. von Wolfgang Schamoni. In: Mori Ôgai. Im Umbau. Gesammelte Erzählungen (ausgewählt, aus dem Japanischen übertragen und erläutert von Wolfgang Schamoni), Frankfurt/Main, Insel Verlag 1989, 5. 86–91.

SANSHÔDAYU
Sanshôdayu. Üb. von Kenji Koike. In: Das Geschlecht der Abc, Sanshôdayu, Tôkyô, Jap.-Deutsche Gesellschaft 1960, S. 63–106.

SHAKKURI
Schluckauf. Üb. von Karsten Krauskopf, Berlin, Mori-Ôgai-Gedenkstätte, Heft 32, 2005, (zweisprachig).

TAKASEBUNE
Takasebune. Üb. von Kenji Takahashi. In: Yamato 4/1932, S.2–11.
Takasebune (Der „Takase-Kahn"). Üb. von Kenji Koike, Tôkyô, Jap.-Deutsche Gesellschaft, 1958.
Das Geleitschiff Takasebune. Üb. von Kakuji Watanabe u. Heinrich Schmidt-Barrien. In: Japanische Meister der Erzählung, 1960.

TAMAKUSHIGE FUTARI URASHIMA TARÔ
Das Perlenkästchen und zwei mit Namen Urashima./Üb. von Rosa Wunner, Berlin, Mori-Ôgai-Gedenkstätte, 1997, Heft 2, (zweisprachig)

UTAKATA NO KI
Wellenschaum. Üb. von Wolfgang Schamoni. In: Wellenschaum. Eine japanische Erzählung aus dem München Ludwigs II, München, Deutsch-Japanische Gesellschaft 1976. In: Mori Ôgai. Im Umbau. Gesammelte Erzählungen (ausgewählt, aus dem Japanischen übertragen und erläutert von Wolfgang Schamoni), Frankfurt/Main, Insel Verlag 1989, 5. 34–58.

WITA SEKUSUARISU
Vita Sexualis. Üb. von Siegfried Schaarschmidt, Frankfurt/Main, Suhrkamp 1983 (Bibliothek Suhrkamp 813).

ANMERKUNGEN

In den Anmerkungen verwendete Abkürzungen:
M Mori-Ôgai-Zenshû, (Mori-Ôgai-Gesamtausgabe) Tôkyô Verlag Chikumashobô 1984, Bd.7
UT Universität Tôkyô, ab 1886 Kaiserliche Universität Tôkyô BU Berliner Universität = Friedrich-Wilhelm-Universität

1884

1) Satô Sankichi (1856– ?), studierte ein Studienjahr unter Ôgai an der UT Medizin, promovierte später und wurde Professor an der UT sowie Hofkommissar. S. M, S. 350.

2) Die kursiv gedruckten Wörter erscheinen im Original in lateinischen Buchstaben. In einigen wenigen Fällen wurden störende grammatikalische bzw. orthographische Fehler berichtigt.

3) Hashimoto Tsunatsune (1845–1909), Dr. med., Generalstabsarzt, Direktor des Tôkyôter Militärkrankenhauses, begleitete den Kriegsminister Ôyama auf einer Rundreise durch Europa. S. M, S. 350.

4) Aoki Shilzô (1844–1914), ab 1873 Geschäftsträger, 1874–1885 Gesandter an der japanischen Vertretung in Berlin, heiratete eine deutsche Frau, nach seiner Abberufung aus Berlin Staatssekretär am japanischen Außenministerium, dann Außenminister, später auch Gesandter in England. S. Hans Schwalbe/Heinrich Seemann: Deutsche Botschafter in Japan, Tôkyô 1974, 34/5. Vgl. auch Mizusawa Shû: Aoki Shûzô, Nihon-Editorschool-Shuppanbu, Tôkyô 1989.

5) Kriegsminister: Ôyama Iwao (1842–1916), Generalfeldmarschall, General. Sein Aufenthalt in Deutschland 1884/5 diente vor allem der Vorbereitung der Umstellung des japanischen Militärwesens nach deutschem Muster. S. M, S. 351.

6) Kamei Koremi (1825–1885), trat 1839 im Alter von 15 Jahren als Adoptivsohn des Clanfürsten von Tsuwano, Kamei Koregata, dessen Nachfolge an, führte am Yôrôkan, der Clanschule in Tsuwano, eine Bildungsreform durch. An dieser Schule lernten auch Nishi Amane (1829–97),Verwandter Ôgais und bekannter Philosoph Japans jener Zeit, und Ôgai selbst. 1868, im Jahr der Meiji-Restauration wurde Kamei Staatssekretär am Amt für Shintôismus sowie Ratsmitglied der neuen Regierung in Tôkyô. 1872 rief er Ôgais Vater, der als Leibarzt in seinen Diensten gestanden hatte, und dessen Sohn zu sich nach Tôkyô u. ermöglichte so letzterem eine gute Ausbildung. S. Iwatani Kenzô: Tsuwano no hokoru hitobito (Menschen, auf die Tsuwano stolz ist), Tsuwano 1982, S 2–10.

7) Fukuba Bisei (1831–1907), stammte wie Ôgai aus Tsuwano, lernte und lehrte auch am dortigen Yôrôkan (s. Anm. 6) u. wurde zu einem berühmten Vertreter der Kokugaku, der „Nationalen Schule“. 1868 hielt er dem jungen Tennô Vorlesungen über das „Kojiki“ (ältestes jap. Literaturdenkmal aus dem Jahre 712). 1890 wurde er zum Oberhausabgeordneten gewählt. S. ebenda, S.10–18.

8) Yasugi Toshio (1847–1884) stammte ebenfalls aus dem Fürstentum Tsuwano, wurde von Fürst Kamei (s.Anm. 6) gefördert und zum Medizinstudium nach Tôkyô gesandt. Später wurde er Direktor des Garnisonskrankenhauses von Kumamoto. S. ebenda, S.111.

9) Franz Hofmann, studierte bei Voit und Pettenkofer in München Physiologie, wurde 1872 zum ao. Professor und Vorstand des pathologisch-chemischen Laboratoriums der Leipziger Universität berufen, wo er Vorlesungen über theoretische und

praktische Hygiene hielt. 1878 wurde er Professor des neu eingerichteten Lehrstuhls für Hygiene, S. Franz Hofmann: Das Hygienische Institut. Sonderdruck aus der Festschrift zum 500jährigen Jubiläum der Universität Leipzig.

10) Max von Pettenkofer (1818–1901), Arzt und Begründer der naturwissenschaftlich-experimentellen Hygiene, Professor an der Münchener Universität. S.a. BI Handlexikon, Leipzig 1983, S.896.

11) Robert Koch (1843– 1910), Arzt, Mitbegründer der modernen Bakteriologie, entdeckte 1882 das Tuberkelbakterium und 1884 den Choleraerreger, war als Professor an der BU tätig. S. ebenda, S. 603.

12) Iwasa Jun (1835–1912), studierte bei Pompe (s. Anm. 1887/39) u. Baudouin westliche Medizin, wurde 1872 Oberhofarzt, kam 1884 zum Studium nach Deutschland, war auch nach seiner Rückkehr wieder als Hofarzt tätig. S. M, S. 351.

13) Kashimura Kiyonori (1848–1903), Dr. med., wurde 1875 Professor an der Med. Fakultät der UT, war auch Leiter der Abteilung Inneres am Universitätskrankenhaus. Auch Ôgai hörte bei ihm Vorlesungen. 1884/5 Studium in Deutschland. S. M, S. 351.

14) Miura Shin'i, auch Miura Moriharu (1857–1916), Dr. med., studierte 1881–1887 in Deutschland, wurde nach seiner Rückkehr Professor an der Med. Hochschule. S. ebenda, 352.

15) Aoyama Tanemichi (1859–1917), Dr. med., studierte ein Studienjahr unter Ôgai an der UT Medizin, 1882–87 in Deutschland, wurde 1901 Direktor der Med. Hochschule, 1915 Direktor des Instituts für Infektionskrankheiten. S. Nihon Kindaishi Jiten (Wörterbuch der modernen jap. Geschichte), Tôkyô Verlag Tôyôkeizaishinpôsha 1958, S. 6.

16) Katô Hiroyuki (1836–1916), Philosoph, Politiker, Dr. phil. u. Dr. jur., war u.a. tätig als Rektor der UT, Mitglied der Kaiserl. Akademie der Wissenschaften sowie des Kaiserl. Senats. 5. ebenda, S. 89.

17) Katô Terumaro (1863–1925), brach sein Medizinstudium an der UT ab, um in Deutschland an der BU zu studieren. Später wurde er Hofarzt des Shôwa-Tennô. Autorität als Kinderarzt. S. M, S. 352.

18) Miura Gorô (1847–1926), Militärpolitiker, kam 1871 ans Kriegsministertum, wurde 1888 Direktor der Adelsschule u. 1895 Gesandter in Korea. 5. Nihon Kindaishi Jiten, a.a.O., S. 575.

19) Hagiwara Sankei (1840–94), Dr.med., Professor an der UT, befaßte sich zunächst mit Holländ. Medizin, kam jedoch 1869 nach Deutschland an die BU. Nach seiner Rückkehr wurde er Professor an der Med. Hochschule Tôkyô. 1884 erneut Studienaufenthalt in Deutschland. Autorität auf dem Gebiet der Kindermedizin. S. M, S. 352.

20) Iijima Isao (1861–1921), Zoologe, studierte an der UT Zoologie, wurde nach seiner Rückkehr aus Deutschland Professor an der Naturwissenschaftlichen Hochschule u. später auch Mitglied der Kaiserl. Akademie der Wissenschaften. Begründer der japanischen Parasitologie. S. ebenda.

21) Nagai Nagayoshi (1845–1929), Dr. pharm. Dr. nat., studierte und promovierte als erster Auslandsstudent ab 1871 an der BU. N. heiratete eine deutsche Frau. Nach seiner Rückkehr wurde er Professor an der UT sowie Direktor der Alljapanischen Pharmazeutischen Gesellschaft. 5. ebenda.

22) Miyazaki Michizaburô (1855–1928), Professor für Rechtswesen an der UT, Dr. jur., 1884–1888 Studium in Deutschland. S. ebenda.

23) Minawashû: im Juli 1892 herausgegebene Sammlung von Übersetzungen, enthielt u.a. auch „Maihime“ (1890, dt. Die Tänzerin). Dieser Eintrag Ôgais erfolgte im Nachhinein.

24) Inoue Tetsujirô (auch: Inoue Sonken)(1854–1944), studierte an der UT Literatur. In Deutschland lebte er zunächst in Heidelberg, übersiedelte dann nach Leipzig und anschließend nach Berlin. Zu jener Zeit war er in Japan bereits als Mitautor der „Shintaishi“ (1882, Gedichte neuen Stils) bekannt. Nach seiner Rückkehr nach Japan war er an der Geisteswissenschaftlichen Fakultät der UT tätig und wurde dann zum Dekan dieser Fakultät ernannt. Er brachte die Ideen Kants und Schopenhauers in die japanische Philosophie ein und wandte sich selbst einem monistischen Spiritualismus zu. Seine philosophischen Ideen wurden von Anfang an von nationalistischen Ideen getragen. Später wurde 1. zu einem der bedeutendsten Apologeten des Tennô-Systems und nationalistischen Gedankengutes in Japan. S. Nihon kindaibungaku daijiten (Großes Wörterbuch der modernen japanischen Literatur), Verlag Kôdansha, Tôkyô 1984, S. 151)

25) Bälz, Erwin (1949–1913), Dr. med. sc., wurde nach seiner Assistenz bei Prof. Wunderlich (s. Anm. 1885/9) in Leizig als Professor an die Medizinschule Tôkyô berufen, wo er 1876–1905 Vorlesungen zur Inneren Medizin, Physiologie, Geburtshilfe, Psychatrie hielt. Auch gab er Privatvorlesungen für Iwasa Jun (s. Anm. 12). In den 90er Jahren wurde B. Leibarzt des Kronprinzen und 1900 des Tennô sowie der kaiserlichen Familie. 1907 wurde er zum Präsidenten der Gesellschaft für Tropenmedizin gewählt. 5. Heinz Vianden: Erwin Bälz und die deutsche Medizin in Japan. In:Japanisches Kulturinstitut Köln: Kulturvermittler zwischen Japan und Deutschland, Frankfurt/New York 1990, S. 99–121.

26) Scheube, Botho (1853–1923) studierte an der Leipziger Universität Medizin. 1877–1883 war er Arzt und Lehrer am Krankenhaus von Kyôto. Nach seiner Rückkehr wurde er Dozent für Innere Medizin an der Leipziger Universität. S. ebd., S. 114 sowie M, S. 353.

27) Kuri Ryûsaku (1857– ?), studierte an der UT Naturwissenschaften. Auslandstudium in London, danach Professor an der UT. S. M, S. 353.

28) Satô Genchô (1818–97), nannte sich auch Ôkyô, Arzt, Professor für Medizin an einer Privatklinik, wohnte eine Zeitlang ganz in der Nähe von Ôgai in Senjû (Stadtviertel in Tôkyô). 1882 wurde er Direktor des Krankenhauses von Shimotsuma-Onchi. S. ebenda.

1885

1) Tanba Keizô (1854–1924), Dr. pharm. studierte an der UT Pharmazie, kam 1884 gemeinsam mit Ôgai nach Deutschland, wo er Gerichtschemie und Pharmakologische Chemie studierte. Nach seiner Rückkehr wurde er Professor an der UT. S. ebenda.

2) Iimori Teizô, Physiker, kam 1884 gemeinsam mit Ôgai nach Deutschland, war nach seiner Rückkehr als Dozent in Japan tätig. S. ebenda.

3) Kikoshi Yasutsune (1854–1932), studierte an der Offiziersschule, wurde 1877 Leutnant, kam dann nach Deutschland, wo er bis 1886 studierte. K. erwarb sich große Verdienste bei der Umstellung des japanischen Militärs vom französischen auf das deutsche System. Später wurde er Kriegsminister Japans. S. ebenda, S. 354.

4) Süd-West-Kämpfe: Aufstand in Kagoshima gegen die Meiji-Regierung im Jahre 1877.

5) „St. Pauli“: Männerchor der Leipziger Universität. Dieses Konzert fand in Wirklichkeit am 10.2. statt. In der „Geschichte der Universitäts-Sängerschaft zu St. Pauli in Leipzig 1822–1922“ (von Prof. Dr. Richard Kötzschke Leipzig 1922) findet sich in einem Artikel zu jenem Konzert folgender Passus: „Das Winterfestkonzert fand diesmal und von jetzt an stets im neuen Gewandhause statt; es war am 10. Februar [...] Unter den beim Ball anwesenden Ehrengästen befand sich wieder der Herzog von Mecklenburg und auch ein in Leipzig studierender japanischer Arzt, damals noch hierzulande eine seltene Erscheinung.“ S. Kaneko Sachiyo: Raiputsihi jidai no Mori Ôgai. Ongakkai to fujinshûkai (Ôgais Zeit in Leipzig. Konzert und Frauenverein). In: Kokubungaku 8 (Japanische Literatur 8), Tôkyô Verlag Gakutôsha 1987, S. 160/1.

6) Die Abhandlung über die Ernährung in der japanischen Armee wurde 1886 fertig und erschien unter der Überschrift „Japanische Soldatenkost vom Voit‘schen Standpuncte“ im „Archiv für Hygiene“, Bd. V, S. 334ff. Die Abhandlung über japanische Wohnhäuser wurde 1888 fertig und unter der Überschrift „Ethnographisch-hygienische Studie über Wohnhäuser in Japan“ bei den Verhandlungen der Berliner Anthropologischen Gesellschaft am 26.5.1888 veröffentlicht. Alle Abhandlungen, die Ôgai in Deutschland publizierte, finden sich am Ende der Anmerkungen in einer Liste mit einem Verweis, wo der Leser sie heute finden kann.

7) Gegenbauer, Carl (1826–1903), Anatom, Zoologe, ab 1855 Professor in Jena, ab 1873 in Heidelberg, einer der bedeutendsten Anatomen des 19. Jh. S. Brockhaus VIII, Mannheim 1989, S.210.

8) Bruder: Ôgais Bruder Tokujirô, studierte damals an der Med. Fakultät der UT.

9) Wunderlich, Carl Reinhold August (1815–77), Internist, wurde 1843 Professor in Tübingen, 1850 in Leipzig, war einer der Begründer der die neuzeitl. naturwissenschaftliche Richtung der Heilkunde einleitenden physiologischen Medizin. S. Brockhaus XX, Wiesbaden 1974. S.502.

10) Anegakôji Kin‘yoshi, Sohn von Anegakôji Kintomo (1840-63), einem hohen Beamten. S. M, S. 374. S.a. Nihon Kindaishi Jiten, a.a. O., S. 13.

11) Ostasiatische Medizinschule in Tôkyô, private Medizinschule, 1882 von Kashimura Kiyonori (s. Anm. 1884/13), Taguchi Kazuyoshi u.a. gegründet. Ôgai lehrte hier gemeinsam mit Taniguchi Ken (s. Anm. 1885/41) und Kako Tsurudo (s. Anm. 1885/21) Physiologie. S. ebenda, S. 354.

12) Kikuchi Dairoku (1855–1917), Naturwissenschaftler, Dr. nat., studierte 1866–68, 1870-74 in England, wurde erster Professor für Mathematik an der UT, Oberhausabgeordneter, 1898–1901 Rektor der UT, 1901–03 Kultusminister, 1908–12 Rektor der Universität Kyôto, 1909–17 Direktor der Kaiserlichen Akademie der Wissenschaften. S. Nihon Kindaishi Jiten, a.a.O., S. 107.

13) Sakata Senzô, Stipendiat des japanischen Kultusministeriums. S. M, S. 354.

14) Der Gesandte in England zu jener Zeit war Kawase Nobuhiko (Amtszeit 1882–1888). S. ebenda.

15) Furushô Kamon (1840–1915), Angestellter des Justizministeriums, tätig als Richter und als Ministerialsekretär. S. ebenda.

16) Ishiguro Tadanori (1845–1941), Mediziner, studierte westl. Medizin, kam nach der Meiji-Restauration an die Universitäts-Ostschule (Vorgängerin der UT), forderte die Einführung der deutschen Medizin, war seit 1871 im Militärärztl. Amt tätig, engagierte sich bei der Schaffung eines Militärsanitätswesens u. hygienischer Einrichtungen beim Militär, trat 1890 als Generaloberstabsarzt die Nachfolge Hashimoto Tsunatsunes als Leiter des Medizinalbüros am Kriegsministerium an.

1917 wurde er Vorsitzender des Jap. Roten Kreuzes. S. Nihon Kindaishi Jiten, a.a.O., S.23.

17) Ogata Ijun (1843–1909), der erste Hofarzt, der westliche Medizin anwandte. Später wandte er sich der Militärmedizin zu und wurde 1881 Generalstabsarzt, dann Stellv. Direktor des Militärmedizinalstabs, Direktor der Hochschule für Militärärzte sowie Oberarzt des Kaiserlichen Gardecorps. S.M, S.355.

18) Osanai Ken (1846–86), Militärarzt, nahm als Oberarzt der 4. Brigade an den Süd-West-Kämpfen (s.Anm. 1884/4) teil, war ab 1879 Krankenhausdirektor in Hiroshima. S. ebenda.

19) Shimizu Ikutarô (1857–85), studierte bis 1879 an der UT und anschließend in Deutschland Medizin, wurde nach seiner Rückkehr 1883 Professor für Gynäkologie an der UT. S. ebenda.

20) Ogata Shûjirô, schloß 1882 sein Studium an der Med. Hochschule ab. S. ebenda.

21) Kako Tsurudo (1855–1931), Kommilitone und bester Freund Ôgais, Begründer der Hals-, Nasen-, Ohrenmedizin in Japan. 1888 kam er gemeinsam mit dem Innenminister Yamagata nach Europa und studierte an der BU Hals-, Nasen-, Ohrenmedizin. Nach seiner Rückkehr lehrte er als militärärztlicher Beamter an der Hochschule für Militärärzte und führte Untersuchungen am Krankenhaus des japanischen Roten Kreuzes durch. S. ebenda.

22) Roth, Wilhelm August (1833–92), nach dem Studium an der BU Militärarzt, gleichzeitig Lehrer an der Berliner Offiziershochschule, ab 1870 Obermilitärarzt des Sächsischen Armeecorps, desweiteren u.a. Professor für Hygiene an der Dresdener Technischen Universität. S. ebenda.

23) Matsumoto Jun (auch: Ryôjun) (1832–1907), Leibarzt des Shôguns Tokugawa Keiki, nach der Meiji-Restauration in entscheidendem Maße am

Aufbau des Militärsanitätswesens in Japan beteiligt, wurde schließlich Generaloberstabsarzt, beförderte Ogata Ijun, Ishiguro Tadanori, Satô Susumu, Hashimoto Tsunatsune u.a. S. ebenda.

24) Coccius, Ernest Adolf (1825 –90), ab 1858 Professor an der Leipziger Universität. S. ebenda.

25) Birch-Hirschfeld, Felix Victor B. (1842 –99), Pathologe, kam von der Dresdener an die Leipziger Universität. S. ebenda.

26) Ihr Mann war Dr. Schleiden Mathias Jacob S. (1804–81). Dieser wurde 1839 Professor in Jena, 1863 in Dorpat, lebte später in Dresden, Wiesbaden u. Frankfurt, bemühte sich um eine method. Erneuerung der Forschung u. Lehre, begründete mit 1. Schwann die Zellentheorie der Organismen. S. Brockhaus XVI, Wiesbaden 1973, S. 703.

27) Mukôjima, Negishi: Stadtviertel in Tôkyô.

28) Graf Georg Friedrich Alfred Fabrice (1818–91), bekleidete die Ämter des Sächsischen Kriegsministers, Außenministers und Ministerpräsidenten. S. M, S. 356.

29) Prinz Georg (1832–1904), zweiter Sohn von Sachsens König Johann, folgte König Albert (s. Anm. 1885/46) nach dessen Tod auf den Thron. S. ebenda.

30) Ijichi Kôsuke (1854–1917), absolvierte die Offiziersschule, ging 1880 zum Studium nach Frankreich, 1884 nach Deutschland. S. ebenda.

31) Sakai Naotsune (?–1890), ab 1871 Direktor der Medizinschule in Nagasaki, kam 1879 als Militärarzt nach Deutschland, wurde nach seiner Rückkehr Generalstabsarzt. S. ebenda.

32) Kumakawa Muneo (1858–1918), Begründer der japanischen Chemomedizin. Er schloß 1883 sein Studium an der UT ab, kam 1884 an die BU, wurde nach seiner Rückkehr Professor an der Med. Hochschule, später Mitglied der Kaiserl. Akademie der Wissenschaften sowie Direktor der Med. Hochschule. S. ebenda.

33) Sakaki Hajime (1857–97), Psychiater, schloß 1880 sein Studium an der UT ab, kam 1882 an die BU, wurde nach seiner Rückkehr Professor an der Med. Hochschule. S. ebenda.

34) Tanaka Shôhei (1862–1945), Dr. nat. Autorität auf dem Gebiet der Akustik, kam gemeinsam mit Ôgai nach Deutschland, engagierte sich für die Verbreitung der lateinischen Schrift in Japan. S. ebenda.

35) Hozumi Yatsuzuka (1860– 1912), Verfassungsrechtler, Dr. jur., Professor an der UT, kam gemeinsam mit Ôgai nach Deutschland. S. ebenda.

36) Katayama Kuniyoshi (1855–1931), Begründer der jap. Gerichtsmedizin, kam gemeinsam mit Ôgai nach Deutschland, wurde nach seiner Rückkehr Professor an der Med. Hochschule. S. ebenda.

37) Wagner, Ernest Lebrecht (1829–88), Pathologe u. Kliniker, ab 1862 Professor an der Leipziger Universität, entdeckte die Fettembolie in den Lungengefäßen u. untersuchte histologisch die tuberkulösen u. syphilitischen Neubildungen. S. Brockhaus XIX, Wiesbaden 1974, S. 777.

38) Yonehara Tsunayoshi, konfuzianischer Gelehrter des Kamei-Clans von Tsuwano, Verwandter Ogais (dessen Tochter Shizuko heiratete seinen Bruder Junzaburô). Ôgai lernte im Alter von 5 Jahren bei ihm die Schriften des Mencius lesen. S. Iwatani, a.a.O., S. 50.

39) Taira Kiyomori (1118–81), Feldherr und Politiker des Taira-Kriegergeschlechts. S.a. Kokuminhyakkajiten (Volkslexikon), Verlag Heibonsha, Tôkyô 1978, Bd. 8,S. 467. Von T. wird berichtet, daß er beim Umzug der Hauptstadt nach Fukuwara, als die Zeit drängte, versucht haben soll, die Abendsonne zurückzurufen. S. M, S. 357.

40) Imado: berühmte Bootsanlegestelle am Fluß Sumidagawa in Tôkyô.

41) Taniguchi Ken, Kommilitone Ôgais, wurde 1881 nach Abschluß des Studiums sofort in die Militärmedizinische Abteilung des Kriegsministeriums aufgenommen. 1891 Dr. med. S. M, S. 358.

42) Eguchi Tatsumi, Kommilitone Ôgais, wurde 1881 nach Abschluß des Studiums sofort in die Militärmedizinische Abteilung des Kriegsministersums aufgenommen, war auch als Hofkommissar amJustizministerium, Oberarzt der Polizei, Leiter der Militärärztlichen Abteilung der 12.Divi-sinn tätig (vor Ogai). S. ebenda.

43) Koike Masanao (1854–1913), Kommilitone Ôgais, ging nach dem Studium direkt ans Kriegsmisterium, wurde 1886 Lehrer an der neu gegründeten Schule für Militärärzte. 1888 kam er nach Deutschland, wo er in München bei Pettenkofer studierte. Später wurde er Generalstabsarzt sowie Direktor des Militär-Medizinalstabs am Kriegsministerium. S. ebenda, S. 359.

44) Hepburn, James Curtis (1815–1911), Missionar der Presbyterianischen Kirche in Amerika, Arzt, kam 1859 als Missionar nach Japan, wo er das erste Englisch/Japanisch-Japanisch/Englisch-Wörterbuch herausgab. Die Lautumschrift, die er dafür benutzte, ist auch heute noch im Gebrauch. Hepburn schuf unter anderem auch die erste Bibelübersetzung ins Japanische. 1892 kehrte er wieder nach Amerika zurück. S. ebenda.

45) Otto Roquette (1824– 96), Professor für Literaturgeschichte, Lyriker und Erzähler. S. a. Lexikon deutschsprachiger Schriftsteller, Leipzig 1987,S. 638.

46) Landeskönig: der sächsische König Albert (1828–1902), ältester Sohn des sächs. Königs Johann, folgte seinem Vater 1873 auf den Thron. S. M, S. 361.

47) Motzen: Hier ist wohl Mutzschen gemeint.

48) Yamane Masanori (1853–1928), wurde 1878 Leutnant und 1906 Oberleutnant. S. ebenda.

49) Ishizaka Korehiro (1841–1922), Generalarzt, wurde später Generaloberstabsarzt (vor Koike). S. ebenda.

50) Kenshô: wie Ôgai einer der vielen Pseudonyme für Mori Rintarô.

51) Takano Ken'ichirô (Lebensdaten unbekannt), Mediziner. Die Familie Takano war bis in die Endo-, Meiji-Zeit hinein eine einflussreiche alte Hofadelsfamilie, aus der einige bekannte Wissenschaftler hervorgingen

52) Otto-Peters, Louise (1819–95), Romanautorin, Novellistin, Lyrikerin, erste Exponentin der Frauenbewegung in Deutschland, Gründerin von Arbeiterinnenvereinen, Herausgeberin deutscher Frauenzeitschriften, gründete 1865 den "Allg. Deutschen Frauenverein. S.a. Lexikon deutschsprachiger Schriftsteller, a.a.O., S. 447.

53) Schmidt, Auguste (1833–1902), Frauenrechtlerin, begründete mit L. Otto-Peters den Allg. Deutschen Frauenverein u. 1890 mit Helene Lange den Allg. Deutschen Lehrerinnenverein, wurde 1894 Vorsitzende des von ihr gegründeten „Bundes deutscher Frauenvereine". 1866–1920 gab sie „Neue Bahnen", die Zeitschrift des Allg. Deutschen Frauenvereins heraus. S. Brockhaus XVI, Wiesbaden 1973, S. 759/60.

54) Goldschmidt, Henriette, seit der Gründung des Allg. Deutschen Frauenvereins 1865 aktive Mitstreiterin. S. Kaneko, a.a.O., S. 162.

55) Adrienne: Heldin aus „Adrienne Lecouvreur" (1849), Tragödie von Ernest Legouvé (1807–1903) und Eugéne Scribe (1791–1861). Das Stück behandelt das Leben der Schauspielerin Adrienne Lecouvreur(1692–I730), wurde damals sehr oft aufgeführt und erhielt gute Kritik. S. M, S. 362.

56) Neelsen, Friedrich K. (1854–?), Pathologe, S. ebenda.

57) Hayakawa, vom Militär delegierter Auslandstudent in Berlin, wurde 1902 Vicechef des Generalstabs der Armee, 1903 Generalleutnant. S. ebenda.

58) „Die Organisation des japanischen Sanitätscorps": erschien 1885 in Roths Jahresbericht, S. 25.

59) Kirchhoff, Alfred (1838–1907), Geograph, 1873–1904 Professor in Halle. S. Brockhaus X, Wiesbaden 1970, S. 198.

60) Töbler, August Joseph Ignaz (1836–1912), Physiker, Erfinder einer Pumpe zur Schaffung hochgradigen Vakuums. S. M, S. 365.

61) Sonken: S. 1884, Anm. 24.

62) Tsujiro: S. 1884, Anm. 22.

63) Gô Seinosuke (1865–1942), Unternehmer, studierte an der UT, wurde 1895 Präsident der Jap. Verkehrsgesellschaft, Vorstandsvorsitzender der Tôkyôter Börse, 1911 Oberhausabgeordneter, 1937 Staatsrat im Kabinett. S.Nihon Kindaishi Jiten, a.a.O., S. 174.

64) Jahre später übersetzte Ôgai den „Faust" Goethes tatsächlich, allerdings ins Japanische. Diese Übersetzung erschien im Jahre 1922 als die erste vollständige Übersetzung dieses Werkes in Japan.

1886

1) Ozôni: klare, festliche Neujahrssuppe mit Reiskloß, gedämpfter Fischpastete und Gemüse-Einlage.

2) Wörmann, Karl (1844–1933), Kunsthistoriker, Direktor des Dresdener Museums (1882–1910). S. M, S. 366.

3) Lipsius, Johann Wilhelm (1832–94), Dresdener Architekt, entwarf u.a. die Dresdener Kunstakademie. S. ebenda.

4) Pauwels, W. Ferdinand (1830–1904), belg. Maler von historischen Gemälden. S. ebenda.

5) von den Osten, Emil Carl (1848– ?), internationaler Schauspieler, stieg in Amerika in das Theaterleben ein, spielte in Deutschland, London, Stockholm. Ab 1886 war er am Dresdener Hoftheater fest engagiert, spielte den Hamlet, den Othello u.a. S. ebenda.

6) „Lorbeerbaum und Bettelstab“: Komödie von Karl von Holtei (1798–1880). S. M, S. 367.

7) Shiga Taizan (1854–1934), Dr. der Forstwissenschaft, studierte ab 1885 an der Forstakademie in Tharandt, wurde nach seiner Rückkehr Forstbeamter sowie Professor an der Forstakademie. S. ebenda.

8) Ôgai wurde am 19.1.1862 in Tsuwano geboren.

9) Robert König (1828–1900), Literaturhistoriker. Seine „Deutsche Literaturgeschichte“ erschien 1885. S. ebenda.

10) Nakahama Tôichirô (1857–1937), Kommilitone Ôgais, Professor an verschiedenen Medizinschulen, Krankenhausdirektor, fuhr 1885 als Hofkommissar des Innen-ministeriums nach Europa, kehrte 1889 zurück, war als Direktor des Hygienelabors und als Präsident der Jap. Kassenärztlichen Gesellschaft tätig. S. ebenda.

11) S. 1885, Anm. 6.

12) Meiji 17 = 1884.

13) Komatsubara Eitarô (1852–1919), Politiker, nach seiner Tätigkeit bei verschiedenen Zeitungen kam er als Botschaftssekretär für 7 Jahre nach Berlin, kehrte 1887 nach Japan zurück, wurde 1900 Oberhausabgeordneter u. 1908 Kultusminister. S. M, S. 368 sowie Nihon Kindaishi Jiten, a.a.O., S.208.

14) Kawamoto Jûjirô, kehrte 1889 nach Japan zurück, wo er an der UT Professor für Augenheilkunde wurde. S. M, S. 368.

15) Coler, Alwin (1808–1901), übernahm 1889 in Nachfolge G.A. Lauers (s.Anm. 16) das Amt des Generaloberstabsarztes und des Direktors der Schule für Militärärzte. S. ebenda.

16) Lauer, Gustav Adolf von (1808–1889), studierte an der BU, wurde nach seiner Tätigkeit an verschiedenen Krankenhäusern Leibarzt des Kronprinzen Wilhelm, wurde schließlich Generaloberstabsarzt, Direktor der Schule für Militärärzte sowie auch Ehrenprofessor an der BU. S. ebenda.

17) Bardeleben, Heinrich Adolf von (1819–95), wurde 1848 Professor in Greifswald und 1868 in Berlin, verbesserte die antiseptische Wundbehandlung nach J. Lister. S. Brockhaus II, Mannheim 1987 S.572.

18) Müller, Leopold (1822–1893), Chirurg, Dozent am Friedrich-Wilhelm-Insitut in Berlin, 1871–1875 Professor an der Tôkyôter Medizinschule, die später die Med. Fakultät der UT wurde. M. lehrte Anatomie, Chirurgie, Augenheilkunde und Geburtshilfe. S. Vianden, a. a. 0., S. 111/2.

19) Miyake Shô (1848–1938), kam Anfang der 6oerJahre nach Europa, ging nach seiner Rückkehr an die UT, wo er schließlich Dekan der Med. Fakultät wurde, desweiteren Direktor der Med. Hochschule. 1886 ging er auf eigene Kosten nach Europa. Nach seiner Rückkehr promovierte er als erster Japaner auf dem Gebiet der Medizin. S. M, S. 369.

20) Kitazato Shibasaburô (1856–1931), Bakteriologe, begründete mit E. von Behring die Heilserumtherapie, entdeckte den Ruhr- und Pesterreger. S. BI-Lexikon, a.a.O., S. 594.

21) Naumann, Edmund (1850–1929), Geologe, 1870 Dr. der Geologie, kam 1875 auf Einladung der japanischen Regierung nach Japan, erforschte die Struktur der japanischen Inselkette und lehrte an der UT Geologie, kehrte 1885 nach Deutschland zurück, wo er als Geologe an der Münchener Universität tätig war. S. M, S. 370 sowie Yamazaki Kuninori: „Naumann-ronsô" no seikaku (Der Charakter der Naumann-Debatte). In:

Hanazono-daigaku kenkyûiyû (Forschungsberichte der Hanazono-Universität), Kyôto 1983, Heft 14.

22) Iwasa Shin, Sohn von Iwasa Jun (s. Anm. 1884/12), war ebenfalls Hofarzt und zugleich am Kôseidô-Krankenhaus tätig. S. M, S. 371.

23) Lotzbeck, Karl von (1832–1907), studierte in München u. Erlangen, wurde 1859 Militärarzt und 1883 Generaloberstabsarzt von Bayern. S. ebenda, S. 370.

24) Emmerich, Ludolf(1852–1914), Bakteriologe. S. ebenda.

25) Ogata Masao (1854–1919), einer der Begründer der japanischen Hygienekunde und Bakteriologie, studierte Physiologie und Hygiene bei Pettenkofer in München, wurde nach seiner Rückkehr Hofkommissar an der UT. S. M, S. 370/1.

26) Port, Julius (1834–1905), Schüler von Pettenkofer, wurde 1896 Generaloberstabsarzt. S. M, S. 371.

27) Buchner, Hans (1850–92), Bakteriologe. S. ebenda.

28) Ziemssen, Hugo Wilhelm von (1829–1902), Mediziner, wurde 1863 Professor in Erlangen u. 1874 in München. S. Brockhaus XX, Wiesbaden 1974, S. 680.

29) Winckel, Ludwig Heinrich S. (1809–92), berühmter Vertreter der Klinischen Gynäkologie. S. M, S. 371.

30) Siegert, Georg (1836–1921), Dramatiker aus Nürnberg. S. ebenda.

31) Angerer, Ottmar von (1850–1918), Professor für Chirurgie an der Münchener Universität. S. ebenda.

32) Rothmund, August von (1830–1906), Autorität in der Augenheilkunde, lehrte Klinische Medizin an der Münchener Universität. Da hier aber Junior steht, handelt es sich möglicherweise um dessen Sohn. S. ebenda.

33) Voit, Carl von (1831–1908),wurde 1860 Professor in München, stellte das Voit'sche Kostmaß auf. S.a. Brockhaus XIX, a.a.O., S. 680.

34) Harada Naojirô (1863–99), Maler, kam 1884 nach Deutschland. 1886–1889 Schüler von Max Gabriel in Deutschland. S. M. S. 371/2.

35) Tokujirô: Ôgais Bruder.

36) Rosenkranz, Johan Karl Friedrich (1805–79), Philosoph, Hegelsche Schule, ab 1833 Professor in Königsberg. Hauptwerk: „Wissenschaft der logischen Idee". S. M, S. 373.

37) Ranke, Johannes (1836–1916), Anthropologe, wurde 1886 erster Professor für

Anthropologie in Deutschland, untersuchte besonders die Schädelformen in Süddeutschland u. die Frage der Rundschädeligkeit. S. Brockhaus XV, Wiesbaden 1972, S. 405.

38) Ranke, Heinrich von (1830–1909), Kinderarzt, wurde 1874 Professor u. 1886 Direktor der ersten Universitätsklinik in München. S. ebenda.

39) Naganuma Shukei, Maler, Professor an der Tôkyôter Kunstschule. S. M, S. 374.

40) Shinagawa Yajirô (1843–1900), Politiker, Schüler von Yoshida Shôin (1830–59), erwarb sich große Verdienste bei der Meiji-Restauration. 1870–76 Aufenthalte in Frankreich, England, Deutschland. 1877 wurde er Ministerialsekretär im Innenministerium, 1885–87 außerordentlicher bevollmächtigtet Gesandter in Deutschland, 1887 Hofberater. Sein Sohn Yaichi (1870– 1924) kam 1885 zum Studium der Viehzucht nach Deutschland. S. ebenda.

41) Konoe Atsumaro (1863–1904), kam 1885 nach Deutschland, studierte in Berlin und Bonn Politologie und Rechtswissenschaften. Nach seiner Rückkehr war er politisch aktiv u. wurde Oberhausabgeordneter. S. ebenda.

42) Osawa Kenji (1852–1927), Begründer der modernen Physiologie in Japan, kam mehrmals zum Studium nach Deutschland, wurde Professor für Physiologie an der UT. S. M, S. 374/5.

43) Takagi Kanenori (1849–1920), studierte bei Willis (s. Anm. 1888/6) Englisch u. Medizin, wurde 1872 Marinearzt, später Direktor des Tôkyôter Marinekrankenhauses sowie Generaloberstabsarzt der Marine. Er ging 1875 zum Studium nach England u. förderte in Japan die engl. Medizin. S. M, S. 375.

44) Zur Diskussion um Reis oder Gerste siehe auch Mori Ôgai: Japanische Soldatenkost vom Voitischen Standpuncte (s. Anm. 1885/6).

45) Nagamatsu Tokuyasu, Oberhausabgeordneter, Vizedirektor der Tôkyôer Feuerversicherung. S. ebenda.

46) Hibishinbun: Abk. von Tôkyô-Hibishinbun, Tôkyôter Tageszeitung.

47) Possart, Ernest von (1841–1921), international berühmter deutscher Schauspieler, ab 1886 am Münchener Hoftheater fest engagiert, wo er später auch Intendant wurde. S. ebenda.

48) Soyka, Isidor (1850–89), Pathologe. S. M, S. 376.

49) Lehmann, Karl Bernhard (1858–?), Bakteriologe, Schüler von Pettenkofer, wurde später Professor an der Würzburger Universität. S. ebenda.

50) Yokoyama Matajirô (1860–?), Dr. nat., studierte Geologie an der UT, kam 1886 zum Studium der Geologie/Paläontologie nach Deutschland, wurde später Professor für Naturwissenschaften an der UT, Autorität auf dem Gebiet der Geologie. S. ebenda, S. 376

51) Senjû: Stadtviertel in Tôkyô. Hier wohnte Ôgais Familie.

52) Rottmann, Carl (1797–1850), Maler des Klassizismus, malte griechische und italienische Landschaften mit romant. Einschlag. S. BI-Lexikon, a.a.O., S. 1012.

53) Dieffenbach, Wilhelm (1851– ?), Maler. S. M, S. 376.

54) S. Anm. 1885/6.

55) S. Tagebucheintrag vom 17.12.1886. Zwischen Ôgai und Naumann kommt es zur sogenannten Naumann-Debatte. Dazu siehe auch „Ein junger Japaner im Deutschland Bismarcks".

56) Ishikawa Chiyomatsu (1861–1935), Biologe, Zoologe, Dr. nat., studierte an der UT, wurde 1883 Assistenzprofessor daselbst, 1884–89 Studium in Deutschland,

war 1890–1924 Professor an der Landwirtschatlichen Abteilung der UT, desweiteren Mitglied der Kaiserl. Akademie der Wissenschaften. S. Nihonkindaishijiten, a.a.O., S.23.

57) Asakusa: Stadtviertel in Tôkyô.

58) Hamada Gentatsu (1854–1915), Gynäkologe, schloß 1880 sein Medizinstudium an der UT ab, kam 1884 nach Deutschland, wurde nach seiner Rückkehr Professor an der Med. Hochschule, später dann Hofberater sowie Direktor der Tôkyôter Frauenklinik. S. M, S. 377.

59) S. Anm. 1885/57.

60) Kanda: Stadtviertel in Tôkyô.

61) Kappa: jap. Flußkobold.

62) „Veilchenfresser": Stück von Gustav von Moser (1825–1903), S. M, S. 377.

63) Tiersch, Karl (1822–95), berühmter Chirurg jener Zeit, S. ebenda.

64) „Mikado": Operette von AS. Sullivan (1842–1900), 1885 in London erstaufgeführt, in Japan im Juli 1947.S. ebenda.

65) Scheffel, Joseph Victor (1826–86), Lyriker, Versepiker, schuf u.a. die Verserzählung „Der Trompeter von Säckingen (1854)", den historischen Roman „Ekkehard" (1855), Studentenlieder wie „Gaudeamus" (1868). S. a. Lexikon deutschsprachiger Schriftsteller, Leipzig 1987,S. 511/2.

66) Nakazawa Ganta (1856– ?), schloß 1879 sein Chemiestudium an der UT ab, kam 1883 nach Deutschland, wurde nach seiner Rückkehr Professor an der Technischen Hochschule, später dann an der Universität Kyôtô. S. M, S. 378.

67) Die Ergebnisse dieser Untersuchungen hielt Ôgai in seiner Abhandlung ‚Über die diuretische Wirkung des Biers" fest, die im Archiv für Hygiene, Bd. VII, S. 354ff. erschien.

68) Der vollständige Titel des zweibändigen Buches lautet „Traité d'hygiene publique et privée" (Paris 1843–45). S. M, S. 378.

69) Diese Publikationen Naumanns erschienen in der „Allgemeinen Zeitung", Beil. Nr. 175, 178 u. 179.

70) Rüdinger, Nicolaus (1832–96), Professor für Anatomie an der Münchener Universität, forschte auch auf anthropologischem Gebiet. S. M, S. 378.

71) Scherr, Johannes von (1817–86), Kultur- u. Literaturhistoriker, Novellist, wurde 1848 in die württembergische Abgeordnetenkammer gewählt, war einer der Führer der Demokratischen Partei Süddeutschlands u. mußte wegen seiner großdeutschen Einstellung 1849 in d. Schweiz fliehen. 1860 wurde er Professor für Geschichte am Polytechnicum Zürich. S. Brockhaus, XVI, Wiesbaden 1973, S. 613.

72) Wolffhügel, Gustav (1845–99), Hygienewissenschaftler, Schüler von Pettenkofer, wurde Professor an der Universität Göttingen. S. M, S. 378.

73) Kikuchi Tsunesaburô (1858–1921), Dr. med., schloß 1881 als erster beauftragter Student des Kriegsministeriums sein Medizinstudium an der UT ab, wurde sofort Militärarzt, kam 1886 nach Deutschland, spezialisierte sich auf Chirurgie. Während des Jap.-Russ. Krieges wurde er Generaloberstabsarzt. S. ebenda, S. 379.

74) S. Anm. 1885/6.

75) Kitensai Shôichi, berühmter Zauberer, beschäftigte sich zunächst mit japanischer Zauberei, ging dann nach Europa, wo er die dortige Technik erlernte. S. M, S. 379.

76) Der Titel lautet „Die Wahrheit über Japan"

1887

1) Der Titel lautet ‚Noch einmal ‚Die Wahrheit überJapan'". Diese Schrift erschien in der „Allgemeinen Zeitung" vom 1.2.1887.

2) Alle drei genannten Personen sind Ôgais Geschwister.

3) Hirth, Friedrich (1858–1927), Sinologe, wirkte als erster deutscher Sinologe in den USA (1902–17) Professor an der Columbia University, New York), verfaßte grundlegende Werke zur Geschichte der chines.-westlichen Kulturbeziehungen. S. Brockhaus X, Mannheim 1989, S. 106.

4) 1872 wurde das Institut für Militärmedizin gegründet, ein Jahr später in Schule für Militärmedizin umbenannt, 1877 aufgelöst, 1886 auf Initiative Hashimoto Tsunatsunes (s. Anm. 1884/3) umgebaut u. im Juni 1886 wiedereröffnet. S. M, S. 380.

5) S. Anm. 1884/28.

6) Roman von Tôkai Sanshi (1852–1922), erschienen 1885. S. BI-Lexikon Ostasiatische Literaturen, Leipzig 1985, S. 255.

7) „Über die diuretische Wirkung des Bieres": s. Anm. 1886/67.
„Über die Giftigkeit und die Entgiftung der Samen von Agrostemma Githago", erschienen im Archiv für Hygiene Bd. 9, 1889.
„Ethnographisch-hygienische Studie …": s. Anm. 1885/6.
„Experimentelle Untersuchungen über die giftige Wirkung des Anilindampfes": Dazu schreibt Ôgai in seinem „Kurzen Lebenslauf" von 1891: „Außerdem versuchte ich während meiner Zeit in München, die Stärke des Giftes ‚Anilin' zu ermitteln[...], aber ich habe München verlassen, ohne diese Forschung zu beenden. Dies hat dann mein Nachfolger übernommen […] Vermutlich wird das Lehmann sein." Aus: Mori-Ôgai Zenshû (Mori-Ôgai-Gesamtausgabe) XXX, Tôkyiô Iwanamishoten 1974, S.194.

8) Yokura Tôkô, schloß 1882 die Landwirtschaftsschule (Vorgängerin der Landwirtsch. Fakultät der UT) ab, wurde Direktor der Schule für Tiermedizin und Viehzucht in Azabu. S. M, S.381.

9) Nagura Kôsaku: Chirurg. S. ebenda.

10) Nagura Tomofumi: berühmter Heilpraktiker jener Zeit. S. ebenda.

11) Nogi Maresuke (1849–1912), 1871 Major, 1904 General, 1905 Mitglied des Kriegsrats, wurde auf Wunsch des Tennô Direktor der Adelsschule, folgte dem Tennô in den Tod. S. Nihon Kindaishi Jiten, a. a. 0., S. 497.

12) Kawakami Sôroku (1848–99), 1871 Oberleutnant, fuhr zweimal nach Europa zum Studium des dortigen Militärwesens. 1898 wurde er General. S. ebenda, S. 95.

13) Noda Hiromichi (1844–1913), wurde 1873 Rechnungsbeamter beim Militär, 1891 Direktor des Verwaltungsdepartments des Kriegsministeriums, 1898 Generalintendant der Armee. S. M, S. 381.

14) Kamei Koreaki (1861–96), Adoptivsohn von Karnei Koremi (s. Anm. 1884/6). S. Iwatani, a.a.O., S. 9 sowie M, S. 381.

15) Kusunoki Hidetarô, Angestellter bei der Taihei-Lebensversicherung, wurde dort führender Geschäftsverwalter. S. M, S. 381.

16) Tsumaki Raiô (1859–?), Architekt, Dr. Ing., ging 1882 nach Abschluß seines Studiums an der UT nach Amerika, reiste anschließend durch England, Frankreich, Deutschland u. Italien. S. ebenda.

17) Kaji Tamenari (?–1894), Maler des westlichen Stils, reiste oft ins Ausland. S. ebenda.

18) Frank, Fritz (1856–1923), Gynäkologe. S. ebenda.

19) Fraenkel, Carl (1861 Charlottenburg – 1915 Hamburg) lehrte als Hygieniker u.a. in Königsberg, Marburg und Halle. Er veröffentliche verschiedene Arbeiten zur Bakteriologie, u.a. „Grundriss der Bakterienkunde". (Weilte 1908 mit Robert Koch in Japan und bestieg den Fuji.)

20) Fukushima Yasumasa (1852–1919), kam 1887–1892 als Militärattaché nach Deutschland, nahm sowohl am Jap.-Chines. als auch am Jap.-Russ. Krieg teil, wurde zum General befördert. S. ebenda, S. 382.

21) Komatsumiya Akihito (?–1903), besuchte damals mit seiner Gattin mehrere Länder Europas und Amerikas, kehrte 1887 nach Japan zurück. S. ebenda.

22) Das Hygiene-Institut der Universität befand sich ebenfalls in der Klosterstraße. 1885 wurde Robert Koch zum Direktor ernannt. S. Annemarie Lange: Berlin zur Zeit Bebels und Bismarcks, Berlin 1980, S. 561.

23) Ishi = Ishiguro Tadanori. S. Anm. 1885/16.

24) Matsudaira Noritsugu (1851–1929), engagierte sich bei der Gründung der Gesellschaft für Philantropie (Vorgängerin des Jap. Roten Kreuzes), fungierte als deren Leiter, nahm 1887 als Vertreter des Jap. Roten Kreuzes am IV. Internationalen Kongreß des Roten Kreuzes teil, wurde 1890 Oberhausabgeordneter sowie Vizepräsident des Roten Kreuzes. S. M, S. 382.

25) Taguchi Kazuyoshi (1839–1904), Dr. med., erwarb sich große Verdienste bei der Schaffung einer modernen Anatomie in Japan, übernahm 1874 den Lehrstuhl für Anatomie an der neu gegründeten Med. Fakultät, kam 1887 nach Berlin, gründete nach seiner Rückkehr die Wissenschaftliche Gesellschaft für Anatomie Japans. S. ebenda.

26) Kitakawa Otojirô, wurde 1902 Dr. der Medizin. S. ebenda.

27) Iguchi Shôgo (1855–1925), schloß 1885 sein Studium an der Militärhochschule ab, studierte 1887–90 in Deutschland, nahm sowohl am Jap.-Chines. als auch am Jap.-Russ. Krieg teil, wurde zum General befördert. S. ebenda.

28) Suzuki Ainosuke, wurde später Leibarzt des Tennô der Taishô-Zeit (1912– 26). S. ebenda.

29) Oku Seisuke (?–1887), Beamter, wurde 1886 Direktor des Fischereiamts am Ministerium für Handel und Landwirtschaft, starb auf einer Amerika-Europa-Rundreise auf die im Text beschriebene Weise. S. ebenda. S. 383.

30) Homann, Carl (1839–96), Archäologe, eigtl. Ingenieur, entdeckte den Pergamonaltar und leitete 1878–86 dort die ersten Ausgrabungen im Auftrag der Berliner Museen, 1891–94 die Grabungen von Magnesia am Mäander u. 1895 in Priene. S. Brockhaus X, Mannheim 1989, S. 297.

31) Yamabe Takeo (1851–1920), in Tsuwano (Ôgais Heimat) geboren, ging 1870 nach Tôkyô, wurde Schüler von Fukuzawa Yukichi (1834–1901). 1877 ging er mit Kamei Koremi (s. Anm. 1884/6) nach England, studierte hier Ôkonomie u. Maschinenkunde. Nach seiner Rückkehr gründete er in Osaka eine Spinnereifirma. S. M, S. 384.

32) Hashimoto Sanai (1834–1859) studierte Holländische Medizin, war politisch aktiv, setzte sich u.a. für eine Reform des Clansystems ein, wurde bei einer Massenverhaftung mit ergriffen u. zu Tode verurteilt. Hashimoto Tsunatsune (s. Anm. 1884/3) war Sanais Bruder. S. ebenda.

33) Hoffmann, Theodor (1837–94), Internist, ging 1871 auf Einladung der jap. Regierung nach Japan, lehrte Anatomie, Physiologie u. Innere Medizin, kehrte

1875 zurück. S. Vianden, a.a.O., S. 111/12.

34) Stolberg-Wernigerode, Otto Fürst zu (1837–86), Diplomat, wurde 1872 Präsident des Zentralkomitees des Deutschen Roten Kreuzes. S. M, S. 385.

3S) Moynier, Mitbegründer des Roten Kreuzes, engagierte sich bei der Gründung der Int. Rot-Kreuz-Organisation sowie der Ausrichtung der 1. Int. Konferenz des Roten Kreuzes. S. ebenda.

36) Barton, Clara (1821–1912), Mitbegründerin des amerikan. Roten Kreuzes, 1882–1904 erste Präsidentin. S. ebenda.

37) Tengu: jap. Berggeist mit langer Nase.

38) Kumotani Tôgan (1547–1618), Maler. S. ebenda.

39) Pompe van Meerdervoort, Johannes (1829–1908), holländischer Arzt, wurde 1857 Leiter der Medizinschule u. des Hospitals in Nagasaki. S. Vianden, a.a.O., S.109.

40) S. Anm. 1885/23.

41) Longmore, Thomas (1816– 95), englischer Militärarzt, Professor für Chirurgie an der Schule für Militärärzte, aktiv im Internationalen Roten Kreuz. S. M, S. 385.

42) Don Pedro (1825–91), brasilian. KaiserPedro II. (1831– 89, bis 1840 unter Regentschaft), 1889 durch Militäraufstand gestürzt (Ende der Monarchie in Brasilien). S. Kleine Enzyklopädie Weltgeschichte, Leipzig 1979, S.147.

43) „Zur Nahrungsfrage in Japan“: Cfr. Katalog der für das Lesezimmer des II. Internationalen Congresses für Hygiene und Demographie zu Wien 1887 eingesendeten Werke. Nachtrag. Heft XXXIII, S.6; Von West nach Ost Nr. 13.

44) „Lied der Margaretha“: Aus: ‚Der Trompeter von Säckingen“(1854). S.a. Anm. 1886/71.

45) Hayashi Osamu (1844–82), studierte Holländische Medizin, fuhr gemeinsam mit Nishi Amane (1829–97) nach Europa, fand nach der Meiji-Restauration auf Empfehlung seines Onkels Matsumoto Jun (s. Anm. 1885/23) eine Anstellung im Militärmedizinalstab, löste 1879 Matsumoto als Generaloberstabsarzt ab. S. M, S. 386.

46) „Vorgeschichte des Roten Kreuzes in Japan“: In: Mori Ôgai: Japan und seine Gesundheitspflege, Tôkyô 1911, S. 35/6.

47) Maruyama Sakuroku (1840– 99), Politiker, Gegner der Bewegung für Freiheit und Volksrechte, Mitbegründer der Loyalitätspartei, widmete sich dem Erlaß der Kaiserlichen Verfassung und der Kaiserlichen Hausgesetze. Seine Wienreise diente ebenfalls Untersuchungen auf diesem Gebiet. S. M, S. 386.

48) Ariga Nagao (1860–1921), Literat, Historiker, Jurist (lot. Recht), kam 1886 zum Studium nach Europa, studierte in Berlin Europäische Zivilisationsgeschichte, Psychologie, in Wien lot. Recht, kehrte 1897 zurück wurde Professor an der Militärhochschule, Geschäftsführer des Jap. Roten Kreuzes, lot. Berater beim Jap..Russ. Krieg, später auch Rechtsberatet des Präsidenten. S. ebenda.

49) Schuster, Ludwig (1833–?), Hautarzt. S. ebenda.

50) Löffler, Friedrich August Johannes (1852–1915), zuerst Militärarzt, dann im Kaiserl. Gesundheitsamt in Berlin Mitarbeiter von R. Koch, 1888 Professor in Greifswald, 1913 Direktor des Instituts für Infektionskrankheiten in Berlin, entdeckte 1884 das Diphteriebakterium u. 1889 das Diphterietoxin. S. Brockhaus XI, Wiesbaden 1970, S. 559.

51) Verlag, der die Zeitung „Meijinippô“ herausgab, die vom 1Juli 1881 bis zum 29. November 1886 erschien. S. M. S. 316.

52) Ishii Nankyô (1831–87), Dichter, schuf v.a. Scherzgedichte, kam 1872 nach Tôkyô, war zeitweise Angestellter des Finanzministeriums, übernahm auch Aufgaben bei verschiedenen Verlagen, so beim Meijinippô. S. Nihon kindaibungaku daijiten (Großes Wörterbuch der Modernen japanischen Literatur, Tôkyô Kôdansha 1984, S. 89.)

53) Kusunose Sachihiko (1856–1927), 1879 zum Leutnant ernannt, später zum Generalleutnant, war Kriegsminister im Kabinett Yamamoto. S. M, S. 386.

54) Tokujirô: Ôgais Bruder.

55) „Romaji-zasshi“: Organ des Romaji-Clubs, der sich für die Verbreitung der lateinischen Schrift in Japan einsetzte.

56) Mackenzie, Sie Morell (1837–1892), brit. Hals-, Nasen-, Ohrenarzt, gründete 1863 das mustergültige ‚Hospital for diseases of the throat“ u. führte als einer der ersten in England den Kehlkopfspiegel ein. M. verzögerte durch seine Behandlung des Kehlkopfleidens des deutschen Kronprinzen Friedrich Wilhelm dessen Operation. S. Brockhaus XI, Wiesbaden 1970, S. 755.

57) Saitô Shûichirô (1853–1910), fuhr 1875 zum Studium des Rechtswesens nach Amerika (Washington University), wo er 1880 den Doktortitel erwarb. Nach seiner Rückkehr wurde er Mitarbeiter des Außenministeriums, fuhr 1887 als Botschaftssekretär in versch. Länder Amerikas und Europas u. kam dabei auch nach Berlin. Nach seiner Rückkehr war er Leiter des Übersetzungsamtes, Botschaftsrat u.a. Aufgrund bestimmter Vorfälle zog er sich schließlich aus dem polit. Leben zurück u. wurde Verlagsdirektor des Handelsblatts von Yokohama. S. M, S. 387.

58) Siebold, Alexander Georg Gustav (1846–1911), Sohn von Philipp Franz Siebold (1796–1866), Diplomat, wuchs als Kind in Japan auf, engagierte sich als Dolmetscher bei den Vertragsabschlüssen zwischen Japan u. den europ. Ländern, trat in den Dienst der jap. Regierung, u.a. am Finanzministerium, war auch als Botschaftssekretär an der jap. Gesandtschaft in Berlin tätig. S. ebenda. Vgl. auch Arcadio Schwade: Alexander von Siebolds Rolle im Dienste der Meiji-Regierung (1870–1911). In: Referate des V. Dt. Japanologentages 1981 in Berlin, Bochum 1983, S. 165–180.

59) Lange, Rudolf Otto (1850–1933), Germanist, wurde 1874 von der Tôkyôter Medizinschule als Deutschlehrer engagiert. 1887 wurde er Professor für Japanisch am Seminar für Orientalische Sprachen der BU. S. M, S. 387.

60) Inoue Katsunosuke (1843–1910), Ingenieur, erwarb sich große Verdienste bei der Errichtung der Eisenbahn in Japan. S. ebenda.

61) Li Si (?–204 v. u. Z.), hoher chines. Staatsmann seiner Zeit. S. ebenda.

62) Arimori Shinkichi (1860–1933), Unternehmer, studierte an der UT u. Politologie in Straßburg, wurde nach seiner Rückkehr Professor an der Adelsschule, wechselte dann ins Unternehmertum über, arbeitete u.a. als Direktor von Kawasaki-Schiffbau. S. ebenda.

63) Ichinose Yûzaburô, (1854–1918), schloß 1876 sein Studium an der Rechtsschule des Justizministeriums ab, studierte 1886–1890 in Deutschland, wurde Oberstaatsanwalt am Landgericht Nagasaki, am Landgericht Osaka sowie Vorsitzender des Oberlandesgerichts Hakodate. S. ebenda.

64) Shiba Junrokurô, schloß 1883 sein Studium an der Juristischen Fakultät der UT ab, kam 1884 mit der Delegation des Kriegsministers Ôyama (s. Anm. 1884/5) nach Deutschland, wo er drei Jahre studierte. 1900 wurde er Leiter der Abteilung für Religionsangelegenheiten am Innenministerium. S. M, S. 388.

65) Ihering, Rudolf von (1818– 92), Professor in Basel, Rostock, Kiel, Gießen, Wien, Göttingen, Wegbereiter der Interessenjurisprudenz. S. Brockhaus X, Mannheim 1989, S. 386.

66) Gemeint ist die Abhandlung Ôgais „Beriberi und Cholera in Japan", die in der „Deutschen Medicinischen Wochenschrift", Nr. 52 (1887) erschien.

67) Adachi Hiroshi (1842–1917), studierte zunächst Holländische Medizin, wurde dann Schüler von Fukuzawa Yukichi (1834–1901) u. schließlich Professor an der Medizinschule. Nach der Meiji-Restauration wurde er Militärarzt, 1875 zum Generaloberarzt u. später dann zum Generaloberstabsarzt befördert, war auch als Direktor der Schule für Militärärzte sowie Professor für Medizin an der UT tätig. S. M, S. 388.

68) Zhuangzi: philosophisches Werk aus dem 4./3.Jh. v.u.Z. S. BI-Lexikon Ostasiatische Literaturen, a.a.O., S. 314.

69) Zusammenkunft: jap. „kai"

70) Die Statuten des Yamato-Clubs sind in der Mori-Ôgai-Zenshû (Mori Ôgai-Gesamtausgabe), Tôkyô 1975 Iwanamishoten Bd. 26, S. 22/3 u. 27 abgedruckt.

71) Jap. Sprichwort: „Edokko wa yoigoshi no zeni wa tsukawanu", dt. „Das Edo-Kind ist freigebig und gibt sein ganzes Geld noch am selben Tage aus, so daß es am nächsten Tag keinen Sen mehr hat" (Edo = früherer Name Tôkyôs, Sen =jap. Währungseinheit). S. Jitsuyô Kotowaza Shôjiten (Kleines praktisches Sprichwörterbuch), Tôkyô Verlag Nagaokashoren 1982, S. 57.

72) Florenz, Karl Adolf (1865–1939), Begründer der deutschen Japanologie, studierte in Leipzig Germanistik, Vergleichende Sprachwissenschaft u. Orientalische Sprachen. Nach seiner Promotion 1885 nahm er an Inoues (s. Anm. 1884/24) Japanisch-Kursus am Seminar für Orientalische Sprachen in Berlin teil. Durch Inoue lernte er Ariga Nagao (s. Anm. 1887/48) kennen, den er 1888 nach Japan begleitete, wo er 1889 als Lektor für Deutsche Sprache u. Literatur an die UT berufen wurde. 1891 wurde er daselbst zum Professor für Deutsche Literatur u. Vergleichende Sprachwissenschaft berufen. 1899 erhielt er den Doktortitel. 1914 erfolgte die Berufung auf den Hamburger Lehrstuhl, wo er bis 1935 tätig war. S. Roland Schneider: Karl Florenz, der Begründer der deutschen Japanologie. In: Kulturvermittler ..., a.a.O., S. 149–161.

73) LiTaibô=Li Bai (701–62), altchines. Dichter. S.a. Meyers Taschenlexikon. Fremdsprachige Schriftsteller, Leipzig 1980, S. 376.

74) „Gedichtsammlung der Lieder aus alter und neuer Zeit": zw. 905 u. etwa 914 entstandene erste auf kaiserliches Geheiß kompilierte Lyrikanthologie. S.a. BI-Lexikon Ostasiatische Literaturen, a.a.O., S. 190/1.

75) Yamaguchi Moto'omi (1846–1904), wurde 1883 zum Oberst sowie zum Armeestabschef der Kaiserl. Garde ernannt, 1887/8 machte er eine Rundreise durch Amerika u. Deutschland. Aufgrund seiner Verdienste im Jap -Chines. Krieg wurde er zum General ernannt. S. M, S. 389.

76) Saionji Kinmochi (1849–1940), Politiker, Genrô (beratender alter Staatsmann), studierte 1871–80 in Frankreich, gründete in Japan eine Rechtsschule, kämpfte in der Bewegung für Freiheit u. Volksrechte. 1882 nahm er an der Europareise Ito Hirobumi's (1841–1909) teil, 1885–1891 war er ao. bev. Gesandter in Deutschland, Osterreich u. Belgien. Nach seiner Rückkehr wurde er Präsident des Ordensamtes, Vizepräsident des Oberhauses, 1894 Kultusminister, dann Außenminister, 1898 wieder S. Nihon Kindaishi Jiten, a.a.O., S.212.

77) Saigôs Sohn: Saigô Toratarô (?– 1918), kam zum Studium des Militärwesens nach

Deutschland, studierte an der Preußischen Offizierschule u. wurde in Deutschland Leutnant. Nach Japan zurückgekehrt wurde er Oberst. S.M, S. 389.

78) Schultze, Wilhelm (1840–1924), Dr. med. Chirurg, lehrte 1874–77 sowie 1878–81 an der Medizinschule in Tôkyô, hat sich v.a. um die Einführung der Listerschen antiseptischen Wundbehandlung verdient gemacht. Nach seiner Rückkehr aus Japan ging er nach Stettin, wo er 1883 Oberarzt des Städt. Krankenhauses wurde. 1895 wurde er zum Medizinalassessor mit dem Titel Medizinalrat ernannt. S.a. Vianden, a.a.O., S. 113. Vgl. auch Hesekiel (Hrsg.): Ein deutscher Chirurg und seine deutsche Frau in Japan vor 100 Jahren. Lübeck 1980.

79) Dieser Brief Ôgais findet sich in: Mori-Ogai-Zenshû, a.a.0., Bd. 28,S. 3 6–40.

1888

1) Diese Rede kann man ebenda, Bd. 26, S. 604–02 nachlesen.

2) Gerhardt, Karl (1833–1902), berühmter klinischer Internist jener Zeit. S. M, S. 389.

3) Nanshû Takamori (1827–77), erwarb sich große Verdienste bei der Meiji-Restauration, war Generalfeldmarschall, General, Staatsrat. S. ebenda, S. 390.

4) Nord-Ost-Kämpfe: Aufstand im Nord-Osten Japans gegen die neue Meiji-Regierung im Jahre 1867.

5) Parkes, Sie Harry Smith (1828–85), engl. Diplomat, 1865–1883 Gesandter in Japan, 1883–85 Gesandter in China. S. ebenda.

6) Uhlis: richtig: Willis, William (1837–94), engl. Chirurg, kam 1861 als Gesandtschaftsattaché nach Japan, war 1867–1870 Leiter der Medizinschule in Tôkyô u. 1870–81 Leiter der Medizinschule in Kagoshima. S. a. ebenda sowie Vianden, a.a.O., S. 110.

7) Sagara Tomoyasu (1836–1906), erwarb sich große Verdienste bei der Einführung der deutschen Medizin in Japan, S. M, S. 390.

8) richtig: Verbeck, Guido Herman Fridolin (183–98), holländ. Ingenieur, studierte nach einem Erweckungserlebnis Theologie, kam als Missionar der Niederländisch-Reformierten Kirche 1859 nach Japan, eröffnete in Nagasaki eine Übersetzerschule, wurde 1869 als offizieller Berater der Regierung nach Tôkyô berufen. Verbecks Votum für die deutsche Medizin hat das jap. Parlament überzeugt. S. Viander, a.a.O., S. 109/10.

9) Ikeda Kensai (1858–1913), kam 1870 zum Studium nach Deutschland, wurde später Leiter der Abteilung Leibärzte im Hausministerium. S. M, S. 390.

10) Clausewitz, Carl von (1780–1831), preuß. General u. Militärschriftsteller, Hauptwerk: »Vom Kriege". S. a. Brockhaus IV,Wiesbaden 1972, S. 602.

11) Satô Tsunehisa (1862–1907), schloß 1886 sein Medizinstudium an der UT ab, studierte 1886–92 in Deutschland, wohin er auch später mehrmals zurückkehrte. Nach seiner Heimkehr wurde er Chirurg am Juntendô-Krankenhaus sowie stellv. Krankenhausdirektor. S. M, S. 390.

12) „Zwei Jahre in Korea" von Koike Masanao, übersetzt von Mori Rintarô, Internationales Archiv für Ethnographie, Bd. IV 1891.

13) Rein, Johannes Justus (1835–1918), Geograph, forschte 1873–75 in Japan, wurde 1876 Professor in Marburg, 1883–1910 in Bonn u. an der Handelshochschule Köln. S. Brockhaus XV, Wiesbaden 1972, S. 602.

14) Hilgendorf, Franz (1839–1904), Zoologe, kam 1873 auf Einladung der jap. Regierung nach Japan, lehrte bis 1876 an der Medizinschule Zoologie u. Botanik. S. M, S. 391.

15) Pekelharing, Cornelius Adrianus (1848–1922), holländ. Physiologe, Professor an der Universität Utrecht. S. ebenda

16) Koganei Yoshikiyo (1858–1944), Dr. med., studierte an der UT Medizin, 1880-85 Studium der Anatomie u. Histologie in Berlin, wurde nach seiner Rückkehr Professor an der UT.K. war der erste Japaner, der in Japan Anatomie lehrte. S. Nihonkindaishijiten, a.a.O., S. 182.

17) „TAIMU-NIKKI": dt. Regimentstagebuch. Ôgai führte dieses Tagebuch vom 10.3. –2.7.1888. Es erschien erstmals im Dezember 1888 in der Zeitschrift „Gun'i gakkai zasshi" (Militärmedizinische Zeitschrift).

18) „Über pathogene Bacterien im Canalwasser". In: Zeitschrift für Hygiene, Bd. IV, S 47ff., 1888.

19) Virchow, Rudolf (1821–1902), Pathologe, 1849 Professor in Würzburg, 1856 in Berlin, Begründer der Zellularpathologie, Medizinhistoriker, prakt. Hygieniker, Förderer der Volksbildung, einer der Gründer der neuzeitl. Anthropologie u. Prähistorie, Mitbegründer der ‚Deutschen Gesellschaft für Anthropologie, Ethnologie und Urgeschichte" 1868, Mitglied des preuß. Abgeordnetenhauses. S. Brockhaus XIX, Wiesbaden 1974, S. 645.

20) S. Anm. 1885/6.

21) Bastian (1826–1905), Begründer der modernen Völkerkunde, erster Direktor des Völkerkundemuseums in Berlin, unternahm drei Weltreisen. S. M, S. 392.

Anmerkungen zum Kapitel „Ein junger Japaner in Deutschland Bismarcks"

In den Anmerkungen verwendete Abkürzungen:

- Ml Mori-Ôgai-Zenshû (Mori-Ôgai-Gesamtausgabe), Verlag Chikumashobô, Tôkyô 1984.
- M2 Mori-Ôgai-Zenshû, Verlag Iwanamishoten, Tôkyô 1975.

1) Mori Ôgai: Maihime. In: Ml, Bd. 1, S. 3

2) Ôgai oder auch Ôgai Gyoshi ist einer der über 20 Künstlernamen Mori Rintarôs, die er sich im Laufe seiner literarischen Tätigkeit zulegt (s. Nihon bungaku daijiten, Kôdansha-Verlag, Tôkyô 1984, S. 1472). Es war sein erster und zugleich der am häufigsten gebrauchte Künstlername, unter welchem er bekannt wurde und der in die japanische Literaturgeschichte einging. Aus Zweckmäßigkeitsgründen wird dieser Name für ihn durchgängig, also auch für die Zeit seiner Kindheit, gebraucht.

3) Koganei Kimiko: Fubôki (Aufzeichnungen von Unvergessenem). Zitiert nach 1tô Keiichi: Mori Ôgai – sono wakaki jidai, Verlag Furukawa. Tôkyô 1981, S. 1.

4) Zitiert nach Iwatani Kenzan: Tsuwano no hokori hitobito. Tsuwanom000gatari (Menschen, auf die Tsuwano stolz sein kann. Tsuwano Geschichte) Nr. *2,* Tsuwano 1982, S. 50.

5) Mori Ôgai: Maihime, a.a.O., S. 5.

6) Ebenda.

7) Mori Ôgai: Safuran (Safran). In: MI, Bd. 7, S. 102.

8) ZumYôrôkan: Vgl. OkimotoTsuneyoshi:Tsuwano-han.Tsuwanomonota. tari Nr. l, Tsuwano 1984,S.87/8.S. a. Autorenkollektiv: Tsuwano –„San'in no shô-Kyôto" shiseki to bunkazai (Tsuwano – „Klein-Kyôto in den Bergen" – historische Stätten

und Kulturgüter), Nr. 6, Tsuwano 1983, S.32. Alle folgenden Angaben zum Yôrôkan: Ebenda. Okimoto T., a.a.O., S. 84–104; Iwatani K., a. a. O.;Tsuwano-Monogatari Nr. 6, a.a. 0., S.31–36. In den Räumen des Yôrôkan befinden sich heute ein Museum und eine Bibliothek.

9) „Sonnô, Jôi“ – Ehrt den Kaiser, vertreibt die Barbaren! Devise einer Bewegung in den 50er und 6oerJahren d. 19.Jh., die sich vor allem gegen das Bakufu-System richtete und deren Ziel in einem dem Ausland gegenüber starken Japan unter der Herrschaft des Kaisers bestand. Ausführliche Darstellung in: Kokumin hyakka jiten, Verlag Heibonsha, Tôkyô 1977,S.347/ 48. S.a.: Yamazaki Kuninori: ÔkuniTakamasa no „Daisonnô“ no seishin (Der Geist der „großen Kaiserverehrung“ bei Ôkuni Takamasa). In: Yamazaki Makoto (Hrsg.): Issatsu no kôza. Mori Ôgai (Kurs in einem Band. Mori Ôgai), Verlag Yûseido, Tôkyô 1984, S. 51– 53.

10) 1tô K., a.a.O., S.3.

11) Rudolf Hartmann: Einige Aspekte des geistig-politischen Einflusses Deutschlands auf Japan vor der Jahrhundertwende. In: Mitteilungen des Instituts für Orientforschung, Bd. XII, Heft 4, Berlin 1966, S. 465.

12) Kaiseigakkô – aus dem 1856 gegründeten Bansho-shirabesho (Untersuchungsstelle für Barbarenschriften) hervorgegangene Institution zur Erforschung und Vermittlung europäischer Wissenschaften, 1862 umbenannt in Yôsho-Shirabesho (Untersuchungsstelle für europäische Schriften), 1868 in Daigaku-nankô, 1871 in Nankô und 1873 wieder in Kaiseigakkô. Im Jahre 1877 wurde diese Schule zu einem Teil der Kaiserlichen Universität Tôkyô. (Vgl. Kôjien, Verlag Iwanamishoten, Tôkyô 1984, S. 389 und 1986).

13) Mori Ôgai: Wita sekusuarisu (Vita sexualis). In: Ml, Bd. 1, S. 122.

14) Aus einem Brief Koike Masanaos vom 7.4.1881 an IshiguroTadanori, den Stellvertreter des Vorstands des Militär-Medizinalstabs am Kriegsministerium, in welchem er Ôgai für ein Amt im Staatsdienst empfiehlt.
Zitiert nach Kobori Keiichirô: Wakaki hi no Mori Ogai (Die Jugendzeit von Mori Ôgai), Verlag Tôkyô-daigaku shuppankai, Tôkyô 1969, S. 8.

15) Mori Ôgai: Maihime, a.a.O., S.4.

16) Dieses Zitat wurde wie auch alle folgenden mit einem Datum versehenen der vorliegenden Übersetzung von Ôgais Deutschland-Tagebuch entnommen. Der ursprüngliche Titel dieses Tagebuches lautet ‚Zaidokuki“ (Tagebuch eines Deutschland-Aufenthaltes). Es wurde 1889 von Ôgai selbst für die Veröffentlichung überarbeitet und in ‚Doitsu-Nikki“ umbenannt. Erstmalig erschien das „Doitsu-Nikki“ im Jahre 1937 im Bd. 20 der Mori-Ôgai-Zenshû, Verlag Iwanamishoten, Tôkyô.

17) Mori Ôgai: Noch einmal „Die Wahrheit über Japan“. In M2, Bd. 26, S. 609.

18) Mori Ôgai: Môsô (Wahn). In: Ml, Bd. 2, S. 125.

19) Mori Ôgai: Die Wahrheit über Japan. In: M2, Bd.26, S. 619.

20) Heyse stellt seine Novellentheorie in der gemeinsam mit Hermann Kurz verfaßten Einleitung zum „Deutschen Novellenschatz“ (hrsg. von P. Heyse und H. Kurz, München 1871) ausführlich vor.

21) Während der Zeit seines Aufenthaltes in Leipzig liest er vermutlich vier Bände mit Werken Balzacs. Vgl. Kobori K., a.a.O., S. 33/34. Die vier Bände enthalten folgende Werke: „Die Frau von 30 Jahren“, „Die Blutrache“, „Das Haus zur ballspielenden Katze“, „Die Mundtodterklärung“, ‚Honorine“, „Oberst Chabert“, „Die Chouan“ und „Vater Goriot“.

22) Siehe auch Mizuno Ryô: Balzac to Ôgai – Ôgai bunko rekuramubon no kakiire (Balzac und Ogai – Eintragungen in den Reklambüchern aus Ôgais Besitz). In:

MOZ-Geppô (Monatsbericht) Nr. 15, 17, 19, 1952 (Beilage zu M2).

23) S. Anm. 1884/24 auf S. 303

24) Die Übersetzung erschien im Januar 1885 in der Zeitschrift „Tôyôgakuei-zasshi". Vgl. Kobori K., a.a.O., S.29.

25) Die sechsbändige Reklam-Ausgabe enthält folgende Werke Calderons in deutscher Übersetzung: „Der Richter von Zalamea" üb. v.J.D.Gries; „Die Andacht zum Kreuze", üb. v. A.W. von Schlegel; „Der Arzt seiner Ehre", üb. v. J. D. Gries; „Das Leben ein Traum", Ob. v. C.A.West; „Der standhafte Prinz", üb. v. A. Frhr. v. Wolzogen und „Der wundertätige Magus", üb. v. J. D. Gries, bearb. v. C. Dalmonico. Nach: Kobori K., a.a.O., S. 73.

26) S. ebenda, S. 73.

27) S. ebenda.

28) S. ebenda, S. 51.

29) S.a. Schöche: Persönlichkeit und Frühwerk des japanischen Schriftstellers Mori Ôgai (1862–1922) unter dem Gesichtspunkt des Einflusses seines Deutschlandaufenthaltes 1884–88 auf sein literarisches Schaffen, Dissertationsschrift, Berlin 1987, S. 81–119.

30) Mori Ôgai über Exter, zitiert in Mori Ôgai: Wellenschaum. Übersetzung und Nachwort von Wolfgang Schamoni. In: Schriftenreihe der Deutsch-Japanischen Gesellschaft in Bayern eV., München 1976, S.59.

31) Robert Prölss: Geschichte der dramatischen Literatur und Kunst in Deutschland von der Reformation bis auf die Gegenwart, Leipzig 1883.

32) „Neuer Deutscher Novellenschatz", hrsg. v. Paul Heyse u. Ludwig Laistnec; „Novellenschatz des Auslands", hrsg. v. Paul Heyse u. Hermann Kurz. Vgl. Nakamura Chiyo: Doitsu-jidai no Ôgai rio dokusho chôsa (Untersuchung der Lektüre Ogais während seiner Deutschlandzeit). In: Nihonbungaku kenkyû shiryô sôsho. Mori Ôgai 1., Tôkyô 1970, S. 61.

33) M2, Bd. 22.

34) S. Nakamura Ch., a.a.O., S. 61.

35) Im Jahre 1889 übersetzte Ôgai von Daudet „Kadour es Katel" (Rokuyô no ten) und „Le Cabecilla" (Senso), 1890 von Turgenjew „Durek" (Baka no otoko) und ‚Prizraki-fantazija" (Rôma) und 1891 von Daudet „Un teneur de livres" (Mikuzu).

36) Literatur-Zeitschrift, die 1889 auf Initiative von Ôgai gegründet worden ist.

37) Vgl. Nakamura Ch., a.a.O., S. 61.

38) Wilhelm von Hamm: Gesammelte kleine Schriften. Nach dessen Tode hrsg. von Leo Pribyl, Wien, C. Hartleben.

39) Vgl. Nakamura Ch., a.a.O., S. 64.

40) Mori Ôgai: Die Wahrheit über Japan: M2, Bd. 26.

41) Japanische Chronik, Zweite Beilage der Allgemeinen Zeitung, München, 30. Juni 1886.

42) Mori Ôgai: Die Wahrheit über Japan, a.a.O., S. 618.

43) Edmund Naumann: Land und Volk der japanischen Inselketten: Münchener Allgemeine Zeitung, 16.6.1886.

44) Mori Ôgai: Die Wahrheit über Japan, a.a.O., S. 612.

45) E. Naumann: Land und Volk der japanischen Inselkette, a.a.O.

46) Mori Ôgai: Die Wahrheit über Japan, a.a.O., S. 611.

47) E. Naumann: Land und Volk der japanischen Inselkette, a.a.O.

48) Mori Ôgai: Die Wahrheit über Japan, a.a.O., S. 615.

49) Mori Ôgai: Noch einmal „Die Wahrheit über Japan", a.a.O., S. 608/9.

50) Mori Ôgai: Maihime, a.a.O., S. 9/10
51) Ders.: Daihakken (Die große Entdeckung). In: MI, Bd. 1, S. 84
52) Mori Ôgai: Rede im Yamato-Club am 30.6.1888. In: M2, Bd. 26.S. 599.
53) Mori Ôgai: Rede im Yamato-Club am 2.1.1888. In: M2, Bd. 26, S. 603.
54) Mori Ôgai: Rede im Yamato-Club am 30.6.1888, a.a.O., S. 598.
55) Mori Ôgai: Rede im Yamato-Club am 2.1.1888, a.a.O., S. 602.
56) Ebenda.
57) Mori Ôgai: Rede im Yamato-CIub am 30.6.1888, a.a.0., S. 599
58) Ebenda, S. 597.
59) Ebenda, S. 596.
60) Mori Ôgai: Môsô, a.a.O., S. 126.
61) Ebenda, S. 129.
62) Vgl. Nakamura Ch., a.a.O., S.46.
63) Mori Ôgai: Môsô, a.a.O., S. 126.
64) Mori Ôgai: Igon (Testament). Zitiert nach: Fujii Masato: Adlerflug. Der junge Ôgai in Deutschland, Verlag Ikubundô, Tôkyô 198S, S. 142.